New
TOPIK Ⅱ

한국어능력시험

必修语法
150

한글파크

머리말
序言

『NEW TOPIK 必修语法 150』은 TOPIK II을 대비하는 외국인 학습자를 위한 한국어 문법 대비서입니다. 특히 이 책은 학습자들이 짧은 시간 안에 TOPIK에 자주 출제되는 문법을 공부하고 실전 문제로 자신의 실력을 확인할 수 있도록 구성하였습니다.

많은 학습자들이 한국어 교육 기관에서 한국어를 배우거나 스스로 한국어 문법을 공부하고 있지만 TOPIK을 준비하는 데에는 대부분 어려움을 겪고 있습니다. 그 이유는 크게 다음과 같이 생각해 볼 수 있습니다.

1) TOPIK을 준비하기 위해 꼭 알아야 할 문법 목록이 없다.
2) TOPIK을 준비하기 위해 혼자 학습할 수 있는 문법책이 없다.
3) 배운 문법이라도 그 문법이 TOPIK에 어떻게 출제되는지 모른다.

이러한 문제로 고민하는 학습자들을 위하여 이 책은 TOPIK을 준비하는 데에 앞서 알아야 할 문법을 선정하고, 문법의 내용을 알기 쉽게 정리하였습니다.

먼저 지금까지의 TOPIK 기출문제를 분석해서 중요하게 출제되는 문법 150개를 선정했습니다. 그 다음 선정된 기출 문법들을 출제빈도수에 따라 중요도를 나눠 제시하였는데 이것은 시간이 충분하지 못한 학생일지라도 출제빈도수가 높은 문법을 중심으로 살펴보며 시험을 대비할 수 있도록 하기 위함입니다. 뿐만 아니라 자세한 연습문제 풀이를 통해 학습자는 TOPIK에 익숙해질 수 있도록 구성하였습니다.

이 책을 통해 TOPIK을 대비하는 외국인 학습자들이 공부의 방향을 잃지 않고 효율적으로 시험을 준비하여 좋은 결과를 얻기를 바랍니다.

책이 나오기까지 어떤 TOPIK 대비서가 필요한지에 대해 함께 고민하고 조언해 준 외국인 학생들과 문법 사항을 감수해 주신 감수자 선생님들께 감사드립니다. 또한 좋은 책을 만들기 위해서 수고해 주신 랭기지플러스 출판사 분들께도 감사의 말씀을 드립니다.

2015. 7. 집필자 일동

『新 TOPIK 必修语法 150』给正在准备TOPIK II考试的外国人学习者编写的韩国语语法备考用书。特别为需要在短时间内学习TOPIK考试中经常出现的语法，再通过实战考题确认自己的实力的考生而编写。

很多学习者在韩国语教育机构学习韩国语或者自学韩国语语法，但TOPIK考试备考过程中仍然遇到很多困难。可想而知，其理由大致为如下。

1）准备TOPIK考试过程中，没有提供需要掌握的语法目录。
2）准备TOPIK考试过程中，没有提供可供自学的语法书籍。
3）已经学过的语法，也不知道会以什么样的形式出现在TOPIK考试中。

为给学习者解决以上难题，本书选定了TOPIK考试前须掌握的语法，再以简单易懂的方式整理了语法内容。

首先，通过分析所有TOPIK考试中出现的历年考题，选定了150个重要的语法。再根据历年考试中出现的频率，标注了重要程度。这可以帮助没有充分时间备考的学生，根据出题频率有选择性的挑选重点内容进行复习。除此之外，本文通过详细的练习题解析，使字习有更进步他熟悉TOPIK。

通过学习本书，预祝准备TOPIK考试的外国人学习者少走弯路、有效备考并考出好成绩。

直至本书出版，为对如何编写一本有助于考生的TOPIK备考用书而一同费心且给予助言的外国学生和对语法事项进行审阅校对的各位老师们表示由衷地谢意。还有为出版好书而煞费苦心的LanguagePLUS出版社相关工作人员也表示衷心的感谢。

2015. 7.　编辑者一同

일러두기
内容构成

이 책은 150개의 문법으로 구성되어 있고 문법의 의미에 따라 29개의 장으로 구분하였다. 각 장은 '초급 문법 확인하기', '알아두기', '더 알아두기', '확인하기', '연습 문제'로 구성되어 있다.

本书由150个语法构成, 再根据语法的语义分为29个章。每章由'初级语法内容构成', '常见用法', '更多用法', '确认练习', '实战练习' 构成。

1) 초급 문법 확인하기　初级语法回顾

초급 문법을 예문을 통해 확인해 볼 수 있어요.

初级语法可通过例子确认。

2) 알아두기　常见用法

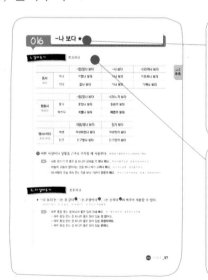

★ : TOPIK에 얼마나 많이 출제됐는지를 나타내요!! ★이 많을수록 자주 출제가 된 문법이니까 ★★★은 시험 전에 꼭 확인하도록 하세요!

★ : 表示TOPIK考试中出现的频率!!★越多表示越常出现的语法, ★★★语法考前务必要确认一下!

Ⅰ. 알아두기

문법의 '형태 변화, 의미, 예문, 주의사항'이 들어 있어요.

常见用法 : 包含语法的 '形态变化, 语义, 例文, 注意事项' 等。

3) 더 알아두기　更多用法

🔦 : 문법을 비교해서 정리해 놓은 부분입니다. 만약 같은 장에 있는 두 문법이 비교될 경우에는 앞 부분의 문법 '더 알아두기'에는 정리해 놓았지만, 뒷 부분의 문법 '더 알아두기'에는 같은 내용의 문법 비교를 싣지 않았어요. 하지만 🔦 만 잘 따라가면 빨리 찾을 수 있어요.

🔦 : 是对语法做了比较和整理的部分。如果，对同一章节的两种语法做相应比较时，前部分的'更多用法'中解释的内容就不再后部分的'更多用法'中重复解释。但跟着电球的指引就能迅速查找相应内容。

TIP : TOPIK을 대비하기 위해서 필요한 정보나 항목을 자세하게 보충하여 다루고 있어요.

：补充提供，为应对TOPIK考试需要掌握的信息或项目。

4) 확인하기　确认练习

3. 확인하기

문법이 어떻게 TOPIK에 출제됐는지 확인할 수 있어요. 정답해설도 함께 있으니 답을 찾는 방법도 함께 공부할 수 있어요.

更多用法：可以在此确认TOPIK的出题方式，答案解释也一同列出，可以学习寻找答案的方法。

5) 연습 문제　练习题

연습 문제 : TOPIK 문제 유형을 분석하여 실전 문제를 충실히 대비할 수 있도록 출제한 문제예요.

练习题：分析TOPIK题型，最大限度得模拟实战考试而出的考题。

093 : 문법의 번호로 문법 항목 뒤에 붙거나 해당 문법의 연습 문제 끝에 붙어요.

093 : 作为语法序号，紧跟在语法项目或相应语法的练习题之后。

6) 부록 附录

불규칙, 반말, 서술문이 수록되어 있어요.

收录了不规则，非敬语，写作体。

7) 포켓북 学习手册

편하게 들고 다니면서 공부할 수 있는 책이에요.
문법의 의미와 예문이 포함되어 있어요.

可方便携带的学习手册。里面包含了语法的语义和
例文。

목录
차례

TOPIK(한국어능력시험) 안내　TOPIK 介紹

1. **한국어능력시험의 목적**
    - 한국어를 모국어로 하지 않는 재외동포 · 외국인의 한국어 학습 방향 제시 및 한국어 보급 확대
    - 한국어 사용능력을 측정 · 평가하여 그 결과를 국내 대학 유학 및 취업 등에 활용

2. **응시 대상**
    - 한국어를 모국어로 하지 않는 외국인 또는 재외동포
    - 한국어 학습자 및 국내 · 외 대학 유학희망자
    - 국내 · 외 한국어기업체 및 공공기관 취업희망자
    - 외국 학교 재학 또는 졸업자(제외국인)

3. **주관기관**
    교육부 국립국제교육원

4. **시험의 수준 및 등급**
    - 시험의 수준 : TOPIK Ⅰ, TOPIK Ⅱ
    - 평가 등급 : 6개 등급(1~6급)

TOPIK Ⅰ		TOPIK Ⅱ			
1급	2급	3급	4급	5급	6급
80점 이상	140점 이상	120점 이상	150점 이상	190점 이상	230점 이상

5. **시험 시간**

구분	교시	영역	시간
TOPIK Ⅰ	1교시	듣기/읽기	100분
TOPIK Ⅱ	1교시	듣기/쓰기	110분
	2교시	읽기	70분

6. **문항 구성**

    1) 수준별 구성

구분	교시	영역/시간	유형	문항수	배점	배점총계
TOPIK Ⅰ	1교시	듣기(40분)	객관식	30	100	200
	2교시	읽기(60분)	객관식	40	100	
TOPIK Ⅱ	1교시	듣기(60분)	객관식	50	100	300
		쓰기(50분)	주관식	4	100	
	2교시	읽기(70분)	객관식	50	100	

2) 문제유형

① 객관식 문항(4지 택 1형)
② 주관식 문항(쓰기영역)
　· 문장완성형(단답) : 2문항
　· 작문형 : 2문항
　　- 중급 수준의 200~300자 정도의 설명문 1문항
　　- 고급 수준의 600~700자 정도의 논술문 1문항

7. 문제지의 종류

종류	A형	B형
시행지역	미주, 유럽, 아프리카	아시아, 오세아니아
시행요일	토요일	일요일

8. 원서 접수 안내

① 로그인
- TOPIK 홈페이지에서 회원 가입
- 로그인 화면에서 아이디/비밀번호 입력

② 접수
- 인터넷 접수에서 접수 클릭
- 접수 회차의 일정 확인

③ 시험장 선택
- 원하는 시험장 검색(해당 정원이 모두 신청된 경우 신청 불가)
- 시험장 신청 버튼 클릭

④ 사진 등록
- 여권용 사진을 선택, 사진등록 → 편집 → 확인
　※ 사진 등록시 표준 사진이 맞는지 확인

⑤ 개인 정보 입력
- 시험 수준, 시험장 및 등록한 사진 확인
- 개인 정보 입력 후 등록

⑥ 정보 확인 및 수정
- 시험 수준, 시험장, 등록한 개인 정보 확인 후 응시료 결제버튼 클릭

⑦ 응시료 결제
- 응시료 결제 클릭 후 응시료 결제 방법 선택 → 결제하기

⑧ 접수 내역 확인
- 나의 시험정보 → 접수내역 클릭
- 시험회차, 시험수준으로 검색하여 접수된 정보 확인
- 결제여부 및 접수 내역 확인

9. 등급별 평가 기준

시험수준	등급	평가기준
TOPIK I	1급	– '자기 소개하기, 물건 사기, 음식 주문하기' 등 생존에 필요한 기초적인 언어 기능을 수행할 수 있으며 '자기 자신, 가족, 취미, 날씨' 등 매우 사적이고 친숙한 화제에 관련된 내용을 이해하고 표현할 수 있다. – 약 800개의 기초 어휘와 기본 문법에 대한 이해를 바탕으로 간단한 문장을 생성할 수 있다. 간단한 생활문과 실용문을 이해하고, 구성할 수 있다.
	2급	– '전화하기, 부탁하기' 등의 일상생활에 필요한 기능과 '우체국, 은행' 등의 공공시설 이용에 필요한 기능을 수행할 수 있다. – 약 1,500~2,000개의 어휘를 이용하여 사적이고 친숙한 화제에 관해 문단 단위로 이해하고 사용할 수 있다. – 공식적 상황과 비공식적 상황에서의 언어를 구분해 사용할 수 있다.
TOPIK II	3급	– 일상생활을 영위하는 데 별 어려움을 느끼지 않으며, 다양한 공공시설의 이용과 사회적 관계 유지에 필요한 기초적 언어 기능을 수행할 수 있다. – 친숙하고 구체적인 소재는 물론, 자신에게 친숙한 사회적 소재를 문단 단위로 표현하거나 이해할 수 있다. – 문어와 구어의 기본적인 특성을 구분해서 이해하고 사용할 수 있다.
	4급	– 공공시설 이용과 사회적 관계 유지에 필요한 언어 기능을 수행할 수 있으며, 일반적인 업무 수행에 필요한 기능을 어느 정도 수행할 수 있다. – '뉴스, 신문 기사' 중 평이한 내용을 이해할 수 있다. 일반적인 사회적 · 추상적 소재를 비교적 정확하고 유창하게 이해하고, 사용할 수 있다. – 자주 사용되는 관용적 표현과 대표적인 한국 문화에 대한 이해를 바탕으로 사회 · 문화적인 내용을 이해하고 사용할 수 있다.
	5급	– 전문 분야에서의 연구나 업무 수행에 필요한 언어 기능을 어느 정도 수행할 수 있다. – '정치, 경제, 사회, 문화' 전반에 걸쳐 친숙하지 않은 소재에 관해서도 이해하고 사용할 수 있다. – 공식적, 비공식적 맥락과 구어적, 문어적 맥락에 따라 언어를 적절히 구분해 사용할 수 있다.
	6급	– 전문 분야에서의 연구나 업무 수행에 필요한 언어 기능을 비교적 정확하고 유창하게 수행할 수 있다. – '정치, 경제, 사회, 문화' 전반에 걸쳐 친숙하지 않은 주제에 관해서도 이용하고 사용할 수 있다. 원어민 화자의 수준에는 이르지 못하나 기능 수행이나 의미 표현에는 어려움을 겪지 않는다.

10. 쓰기 영역의 작문 문항평가 범주

문항	평가범주	평가내용
51~52	내용 및 과제 수행	제시된 과제에 맞게 적절한 내용으로 썼는가?
	언어사용	어휘와 문법 등의 사용이 정확한가?
53~54	내용 및 과제 수행	– 제시된 과제를 충실히 수행하였는가? – 주제에 관련된 내용으로 풍부하고 다양하게 구성하였는가?
	전개 구조	– 글의 조직이 명확하고 논리적이며 중심 생각을 잘 구성하였는가? – 논리 전개에 도움이 되는 담화 표지를 적절히 사용하였는가?
	언어사용	– 어휘와 문법 등을 정확하고 다양하게 사용하였는가? – 글의 목적과 기능에 따라 격식에 맞춰 글을 썼는가?

11. 성적 관련 정보

- 성적 확인 방법 : 홈페이지(www.topik.go.kr) 접속 후 확인 및 발송된 성적증명서 확인

  ※ 홈페이지에 접속하여 성적을 확인할 경우 시험회차, 수험번호, 생년월일이 필요함

  ※ 해외 응시자도 홈페이지(www.topik.go.kr)를 통해 자기 성적 확인

- 성적증명서 발급 대상 : 부정행위자를 제외하고 합격 · 불합격 여부에 관계없이 응시자 전원에게 발급
- 성적증명서 발급방법

  • 인터넷 발급 : TOPIK 홈페이지 성적증명서 발급 메뉴를 이용하여 온라인 발급(성적 발표 당일 출력 가능)

  • 우편수령 선택 : 한국 응시자의 경우 성적 발표일로부터 3일 후(근무일 기준) 발송

  　　　　　　　　 일반우편으로 발송되므로 수취여부를 보장하지 못함

  　　　　　　　　 주소 오류 또는 반송된 성적증명서는 다시 발송 되지 않음(3개월이내 방문수령 가능)

12. 시험 응시 관련

- 시험 당일에는 시험 시작 30분 전까지 해당 시험실의 지정된 좌석에 앉아 시험 감독관의 지시를 따라야 하며, 시험 시간 20분 전부터는 입실할 수 없다(타 지역 또는 타 시험장에서는 절대로 응시할 수 없음).
- 환불 기간에 환불을 신청한 경우, 환불 처리여부와 상관없이 시험에 응시할 수 없으며, 시험에 응시할 경우 해당 성적은 무효처리된다.
- 시험 시간 중에는 신분증과 수험표를 자기 책상의 좌측 상단에 놓아야 한다.
- 시험 시간 관리 책임은 수험생 본인에게 있으며, 시간 내에 답안 작성을 완료하여야 한다.
- 시험 시간 도중에는 퇴실할 수 없으나, 부득이한 경우 감독관의 허락을 받아 다른 응시자에게 방해가 되지 않도록 조용히 퇴실할 수 있다.
- 시험 도중 질병으로 인한 화장실 이용 등으로 인하여 부득이하게 복도로 나갔을 때에는 부정행위를 예방하기 위한 복도감독관의 확인에 협조하여야 한다.
- TOPIK Ⅱ 시험 2개 교시 중 어느 하나라도 결시한 응시생은 결시자로 처리된다.
- 시험 시간 중에 음식물을 먹어서는 안 되며, 소란스럽게 해도 안 된다.
- 시험장 내에서는 흡연을 할 수 없으며, 시설물이 훼손되지 않도록 주의하여야 한다.
- 시험 감독관의 지시를 따르지 않는 자 및 부정행위자는 당해 시험의 정지, 무효, 또는 합격 결정 취소 처분을 받을 수 있으며, 향후 2년간 시험 응시 자격이 제한될 수 있다.

13. 본인 확인 관련

- 본인 확인을 위해 수험표와 규정된 신분증(외국인등록증, 여권, 운전면허증 등)을 반드시 소지하여야 하며, 시험 당일 신분증을 가져오지 않은 응시자는 시험에 응시할 수 없다.
- 학생증 및 자격증 등은 신분증으로 인정하지 않으며, 규정된 신분증의 사본은 신분증으로 인정하지 않는다.
- 한국 내 응시자는 TOPIK 홈페이지에서 수험표 출력 기간 동안 수험표 출력이 가능하며, 수험표를 잃어버렸을 경우 시험장 관리본부에 신고한 뒤 본인 여부를 확인받은 후 수험표를 다시 발급 받아야 한다.
- 감독관의 응시자 본인 확인 절차에 성실하게 응하여야 하며 따르지 않으면 부정행위로 간주될 수 있다.

14. 답안지 작성 관련

- 답안지는 훼손·오염되거나 구겨지지 않도록 주의하여야 하며, 낙서를 하거나 불필요한 표기를 하였을 경우에 불이익을 받을 수 있다. 특히 답안지 상·하단의 타이밍 마크(■ ■ ■)는 절대로 훼손해서는 안 된다.
- 문제지에만 답을 쓰고 답안지에 옮기지 않으면 점수로 인정되지 않는다.
- 객관식 답안은 양면사인펜의 굵은 펜을 사용하고 매 문항마다 반드시 하나의 답만을 골라 그 숫자에 "●"로 표기하여야 한다. 불완전한 표기 또는 한 문항에 답을 2개 표기하는 경우에는 그 문항은 오답으로 처리한다. 객관식 답안을 수정할 경우에는 수정테이프를 사용하여 잘못된 답안을 완전히 덮어서 보이지 않도록 한다.
- 주관식 답안은 양면사인펜의 얇은 부분을 사용하여 반드시 정해진 답란 안에 작성해야 하며, 정해진 답란을 벗어나거나 답란을 바꿔서 쓸 경우 점수를 받을 수 없다. 주관식 답안을 수정할 경우에는 수정할 부분에 두 줄을 긋거나 수정테이프를 사용할 수 있다. 수정테이프를 사용해야 할 경우 감독관에게 조용히 손을 든다.
- OMR 답안지 작성을 잘못한 경우에는 교체할 수 있으나 시험시간 내에 답안지 작성을 마치지 못하여도 답안지는 제출하여야 한다. 시험 종료 후에는 답안지를 작성할 수 없으며, 시험 종료 후에도 계속 답안지를 작성하는 등 시험 감독관의 답안지 제출 지시에 불응할 경우에는 당해 시험이 무효처리될 수 있다.
- 답안지 작성은 1교시 시작 전 감독관이 배부한 양면사인펜만을 사용한다.
- 지정된 펜을 사용하지 않거나, 위 준수사항을 위반하여 발생하는 채점결과상의 불이익에 대한 책임은 응시자에게 있다.
- 시험 종료를 알리는 종이 울리면 필기도구를 놓고 답안지는 오른쪽에, 문제지는 왼쪽에 놓은 후 손을 책상 밑으로 내린 다음 감독관의 지시에 따른다.
- 답안 기재가 끝났더라도, 시험 종료 후 시험 감독관의 지시가 있을 때까지 퇴실할 수 없으며, 사용한 문제지 및 답안지는 반드시 제출하여야 한다.

UNIT 1

양보 让步

001 −는다고 해도 ★★★

1. 알아두기 常见用法

		−았/었다고 해도	−(느)ㄴ다고 해도	−(으)ㄹ 거라고 해도
동사 动词	먹다	먹었다고 해도	먹는다고 해도	먹을 거라고 해도
	하다	했다고 해도	한다고 해도	할 거라고 해도

		−았/었다고 해도	−다고 해도	−(으)ㄹ 거라고 해도
형용사 形容词	적다	적었다고 해도	적다고 해도	적을 거라고 해도
	비싸다	비쌌다고 해도	비싸다고 해도	비쌀 거라고 해도

		이었/였다고 해도	(이)라고 해도	일 거라고 해도
명사+이다 名词+이다	선생님	선생님이었다고 해도	선생님이라고 해도	선생님일 거라고 해도
	친구	친구였다고 해도	친구라고 해도	친구일 거라고 해도

❶ 선행절의 내용이 후행절의 결과에 영향을 주지 않을 때 사용한다. 前句内容不影响后句结果。

> 例 · 지금부터 열심히 공부를 **한다고 해도** 대학에 합격하기는 힘들어요.
> 就算现在开始努力学习，也很难考上大学。
>
> · 아무리 **친구라고 해도** 서로 지켜야 할 예의가 있잖아요. 朋友关系再好，也要讲究礼节。
>
> · 아무리 **비싸다고 해도** 필요한 책이라면 사야지. 书再贵，只要需要就得买。

2. 더 알아두기 更多用法

▶ '−는다고 해도'는 '−아/어 봤자'[003]와 바꾸어 사용할 수 있다. '−는다고 해도' 可与 '−아/어 봤자' 互换使用。

> 例 · 밤을 **새운다고 해도** 못 끝낼 거예요. 就算熬夜，也不可能完成。
> =밤을 새워 **봤자** 못 끝낼 거예요.

※ 밑줄 친 부분과 바꾸어 쓸 수 있는 것을 고르십시오.

가: 빨리 뛰어가면 막차를 탈 수 있지 않을까?
나: 10분밖에 안 남아서 <u>뛰어간다고 해도</u> 못 탈 것 같아요.

① 뛰어가 봤자
② 뛰어가자마자
③ 뛰어가는 편이라서
④ 뛰어갈 리가 없지만

本题大意为，跑过去的行动不影响后句。②中'-자마자'表示顺序；③中'-는 편이다'表示程度，所以都不是答案。④中'-을 리가 없다'表示不可能的意思。只有表示某种预期结果的出现无望的语法'-아/어 봤자'①为正确答案。

正确答案 ①

002 -더라도 ★★★

		-았/었더라도	-더라도
동사 动词	먹다	먹었더라도	먹더라도
	가다	갔더라도	가더라도
형용사 形容词	많다	많았더라도	많더라도
	비싸다	비쌌더라도	비싸더라도

		이었/였더라도	(이)더라도
명사+이다 名词+이다	선생님	선생님이었더라도	선생님이더라도
	친구	친구였더라도	친구더라도

❶ 선행절의 사실은 인정하지만 그것이 후행절의 내용에 영향을 주지 않을 때 사용한다.
承认前句事实，但是这并不影响后句内容。

> 例 • 가: 엄마, 나는 사촌언니 결혼식에 못 갈 것 같아요. 妈妈，我看来不能参加表姐的婚礼了。
>
> 나: 아무리 바쁘**더라도** 언니 결혼식에는 가야지. 再忙也要参加姐姐的婚礼。
>
> • 미국에 가**더라도** 자주 전화해. 就算去了美国，也要经常联系呀。

2. 더 알아두기　　更多用法

▶ '-더라도/와 '-아/어도'의 문법 비교 '-더라도/와' 和 '-아/어도' 语法比较

'-더라도'는 '-아/어도'와 바꾸어 사용할 수 있다. '-더라도' 可与 '-아/어도' 互换使用。

> 例 • 날씨가 춥**더라도** 학교에는 가야 돼. 天再冷也得去学校。
>
> = 날씨가 추워**도** 학교에는 가야 돼.

'-아/어도'는 선행절의 일이 일어난 상황과 아직 일어나지 않은 상황에서 모두 사용할 수 있다. 하지만 '-더라도'는 선행절의 일이 아직 일어나지 않은 상황에서만 사용할 수 있다.

当前句中陈述的事情发生或还未发生时，都可以使用 '-아/어도'。但是，'-더라도' 仅在前句中陈述的事实还未发生时才能使用。

이미 공부했지만 이해가 안 되는 상황   已经学过了，但是还是不明白。

> 例 ▶ • 아무리 공부**해도** 잘 이해가 안 돼요. 再怎么学也不明白。

앞으로 공부한다고 해도 이해가 안 될 것 같은 상황   将来继续学习，也不可能明白。

> 例 ▶ • 아무리 공부**해도** 잘 이해가 안 될 거예요. 再怎么学也不可能明白。
> = 아무리 공부하**더라도** 잘 이해가 안 될 거예요.

3. 확인하기   确认练习

※ 밑줄 친 부분과 바꾸어 쓸 수 있는 것을 고르십시오.

가: 컴퓨터를 사려고 하는데 어느 회사 제품이 좋을까요?
나: 가격이 조금 비싸더라도 믿을 수 있는 회사에서 만든 제품을 사는 게 좋아요.

① 비싸도
② 비싸더니
③ 비쌌어도
④ 비싸더라니

答案解释

本题大意为，不管什么价，最好还是买有信誉的公司出品的产品。②中的 '-더니' 表示对照；④中 '-더라니' 表示结果与预期设想的一样。以上都不是答案。③中 '-아/어도' 虽然表示谦让，但是当表述一般事实的时候应该使用现在时态，所以也不能成为答案。只有使用 '-아/어도' 连接词表示谦让意思的 ①才是正确答案。

正确答案 ①

003　-아/어 봤자 ★★★

I. 알아두기　常见用法

		-아/어 봤자
동사 动词	읽다	읽어 **봤자**
	가다	가 **봤자**
형용사 形容词	많다	많아 **봤자**
	예쁘다	예뻐 **봤자**

❶ 선행절의 일을 해도 기대하는 결과가 안 나올 거라고 예상할 때 사용한다.
前句中陈述的事情已经完了，但也得不到期待的结果。

> 例 ・지금 출발해 **봤자** 늦을 거예요. 现在出发太迟了，还是会迟到的。
>
> ・요즘은 열심히 공부해 **봤자** 취업이 힘들 것 같아요. 这年头哪怕努力学习，也很难就业。

❷ 선행절의 상태가 대단하지 않을 때 사용한다. 前句的状态无关紧要。

> 例 ・학생이 돈이 많아 **봤자** 얼마나 많겠어요? 学生再有钱能多到哪儿去？
>
> ・이번 영화가 재미있어 **봤자** 지난번 영화보다는 못 할 거예요. 这次的电影再有趣也不可能超越上次的电影。

주의사항 注意事项

● '-아/어 봤자'가 ❶의 뜻일 때는 후행절에 '소용이 없다'가 자주 온다.
'-아/어 봤자' 为意思 ❶时，其后句常接 '소용이 없다'.

> 例 아직 일어나지 않은 일에 대해서 걱정해 **봤자** 소용이 없어요. 对于还未发生的事情，担心是多余的。

● 후행절에는 명령문, 청유문이 오지 않는다. 后句不能接表示命令、请求的祈使句。

2. 더 알아두기 　　更多用法

▶ '-아/어 봤자'가 ❶의 뜻일 때는 '-는다고 해도'⁰⁰¹와 바꾸어 사용할 수 있다.
'-아/어 봤자' 为意思①时，可与 '-는다고 해도' 互换使用。

例 ▶ ·밤을 새 **봤자** 못 끝낼 거예요. 就算熬夜，也不可能完成。
　　　=밤을 샌**다고** 못 끝낼 거예요.

▶ '-아/어 봤자'가 ❶의 뜻일 때는 '-으나 마나'⁰⁰⁵와 바꾸어 사용할 수 있다.
'-아/어 봤자' 为意思①时，可与 '-으나 마나' 互换使用。

例 ▶ ·지난 시험을 잘 못 봐서 공부를 열심히 **해 봤자** 진급하기 힘들 거예요.
　　　因为上次的考试没考好，现在再怎么努力也很难晋级。
　　　= 지난 시험을 잘 못 봐서 공부를 하**나 마나** 진급하기 힘들 거예요.

3. 확인하기 　　确认练习

※ 밑줄 친 부분과 의미가 같은 말을 고르십시오.

가: 참, 두 시에 약속이 있는 거 잊어버리고 있었네. 지금이라도 빨리 가야겠어.
나: 약속 시간이 벌써 삼십 분이나 지났잖아. <u>가 봤자 소용 없을 걸.</u>

① 지금 가면 만날 수 있을 거야.
② 빨리 가면 만날 수 있을까?
③ 가자마자 만날 걸.
④ 지금 가도 만날 수 없을 거야.

答案解释

本题大意为，就算现在去也见不到他人，去了无济于事的意思。①，②，③都表示可能见到。所以不能成为答案。④
才是正确答案。

正确答案　④

004 –아/어도 ★★★

1. 알아두기   常见用法

		–아/어도			–아/어도
동사 动词	먹다	먹**어도**	**형용사** 形容词	많다	많**아도**
	만나다	만나**도**		늦다	늦**어도**

❶ 선행절의 사실을 인정하지만 그것이 후행절의 내용에 영향을 주지 않을 때 사용한다.
承认前句事实，但这不影响后句内容。

例 ▶
- 가: 요즘 영어를 공부한다고 들었는데 많이 늘었어요? 我听说你最近学英语，学得怎么样？
  나: 아니요. 아무리 노력**해도** 실력이 늘지 않아요. 不好，再怎么努力也不见任何长进。

- 가: 몇 시까지 와야 해요? 几点为止到阿？
  나: 아무리 늦**어도** 10시까지는 꼭 와야 합니다. 最晚也要10点之前到。

2. 더 알아두기   更多用法

 ▶ '–아/어도'와 '–더라도'[002]의 문법 비교 (P. 24) '–아/어도' 和 '–더라도' 的语法比较

3. 확인하기   确认练习

※ 다음 밑줄 친 부분에 가장 알맞은 것을 고르십시오.

가: 무슨 걱정 있니?
나: _____ 친구한테 연락이 안 와서.

① 아무리 기다려도   ② 계속 기다리더라도
③ 끝까지 기다린다고 하고   ④ 오랫동안 기다리고 나면

答案解释

没有朋友的消息，文中的主人公很着急的意思。③表示朋友说好要等他；④如果等朋友的话，他就没有消息。这句显然是错误的。①和②都表示谦让，但②表示将来要等朋友，所以是错误的。①表示等朋友的动作持续到现在的意思，故①为正确答案。

正确答案 ①

005 –으나 마나 ★★★

		–(으)나 마나
동사 动词	먹다	먹**으나 마나**
	가다	가나 **마나**

❶ 어떤 일을 하든지 안 하든지 결과가 달라지지 않을 때 사용한다. 表示某件事情做与不做结果都一样。

> 例 ▶ • 뛰어 가나 **마나** 지각일 거예요. 跑与不跑都是迟到。
>
> • 그 사람은 보나 **마나** 오늘도 집에서 게임하고 있을 거야. 不用猜，那个人肯定在家里玩游戏。
>
> • 내 친구는 노래를 못 하니까 들**으나 마나** 역시 이상하게 부를 거야.
> 我的朋友唱歌本来就不好，听不听都会唱得很奇怪。

주의사항 注意事项

> ● '–으나 마나이다'의 형태로도 사용한다. 以 '–으나 마나이다' 的形态使用。
>
> 例 말하나 마나예요. 그 사람은 계속 자기 주장만 할 거예요. 说不说都一回事儿。他肯定会固执己见。

▶ '–으나 마나'는 '–아/어 봤자'003와 바꾸어 사용할 수 있다. '–으나 마나' 可与 '–아/어 봤자' 互换使用。

> 例 ▶ • 지난 시험을 잘 못 봐서 공부를 하나 **마나** 진급하기 힘들 거예요.
> 因为上次的考试没考好，现在再怎么努力也很难晋级。
> = 지난 시험을 잘 못 봐서 공부를 열심히 **해 봤자** 진급하기 힘들 거예요.

※ 다음 밑줄 친 부분과 의미가 비슷한 것을 고르십시오.

가: 이번 모임에 몇 명이나 참석할 수 있는지 물어보세요.
나: <u>물어보나 마나</u> 모두 참석한다고 할 거예요.

① 물어보거나
② 물어볼 건지
③ 물어보지 않아도
④ 물어보기보다는

本文中的状况为，确信每个人都会来参加。①中 '-아/어 보거나' 表示两者选一的意思。②中 '-는지' 后边应该接 '알다/모르다'。④表示，不进行询问而是做其它事情。这些都与提议不符。只有表示询问与否结果都很明了的意思的 ③为正确答案。

正确答案　③

006 −고도 ★

1. 알아두기   常见用法

		−고도
동사 动词	먹다	먹고도
	가다	가고도

❶ 선행절의 행동 후의 결과가 예상과 달랐을 때 사용한다. 前句行动结果与期待不相符。

例 · 그 사람과 헤어지**고도** 눈물을 안 흘렸어요. 虽然和那个人分手了，她也没掉一滴眼泪。
  · 조금 전에 밥을 먹**고도** 또 먹어요. 已经都吃过饭了，又吃上了。
  · 아이가 넘어지**고도** 울지 않네요. 孩子虽然摔倒了，却没哭。

주의사항 注意事项

● 후행절에는 명령문, 청유문이 오지 않는다. 后句不能接命令语句和请求语句。

2. 확인하기   确认练习

※ (   ) 안에 알맞은 것을 고르십시오.

가: 뉴스를 보니 차가 별로 없는 새벽에 대형 교통 사고가 많이 난대요.
나: 차가 별로 없으니까 빨간 신호등을 (   ) 그냥 지나가는 차가 많아서 그런가 봐요.

① 본다면   ② 봐서 그런지
③ 보고도   ④ 보고서야

答案解释

本题大意为，就算红灯亮了，也有好多车辆过往。①中'−는다면'表示条件；②中'−아/어서 그런지'表示理由，所以不能成为答案。④中'−고서야'表示时间顺序，也不能成为答案。使用连接词'−고도'表与期待的结果相反的意思的③为正确答案。

正确答案 ③

1. 알아두기

常见用法

동사 动词	먹다	–기는 하지만 먹기는 하지만
	가다	가기는 하지만
형용사 形容词	춥다	춥기는 하지만
	예쁘다	예쁘기는 하지만

명사+이다 名词+이다	학생	(이)기는 하지만 학생이기는 하지만
	친구	친구기는 하지만

❶ 선행절의 상황을 인정하지만 후행절에는 예상과 다른 상황이 올 때 사용한다.
承认前句状况，但后句中的状况却与预料的结果不同。

例 • 가: 오늘 날씨가 어때요? 今天天气怎么样？
　　나: 바람이 불기는 하지만 춥지는 않아요. 虽然刮风，但是不冷。

　• 가: 유학 생활이 어때요? 留学生活怎么样？
　　나: 즐겁기는 하지만 아직 익숙해지지 않았어요. 虽然愉快，但是还很陌生。

2. 확인하기

确认练习

※ 다음 밑줄 친 부분의 말과 바꿔 쓸 수 있는 말을 고르십시오.

가: 백화점의 물건들은 너무 비싼 것 같아요.
나: 비싸기는 하지만 품질이 좋잖아요.

① 비싸면　　　　　　　　　② 비싼데다가
③ 비싸도　　　　　　　　　④ 비싸도록

答案解释

本题大意为，百货商店的商品价格虽然贵，但是质量很好。①中 '–으면' 表示条件；②中的 '–는데다가' 根据其语法规则，积极意义的内容只能和积极意义的内容相接；消极意义的内容只能和消极意义的内容连接成句。所以，不能用。④中 '–도록' 表示目的，也不能用。使用 '–아/어도' 表示承认前句内容，可后句却接意料之外的结果。所以，在本题中 ③为正确答案。

正确答案 ③

008 –는데도 ★

		–았/었는데도	–는데도	–(으)ㄹ 건데도
동사 动词	찾다	찾았는데도	찾는데도	찾을 건데도
	오다	왔는데도	오는데도	올 건데도

		–았/었는데도	–(으)ㄴ데도
형용사 形容词	많다	많았는데도	많은데도
	바쁘다	바빴는데도	바쁜데도

		이었/였는데도	인데도
명사+이다 名词+이다	학생	학생이었는데도	학생인데도
	친구	친구였는데도	친구인데도

❶ 선행절의 상황에서 일반적으로 예상되는 결과와 다른 결과가 후행절에 온다.
从前句状况中可预测到的普遍结果没有出现在后句，出现的则是另一种结果。

> **例** ▸ • 가: 아직도 열쇠를 못 찾았어요? 还没找到钥匙吗?
> 　　　나: 온 집안을 다 찾아**봤는데도** 없었어요. 房子上下里外都找遍了，就是找不到。
>
> • 생활비가 넉넉한**데도** 항상 부족하다고 해요. 生活费给得够多的了，还说少。
>
> • 몇 번이나 말**했는데도** 듣지 않으면 할 수 없지요. 已经说过好几遍了也听不进去的话，我也没办法。

주의사항 注意事项

● 후행절에는 미래가 오지 않는다. 后句不能接将来时态。

> **例** 선생님께 물어 보는데도 모를 거예요. (X)
> 　　　　　　　　 (미래)(将来)

● 후행절에는 명령문, 청유문이 오지 않는다. 后句不能接命令语句和请求语句。

● '–는데도'는 '불구하고'와 자주 같이 사용된다. '–는데도'常与'불구하고'一起使用。

> **例** 바쁜데도 와 주셔서 감사합니다. 感谢您百忙之中抽空来访。
> 　　 = 바쁜데도 불구하고 와 주셔서 감사합니다.

※ 두 문장을 바르게 연결한 것을 고르십시오.

한 달간 열심히 연습했어요. 실력이 늘지 않아요.

① 한 달간 열심히 연습을 한 대로 실력이 늘지 않아요.
② 한 달간 열심히 연습을 했는데도 실력이 늘지 않아요.
③ 한 달간 열심히 연습을 했을 적에 실력이 늘지 않아요.
④ 한 달간 열심히 연습을 했으면 실력이 늘지 않아요.

问题大意为，虽然练习了一个月，但是，和预期结果相反实力没有长进。①中 '–는 대로' 表明其结果与前句动作的预期的结果相同。③中 '–을 적에' 表示 "当进行练习时" 的意思。④中 '–았/었으면' 表示 "如果进行练习了的话" 的意思。所以都不是答案。使用连接词 '–는데도' 表示实际出现的结果与预期结果–"实力会有所长进" 相反。所以，②为正确答案。

正确答案 ②

연습 문제 练习题

1 밑줄 친 부분을 같은 의미로 바꾸어 쓴 것을 고르십시오.

가: 요즘 영수가 시험 준비로 많이 바쁜가 봐.
나: 그러게. 힘들어 보여서 <u>내가 도와준다고 해도</u> 싫대.

❶ 내가 도와준다고 했는데도 괜찮대
❷ 내가 도와주는 통에 괜찮대
❸ 내가 도와준 덕분에 괜찮대
❹ 내가 도와주기만 하면 괜찮대

2 두 문장을 바르게 연결한 것을 고르십시오.

눈이 오다 / 등산을 하다

❶ 눈이 오느라고 등산을 하겠습니다.
❷ 눈이 오면서 등산을 하겠습니다.
❸ 눈이 오다가 등산을 하겠습니다.
❹ 눈이 오더라도 등산을 하겠습니다.

3 밑줄 친 부분을 같은 의미로 바꾸어 쓴 것을 고르십시오.

가: 지하철이 곧 끊길 시간이에요. 뛰어가요.
나: 지금 <u>뛰어가나 마나예요.</u> 우리 집으로 가는 지하철은 벌써 끊겼어요.

❶ 뛰어가도 소용없어요
❷ 뛰어간 셈 쳤어요
❸ 뛰어가려던 중이에요
❹ 뛰어갈 지경이에요

4 밑줄 친 부분에 들어갈 가장 알맞은 것을 고르십시오.

가: 자동차를 사고 싶은데 돈이 없어. 부모님께 한번 말씀 드려 볼까?
나: 꿈도 꾸지 마. _____.

❶ 말하는 대로 해 줄 셈이야
❷ 말해 봤자 소용없을 거야
❸ 말하는 바람에 소용이 없어
❹ 말 안 하더라도 안 해 줄 거야

5 다음을 가장 알맞게 연결시킨 것을 고르십시오.

부모님께서 반대하시다 / 나는 꼭 유학 가다

① 부모님이 반대하셔도 나는 꼭 유학을 갈 겁니다.
② 부모님이 반대하실 테니까 나는 꼭 유학을 갔습니다.
③ 부모님이 반대하시느라고 나는 꼭 유학을 갑니다.
④ 부모님이 반대하시기 위해 나는 꼭 유학을 가기로 했습니다.

004

6 다음 ( )에 알맞은 말을 고르십시오.

그 사람이 어떤 말을 ( ) 저는 그 사람을 믿을 수가 없어요.

① 하려고   ② 해도
③ 하다니   ④ 했다가

004

7 ( ) 안에 알맞은 것을 고르십시오.

다른 사람에게 안 좋은 말을 하고 ( ) 이미 해 버린 말을 취소할 수는 없다.

① 후회를 하고서야   ② 후회를 하고 있으면서
③ 후회를 한다고 해도   ④ 후회를 할 게 아니라

001

8 밑줄 친 부분에 알맞은 말을 고르십시오

가: 주말에 혜경이한테 카메라를 좀 빌려 달라고 부탁해야겠어.
나: 부탁해 보나 마나야. _____.

① 계속 부탁을 하면 도와줄 거야
② 지난번에 부탁했을 때도 너를 도와줬잖아
③ 아마 네 부탁을 듣고 빌려 줄 거야
④ 새로 산 거라서 아무한테도 안 빌려 주잖아

005

9   밑줄 친 부분에 들어갈 말을 고르십시오.

가: 오늘은 기분이 안 좋아서 친구들과 술이나 한잔 해야겠어요.
나: _____.

❶ 술을 마시더라도 너무 많이 마시지는 마세요
❷ 술을 좋아하니까 친구들과 술을 마셔 두겠어요
❸ 술을 마시면 마실수록 기분이 안 좋을까 봐요
❹ 술을 좋아해서 술을 마신 덕분에 기분이 좋아요   **002**

10   밑줄 친 부분이 바르게 사용된 문장을 고르십시오.

❶ 너무 큰 실수를 해서 <u>잘못을 빌어 봤자</u> 소용 없을 것이다.
❷ 꾸준히 <u>노력을 해 봐야</u> 마침내 성공을 하고 말았다.
❸ 아무리 <u>운동을 해도</u> 예전보다 많이 건강해졌다.
❹ 집에 <u>도착하다시피</u> 컴퓨터 작업을 시작해야 한다.   **003**

11   (   )에 들어갈 적당한 말을 고르십시오.

가: 내일이 시험인데 더 공부하지 않고 벌써 자요?
나: 열심히 (   ) 못 볼 것 같으니까 그냥 자려고요.

❶ 공부하더니   ❷ 공부할 테니까
❸ 공부해도   ❹ 공부할 게 아니라   **004**

12   밑줄 친 부분과 같은 의미를 가진 것을 고르십시오.

가: 요즘에 복권이 인기가 많던데 한번 복권을 사 볼까요?
나: <u>사 보나 마나예요.</u> 복권에 당첨될 가능성이 얼마나 낮은데요.

❶ 나도 사고 싶은데 같이 살래요?   ❷ 당첨될 테니까 꼭 사세요.
❸ 사 보면 당첨되겠는데요.   ❹ 산다고 해도 당첨 안 될 거예요.   **001** **005**

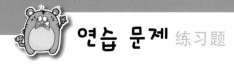

연습 문제 练习题

13 밑줄 친 부분이 맞는 것을 고르십시오

① 저장한 자료가 모두 <u>없어지느라고</u> 다시 시작해야 한다.

② 집에 <u>가려다가</u> 같이 저녁을 먹읍시다.

③ 아무리 <u>바쁘더라도</u> 친구의 생일을 잊어버리면 안 된다.

④ 노래를 <u>부르더라면</u> 마음 속에 있는 안 좋은 기분을 없앨 수가 있다.

14 밑줄 친 부분과 의미가 같은 말을 고르십시오.

가: 다음 주에 고향에 내려가야 하는데 기차표를 아직 안 샀어. 기차역에 전화해 봐야겠다.

나: 다음 주는 설날이어서 사람들이 모두 고향에 가잖아. 지금 <u>전화해 봤자 소용 없을걸.</u>

① 전화하면 살 수 있을 거야　　　　② 전화해도 살 수 없을 걸

③ 전화하자마자 표를 살걸　　　　④ 전화하는 덕분에 표를 살 수 없어

15 밑줄 친 부분과 바꿔 쓸 말을 고르십시오.

가: 이번 시험이 어려운지 쉬운지 선생님한테 한번 물어 볼까?

나: <u>물어 보나 마나예요.</u> 분명히 쉽다고 할 거예요.

① 물어 봐야지 알 수 있어요　　　　② 물어 볼 건지 결정하세요

③ 물어 봐도 결과는 마찬가지예요　　④ 물어 보면 대답해 줄 거예요

UNIT 2

정도 程度

009 –는 셈이다 ★★★

I. 알아두기   常见用法

동사 动词		-(으)ㄴ 셈이다	–는 셈이다
	먹다	먹은 셈이다	먹는 셈이다
	끝내다	끝낸 셈이다	끝내는 셈이다

❶ 생각해 보면 결국 어떤 일을 하는 것과 비슷할 때 사용한다.
经过掂量发现做某件事情和做另外一件事情效果相同。

> 例 · 가: 아직도 일이 많이 남았어요? 还剩下很多事情要做吗?
> 나: 아니요, 이제 이것만 하면 되니까 다 한 **셈이에요**. 没有，把这个做完就结束了。
>
> · 가: 노트북 싸게 샀다면서요? 어디서 샀어요? 听说你以很低的价格买了笔记本?在哪里买的?
> 나: 중고로 샀는데 고장이 여러 번 나서 수리비로 얼마나 썼는지 몰라요.
> 　　买了个二手货修理了很多次，不知道花了多少钱。
> 　　수리비까지 생각하면 비싸게 산 **셈인** 것 같네요. 想想花去的修理费，算是买贵了。

2. 더 알아두기   更多用法

 ▶ '–는 셈이다'와 '–는 셈치다'의 문법 비교 '–는 셈이다' 和 '–는 셈치다' 的语法比较

'–는 셈이다'는 어떤 일을 하는 것과 비슷하다고 판단할 때 사용한다. 반면에 '–는 셈치다'는
현실과 다른 상황을 가정할 때 사용한다.

'–는 셈이다' 表示断定做某件事与做另外一件事效果相似的时候使用。相反，'–는 셈치다' 只能用在假定与现实不同情况时使用。

> 例 · 이번 시험이 어려웠으니까 80점이면 잘 본 **셈이에요**. 考试到这次考试的难度，80分算是不错的了。
> 　　(시험을 잘 본 **편이에요**. 算是考试考得很好。)
>
> · 가기 싫은 출장이지만 여행을 가는 **셈치려고요**. 虽然不怎么想去出差，也就当是去旅游了。
> 　　(실제로 여행을 가지는 않지만 여행을 간다고 가정한다. 不是真的去旅行，而是视作去旅行。)

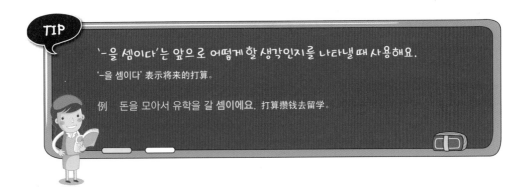

TIP

'-을 셈이다'는 앞으로 어떻게 할 생각인지를 나타낼때 사용해요.

'-을 셈이다' 表示将来的打算。

例 돈을 모아서 유학을 갈 셈이에요. 打算攒钱去留学。

3. 확인하기   确认练习

※ 밑줄 친 부분에 들어갈 가장 알맞은 것을 고르십시오.

가: 급한데, 완성하려면 아직 멀었어요?
나: 거의 끝났어요. 이것만 붙이면 되니까 _____.

① 이제 다 한 셈이에요
② 이제 끝난 모양이에요
③ 다 하기 전에 좀 쉴 거예요
④ 급하게 하려면 힘들 거예요

答案解释

本题的情景为，对于离工作结束还需要多长时间的的问题，回答说快结束了。②中'-는 모양이다'是推测某件事情；③ 和 ④ 中给出的答案与文中提问不相符。只有表示快要结束工作的意思的 ①为正确答案。

正确答案 ①

010 –는 편이다 ★★★

I. 알아두기 常见用法

		–(으)ㄴ 편이다	–는 편이다
동사 动词	먹다	먹은 편이다	먹는 편이다
	보다	본 편이다	보는 편이다

		–(으)ㄴ 편이다
형용사 形容词	작다	작은 편이다
	크다	큰 편이다

❶ 어떤 일이 대체로 어떤 상황에 가깝다는 것을 나타낸다. 某件事情大致接近某种状况。

> 例 · 가: 주말에 보통 뭐 하고 지내요? 周末一般做什么？
> 나: 주말에는 공원에 자주 가**는 편이에요**. 周末经常去公园。
>
> · 가: 이 식당 어때요? 这个饭店怎么样？
> 나: 음식도 맛있고, 서비스도 좋**은 편인** 것 같네요. 菜好吃，服务也挺好。

2. 확인하기 确认练习

※ 빈칸에 가장 알맞은 것을 고르십시오.

> 가: 고향에 계신 부모님께 자주 전화하세요?
> 나: 네. 일주일에 두세 번은 하니까 _____.

① 가끔 하려고 해요   ② 가끔 한 모양이에요
③ 자주 하는 편이지요   ④ 자주 할 필요가 없어요

答案解释

本题情景为，对于是否经常给老家的父母打问候电话的问题给予回答。①中'으려고 하다'表示对未来的计划；②中'–는 모양이다'表示推测；④表示没有必要经常联系，这与前句问题不符。只有表示经常联系父母的意思的句子 ③ 为正确答案。

正确答案 ③

011

–을 만하다 ★★★

1. 알아두기　常见用法

		-(으)ㄹ 만하다
동사 动词	먹다	먹을 만하다
	가다	갈 만하다

❶ 가치가 있어서 권할 때 사용한다. 值得推荐的时候使用。

> 例 ▶ ・가: 한국 음식 중에서 맛있는 음식을 추천해 주세요. 推荐给我们好吃的韩国料理吧。
> 　　나: 불고기가 먹을 **만할** 거예요. 한번 먹어 보세요. 烤肉值得一吃。尝一下吧。

❷ 할 수 있는 수준이나 정도를 나타낸다. 表示可能的水准或程度。

> 例 ▶ ・가: 5월인데 벌써 덥네요. 刚进入五月份就已经很热了。
> 　　나: 아직은 참을 **만하지만** 앞으로가 걱정이에요. 现在还能忍受，但是担心以后能否挺得住。

주의사항 注意事项

● '–을 만하다'가 ❶의 뜻일 때는 '–아/어 보다'와 자주 같이 사용한다.
'–을 만하다' 用以第 ❶意思时，可与 '–아/어 보다' 一起使用。

> 例 부산은 꼭 한번 여행 가 볼 **만한** 곳이에요. 釜山是值得一游的地方。
> 삼겹살은 한국에서 먹어 볼 **만한** 음식이에요. 五花肉在韩国是值得一吃的食物。

※ (　　　) 안에 알맞은 것을 고르십시오.

가: 좀 쉬고 싶어요. 오랫동안 걸었더니 다리가 아프네요.
나: 조금만 더 가면 (　　　　) 곳이 있어요.

① 쉴 뿐인   ② 쉴 만한

③ 쉴 뻔한   ④ 쉬는 듯한

答案解释

需要找出表示有可休息的地方的意思的措辞。①表示出了休息没别的可做；③虽然可以休息，但却没有休息；④和休息差不多的意思，这些都不是答案。表示可能的水准或程度的语法 '-을 만하다'，②为正确答案。

正确答案 ②

012 -을 정도로 ★★★

		-았/었을 정도로	-(으)ㄹ 정도로
동사 动词	먹다	먹었을 정도로	먹을 정도로
	가다	갔을 정도로	갈 정도로
형용사 形容词	좋다	좋았을 정도로	좋을 정도로
	아프다	아팠을 정도로	아플 정도로

❶ 뒤에 오는 말의 정도가 앞에 오는 말과 비슷함을 나타낸다.
后面接的话其程度与前句中所说的话程度相似。

> 例
> • 가: 목소리가 왜 그래요? 감기에 걸렸어요? 声音怎么啦? 感冒了吗?
>   나: 네, 목소리가 안 나올 **정도로** 목감기가 심해요. 是啊, 得了重感冒连声音都发不出来了。
>
> • 가: 다리를 다쳤다고 들었는데, 어때요? 听说你的腿受伤了, 怎么样了?
>   나: 걷기 힘들 **정도로** 아파요. 疼得都走不动了。

주의사항 注意事项

● 어떤 상황을 과장해서 말할 때 사용하기도 한다. 夸张地说明某种状况。

> 例 독감에 걸려서 죽을 정도로 아팠어요. 得了毒感, 疼得差点就死了。
> (많이 아팠다는 것을 '죽을 정도로'라는 표현으로 나타내고 있다.)
> (使用 '죽을 정도로' 这种夸张得语法, 表达非常疼痛之感。)

● '-을 정도이다'의 형태로도 사용한다. 以 '-을 정도이다' 的形态使用。

例 한국 사람도 알아듣기 힘들 **정도로** 말이 빨라요. 说话说得很快，连韩国人也很难听懂。
= 말이 빨라서 한국 사람도 알아듣기 힘들 **정도예요.**

2. 더 알아두기   更多用法

▶ '-을 정도로'는 '-을 만큼'과 바꾸어 사용할 수 있다. '-을 정도로' 可与 '-을 만큼' 互换使用。

例 ▶ • 옆에 있는 사람의 얼굴도 안 보일 **정도로** 어두워요. 天黑得连旁边人的脸都看不清楚。
= 옆에 있는 사람의 얼굴도 안 보일 **만큼** 어두워요.

3. 확인하기   确认练习

※ 다음 밑줄 친 부분과 의미가 비슷한 것을 고르십시오.

시험을 보는 교실 안은 연필 소리도 <u>들릴 정도로</u> 조용해요.

① 들릴 뿐   ② 들리는 대로
③ 들릴 만큼   ④ 들리는 동안에

答案解释

教室里安静得，连写字的声音都能听到。①只能听见铅笔的声音；②'一听见铅笔的声音就'的意思，不符合本题。④'能听见铅笔声音的那段时间'，也不符合本题。使用语法'-을 만큼'表示铅笔的声音差点就听到的意思的 ③为正确答案。

正确答案 ③

013 -다시피 하다 ★★

1. 알아두기　常见用法

동사		-다시피 하다
동사 动词	살다	살다시피 하다
	뛰다	뛰다시피 하다

 1 어떤 일을 실제로 하는 것은 아니지만 거의 비슷하게 할 때 사용한다.
　　某件事情虽然没有真正的去做，但算是差不多做了。

> 例 ▶ ・가: 왜 그렇게 피곤해 보여？ 为什么看起来这样疲倦？
> 　　　나: 요즘 시험이 있어서 도서관에서 **살다시피 했**더니 너무 피곤해요.
> 　　　　　最近因为考试的关系，每天几乎算是睡在图书馆了。
>
> 　　・다이어트 때문에 매일 **굶다시피 하**는 사람들이 많아요. 有很多为了减肥，几乎每天都饿肚子的人。

2. 더 알아두기　更多用法

 ▶ '-다시피 하다'와 '-다시피'의 문법 비교 '-다시피 하다' 和 '-다시피' 的语法比较

'-다시피 하다'는 어떤 일을 실제로 하는 것은 아니지만 거의 비슷하게 할 때 사용한다.
반면에 '-다시피'는 듣는 사람이 이미 알고 있다고 생각하는 정보를 다시 확인할 때 사용한다.

'-다시피 하다' 用在，做某件事情时，其程度不是真的达到了最理想得期待值，而是基本上和达到最理想的期待值无两样。
相反 '-다시피' 用在听者已经知道说话者要说得内容的前提下，为进行进一步确认时使用。

> 例 ▶ ・**알다시피** 외국어 실력은 짧은 시간에 완성되는 것이 아닙니다.
> 　　　你也知道，提高外语能力不是短时间内能完成的。
>
> 　　・너도 **들었다시피** 시험날짜가 바뀌었어. 你也听说了吧？考试时间改了。

'-다시피'는 '알다, 보다, 듣다, 배우다, 느끼다' 등의 동사와 자주 사용한다.
'-다시피' 常与 '알다, 보다, 듣다, 배우다, 느끼다' 等动词搭配使用。

※ 다음 밑줄 친 부분에 들어갈 적당한 것을 고르십시오.

가: 어제 본 영화 재미있었어요?
나: 아니오, 너무 지루해서 거의 _____ 했어요.

① 졸까 말까
② 졸려고
③ 조는 둥 마는 둥
④ 졸다시피

答案解释

电影太无聊，几乎睡着了。① '-을까 말까'表示不确定的计划；　② '-으려고'表示计划或目的；③ '-는 둥 마는 둥'表示大致做谋事。'-다시피 하다'表示某件事其结果差不多，所以 ④为正确答案。

正确答案　④

014 −은 감이 있다 ★

		−(으)ㄴ 감이 있다
형용사 形容词	짧다	짧은 감이 있다
	크다	큰 감이 있다

❶ 상황을 보고 어떤 느낌이나 생각이 드는 것을 나타낸다. 看到某种状况以后，开始有了某种感觉和想法。

例 • 가: 선생님, 지금부터 열심히 공부하면 제가 그 대학교에 합격할 수 있을까요?
　　　老师，现在开始认真学习的话我能考上那个大学吗？
　　나: 좀 늦은 **감이 있**지만 지금부터라도 열심히 하면 좋겠다.
　　　虽然感觉有点晚了点儿，但还是现在开始认真学习比较好。

• 가: 오늘 산 치마인데 어때요? 今天刚买的裙子怎么样？
　나: 예쁘기는 한데 좀 짧은 **감이 있**네요. 漂亮是漂亮，但感觉有点短。

주의사항 注意事项

● '−은 감이 있다'는 '−은 감이 없지 않다'로도 사용한다.
'−은 감이 있다' 还可以改用成 '−은 감이 없지 않다' 的形态。

例 민호의 농담은 지나친 **감이 있다**. 敏浩的玩笑开得有点过分了。
　= 민호의 농담은 지나친 **감이 없지 않다**.

※ 다음 밑줄 친 부분에 들어갈 알맞은 말을 고르십시오.

가: 지금부터 시험 공부를 시작해도 괜찮을까?
나: 내일이 시험이면 좀 _____ 그래도 안 하는 것보다 낫겠지.

① 늦곤 하지만   ② 늦는 김에
③ 늦은 체 했지만   ④ 늦은 감이 있지만

明天就考试了，现在才开始学习感觉有点晚。① '-곤 하다'表示重复的行动；② '-는 김에'表示 "趁做某件事的机会" 的意思，不符合本题。 ③ '-는 체하다'行为与事实不符，所以也不能成为答案。只有表示感觉时间有点晚的意思的 ④为正确答案。

正确答案 ④

015 -을 지경이다 ★

		-(으)ㄹ 지경이다
동사 动词	먹다	먹을 지경이다
	가다	갈 지경이다

❶ 어떤 상태와 비슷함을 나타낸다. 表示与某种状态相似。

> 例 · 너무 많이 걸었더니 쓰러질 **지경이에요**. 走路走得太多，身体快要倒下了。
>
> · 그 사람이 보고 싶어서 미칠 **지경이에요**. 对那个人想念地快要疯了。
>
> · 시험을 망쳐서 눈물이 날 **지경이에요**. 因为考试考砸了缘故，我都快要哭出来了。

▶ '-을 지경이다'는 '-을 정도이다'와 주로 바꾸어 사용할 수 있다. '-을 지경이다' 可与 '-을 정도이다' 互换使用。

> 例 · 친구는 계속 잘 달렸지만 나는 힘들어서 죽을 **지경이었다**. 朋友还在继续跑，但是我已经累得都快死了。
> = 친구는 계속 잘 달렸지만 나는 힘들어서 죽을 **정도였다**.

※ 다음 밑줄 친 부분과 바꿔 쓸 수 있는 것을 고르십시오.

요즘 스트레스가 심해서 잠도 못 잘 <u>지경이에요</u>.

① 요즘 스트레스가 심해서 잠도 못 잘걸요
② 요즘 스트레스가 심해서 잠도 못 잘 정도예요
③ 요즘 스트레스가 심해서 잠도 못 잘 셈이에요
④ 요즘 스트레스가 심해서 잠도 못 잘 리 없어요

答案解释

表示最近压力很大，无法好好入睡的意思。① '-을걸요' 表示对对方的推测；③ '-을 셈이다' 显示将来的打算；④ '-을 리 없다' 表示没有希望，不符合题意。只有使用表示相似程度的语法 '-을 정도이다' 的 ② 为正确答案。

正确答案 ②

연습 문제 练习题

1 밑줄 친 부분을 같은 의미로 바꾸어 쓴 것을 고르십시오.

> 이 일을 친구와 같이 하기로 했다. 그렇지만 친구는 바빠서 거의 참여를 못 했기 때문에 <u>나 혼자 한 거나 마찬가지다</u>.

❶ 나 혼자 한 셈이다   ❷ 혼자 하려던 참이다

❸ 나 혼자 해 버릴 거다   ❹ 나 혼자 할 뿐이다

2 밑줄 친 두 문장을 바르게 연결한 말을 고르십시오.

> 가: 영수 씨 어머니는 어떤 분이세요?
> 나: <u>잘 웃지 않으세요. 마음은 따뜻한 편이에요.</u>

❶ 잘 웃지 않으시면 마음은 따뜻한 편이에요

❷ 잘 웃지 않으셔서 마음은 따뜻한 편이에요

❸ 잘 웃으실수록 마음은 따뜻한 편이에요

❹ 잘 웃지 않으셔도 마음은 따뜻한 편이에요   **010**

3 괄호 안에 알맞은 것을 고르십시오.

> 제주도는 구경할 것과 먹을 것이 많아서 (   ). 한번 가 보세요.

❶ 가 볼 지경이에요   ❷ 가 볼 만해요

❸ 가 볼 게 뻔해요   ❹ 가 볼 뿐이에요   **011**

4 밑줄 친 부분을 같은 의미로 바꾸어 쓴 것을 고르십시오.

> 가: 한국어 실력이 많이 늘었네요.
> 나: 네, 이제는 제 생각을 한국어로 거의 다 <u>표현할 수 있을 만큼</u> 한국어를 잘해요.

❶ 표현할 수 있을지   ❷ 표현할 수 있을 텐데

❸ 표현할 수 있을 테니까   ❹ 표현할 수 있을 정도로   **012**

5   다음 밑줄 친 부분 중 맞는 것을 고르십시오.

① 미리 <u>알 수 있어서야</u> 막을 수 없는 문제였다.

② 약속을 다음 주로 <u>미루든지 말든지</u> 연락했다.

③ 그 일을 처음 <u>시작하는 셈치고</u> 다시 해 보기로 했다.

④ <u>싸우기 위해</u> 두 사람이 서로의 문제에 대해 이야기하게 했다.   **009**

6   다음 밑줄 친 부분과 의미가 비슷한 것을 고르십시오.

저는 밖에 나가는 것을 <u>별로 좋아하지 않는 편이에요.</u>

① 아주 안 좋아한다   ② 조금은 좋아한다

③ 좋아한다고 할 수 있다   ④ 좋아한다고 하기 어렵다   **010**

7   다음 괄호 안의 말을 알맞게 고쳐 쓰십시오.

그 박물관은 유명한 곳은 아니지만 한국 전통 미술이나 음악에 관심이 있는 사람이라면 한
번 (구경해 보다) 만한 장소이다.

(   )   **011**

8   밑줄 친 부분과 의미가 비슷한 것을 고르십시오.

가: 지난주에 입학시험을 봤지요? 어땠어요?
나: <u>울고 싶을 정도로 어려웠어요.</u>

① 어려워서 울어 버렸어요

② 울고 싶었지만 울기 어려웠어요

③ 너무 어려워서 울고 싶다는 생각을 했어요

④ 어려웠지만 울고 싶지 않았어요   **012**

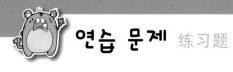
9 다음 (   )에 알맞은 말을 고르십시오.

> 가: 다음 달에 결혼한다던데 결혼 준비는 다 하셨어요?
> 나: 이제 결혼식 음식만 고르면 되니까 다 (   ).

❶ 하곤 했어요   ❷ 한 셈이에요

❸ 하려나 봐요   ❹ 하기만 해요   **009**

10 (   ) 안에 맞는 것을 고르십시오.

> 가: 많이 시장하셨나 봐요? 정말 빨리 드시네요.
> 나: 아니에요, 저는 원래 밥을 빨리 (   ).

❶ 먹으려나 봐요   ❷ 먹는 편이에요

❸ 먹은 적이 있어요   ❹ 먹었으면 좋겠어요   **010**

11 밑줄 친 부분과 의미가 비슷한 것을 고르십시오.

> 가: 새로 들어간 회사는 어때요?
> 나: 새로 일을 배우는 것이 조금 어렵긴 하지만 할 만해요.

❶ 하기 쉬워요   ❷ 할 거예요

❸ 할 수 있어요   ❹ 할까 해요   **011**

12 다음 (   )에 알맞은 말을 고르십시오.

> 가: 저 사람은 벌써 몇 시간째 컴퓨터 게임만 하네요.
> 나: 네, (   ).

❶ 밤새도록 자면서 컴퓨터 게임을 해요

❷ 밤에 잘 뿐만 아니라 컴퓨터 게임도 해요

❸ 컴퓨터 게임이라면 밤을 샐 정도로 좋아해요

❹ 컴퓨터 게임만큼 잠을 안 자요   **012**

UNIT 3

추측 推測

초급 문법 확인하기! 初级语法回顾

-겠-

例 혜경 씨, 옷을 그렇게 얇게 입어서 춥겠어요. 慧京，衣服穿得那么薄很冷吧。

-아/어 보이다

例 상희 씨는 오늘 기분이 좋아 보여요. 相熙今天看起来心情很好。

-을 거예요

例 승준이는 아마 생일 파티에 안 올 거예요. 承俊大概不会来今天的派对。

016 -나 보다 ★★★

		-았/었나 보다	-나 보다	-(으)려나 보다
동사 动词	먹다	먹었나 보다	먹나 보다	먹으려나 보다
	가다	갔나 보다	가나 보다	가려나 보다

		-았/었나 보다	-(으)ㄴ가 보다	
형용사 形容词	좋다	좋았나 보다	좋은가 보다	
	예쁘다	예뻤나 보다	예쁜가 보다	

		이었/였나 보다	인가 보다	
명사+이다 名词+이다	학생	학생이었나 보다	학생인가 보다	
	친구	친구였나 보다	친구인가 보다	

❶ 어떤 사실이나 상황을 근거로 추측할 때 사용한다. 根据某个事实或状况为依据进行推测。

> 例 ▶ • 시험 점수가 안 좋은 걸 보니까 공부를 안 **했나 봐**요.　考试分数不太好，看来没有好好学习。
> • 하늘에 구름이 많아지는 것을 보니 비가 **오려나 봐**요.　天上乌云密布，恐怕要下雨了。
> • 저 사람이 오늘 계속 웃는 것을 보니 기분이 **좋은가 봐**요.　那个人今天不停地笑，看来心情很好的样子。

▶ '-나 보다'는 '-는 것 같다'❿⓱, '-는 모양이다'⓴, '-는 듯하다'⓶⓶와 바꾸어 사용할 수 있다.
'-나 보다' 可与 '-는 것 같다', '-는 모양이다', '-는 듯하다' 互换使用。

> 例 ▶ • 하루 종일 웃는 걸 보니까 좋은 일이 있**나 봐**요.　你一整天都在笑，看来有什么好事。
> = 하루 종일 웃는 걸 보니까 좋은 일이 있**는 것 같**아요.
> = 하루 종일 웃는 걸 보니까 좋은 일이 있**는 모양이에**요.
> = 하루 종일 웃는 걸 보니까 좋은 일이 있**는 듯해**요.

※ 빈칸에 가장 알맞은 것을 고르십시오.

가: 준영 씨는 먼저 들어갔나요?
나: 가방이 있는 걸 보니까 _____.

① 잠깐 나갔나 봐요
② 잠깐 나가겠어요
③ 조금 후에 나가면 돼요
④ 조금 후에 나가려고 해요

017 −는 것 같다 ★★★

1. 알아두기　常见用法

		−(으)ㄴ 것 같다	−는 것 같다	−(으)ㄹ 것 같다
동사 动词	먹다	먹은 것 같다	먹는 것 같다	먹을 것 같다
	가다	간 것 같다	가는 것 같다	갈 것 같다

		−(으)ㄴ 것 같다	−(으)ㄹ 것 같다
형용사 形容词	좋다	좋은 것 같다	좋을 것 같다
	예쁘다	예쁜 것 같다	예쁠 것 같다

		인 것 같다	일 것 같다
명사+이다 名词+이다	학생	학생인 것 같다	학생일 것 같다
	친구	친구인 것 같다	친구일 것 같다

❶ 어떤 사실이나 상황을 근거로 추측할 때 사용한다. 　根据某个事实或状况为依据进行推测。

> 例 ▸ 가: 오늘 날씨가 어떨까?　今天天气怎么样?
> 　　나: 하늘이 흐린 것을 보니 비가 올 **것 같**아.　天上有乌云，怕是要下雨。

❷ 생각이나 의견을 말할 때 사용한다. 　表达想法或意见的时候使用。

> 例 ▸ 가: 내 남자 친구 만나 보니까 어때?　见了我的男朋友觉得他如何?
> 　　나: 정말 멋있**는 것 같**아.　真的看起来很帅。

2. 더 알아두기　更多用法

▸ '−는 것 같다'가 ❶의 의미로 사용될 때 '−나 보다'⁰¹⁶, '−는 모양이다'⁰²⁰, '−는 듯하다'⁰²²와 바꾸어 사용할 수 있다.
　'−는 것 같다' 用于推测意思时，可与 '−나 보다', '−는 모양이다', '−는 듯하다' 互换使用。

> 例 ▸ 하루 종일 웃는 걸 보니까 좋은 일이 있**는 것 같**아요. 　你一整天都在笑，看来有什么好事。
> 　　= 하루 종일 웃는 걸 보니까 좋은 일이 있**나 봐**요.
> 　　= 하루 종일 웃는 걸 보니까 좋은 일이 있**는 모양이에**요.
> 　　= 하루 종일 웃는 걸 보니까 좋은 일이 있**는 듯해**요.

※ 다음 밑줄 친 부분과 의미가 비슷한 것을 고르십시오.

가: 그 식당 음식이 맛있어요?
나: 사람들이 많이 가는 걸 보니까 <u>맛있나 봐요</u>.

① 맛있고 말고요
② 맛있는지 몰라요
③ 맛있는 것 같아요
④ 맛있다고 들었어요

答案解释

本文情景为，正在推测饭店的饭菜可能很好吃。①强调某种事实；②表示对某些事实的情报很难做出判断。④把听到的内容，以间接的方式表达出来。所以，只有表示预测的 ③为正确答案

正确答案 ③

018 -을 테니(까) ★★★

I. 알아두기   常见用法

		-았/었을 테니(까)	-(으)ㄹ 테니(까)
동사 动词	먹다	먹었을 테니(까)	먹을 테니(까)
	가다	갔을 테니(까)	갈 테니(까)
형용사 形容词	작다	작았을 테니(까)	작을 테니(까)
	크다	컸을 테니(까)	클 테니(까)

		이었/였을 테니(까)	일 테니(까)
명사+이다 名词+이다	학생	학생이었을 테니(까)	학생일 테니(까)
	친구	친구였을 테니(까)	친구일 테니(까)

❶ 선행절은 말하는 사람의 강한 추측을 나타내며 후행절의 이유나 조건이 된다.
前句表示说话者强烈的推测，成为后句的理由和条件。

> 例 ► • 가: 내일이면 합격자 발표가 있는데 정말 떨린다. 明天有合格者发表，真叫人紧张阿。
>   나: 좋은 결과가 있을 **테니까** 걱정하지 말고 기다려. 肯定会有好结果的，别担心耐心等待结果吧。

❷ 선행절은 말하는 사람의 의지를 나타내며 후행절의 조건이 된다. 前句表示说话者的意志，成后句的条件。

> 例 ► • 가: 이번에 회사에서 또 승진했다면서요? 정말 축하해요! 听说又晋升了？祝贺你呀！
>   나: 고마워요. 오늘은 제가 살 **테니까** 맛있는 것을 먹으러 갑시다. 谢谢。今天我请客，咱们去吃好吃的吧。

주의사항 注意事项

● ❷의 의미일 때는 선행절의 주어는 말하는 사람이어야 한다.
用于 ❷ 中意思的时候，前句的主语须为说话者本人。

> 例 내가 도와줄 **테니까** 걱정하지 마. (O) 我会帮助你的，所以不要担心。

▶ '-을 테니(까)'와 '-을 텐데'⁰²⁴의 문법 비교 '-을 테니(까)' 和 '-을 텐데' 的语法比较

'-을 테니까'가 추측의 의미일 때 '-을 텐데'와 바꾸어 사용할 수 있다.

'-을 테니까' 表示推测时可以与 '-을 텐데' 互换使用。

例 ▶ • 오후에 비가 올 **테니까** 우산을 가지고 가세요. 下午有可能下雨，把雨伞带上吧。

   = 오후에 비가 올 **텐데** 우산을 가지고 가세요.

'-을 테니(까)'는 후행절에 의문사가 있는 의문문과 함께 쓸 수 없지만 '-을 텐데'는 후행절에 의문사가 있는 의문문과 함께 사용할 수 있다.

'-을 텐데' 不能与后句带有疑问代词的疑问句一同使用。

例 ▶ • 길이 막힐 **텐데** 어떻게 하지요? (O) 路上很可能堵车，怎么办？

   • 길이 막힐 **테니까** 어떻게 하지요? (X)

3. 확인하기   确认练习

※ 빈칸에 들어갈 말로 알맞은 것을 고르십시오.

6시에 찾으러 (   ) 그 때까지 고쳐 주세요.

① 올 테면

② 오는 중에

③ 오는 바람에

④ 올 테니까

答案解释

需要找出表达说话者6点去取东西的意志的语法。①表条件；②表示事情进展的过程；③表示否定理由。所以，只有表示理由的 ④为正确答案。

正确答案 ④

019 -을까 봐(서) ★★★

I. 알아두기　常见用法

		-았/었을까 봐(서)	-을까 봐(서)
동사 动词	먹다	먹었을 까봐(서)	먹을까 봐(서)
	모르다	몰랐을 까봐(서)	모를까 봐(서)

		-(으)ㄹ까 봐(서)
형용사 形容词	많다	많을까 봐(서)
	바쁘다	바쁠까 봐(서)

		일까 봐(서)
명사+이다 名词+이다	감기	감기일까 봐(서)
	매진	매진일까 봐(서)

❶ 선행절의 내용을 미리 걱정하여 후행절에서 어떤 행동을 할 때 사용한다.
　提前担心前句内容发生，而在后句中采取相应行动。

> 例 ▶ • 여권을 잃어버릴**까 봐서** 집에 두고 왔어요. 　以免发生遗失，我把护照留在家里了。
> • 친구가 화가 났**을까 봐** 전화를 해 봤어요. 　怕心朋友生气，我给他打了电话。
> • 날씨가 추울**까 봐** 옷을 많이 입고 왔어. 　怕天气冷，多穿了件衣服。

2. 더 알아두기　更多用法

▶ '-을까 봐(서)'는 '-을까 싶어(서)', '-을 지도 몰라(서)'와 바꾸어 사용할 수 있다.
　'-을까 봐(서)' 可与 '-을까 싶어(서), -을 지도 몰라(서)' 互换使用。

> 例 ▶ • 약속을 잊어버렸**을까 봐** 확인 전화를 했어요. 　怕忘记约会的事，我打了确认电话。
> = 약속을 잊어버렸**을까 싶어** 확인 전화를 했어요.
> = 약속을 잊어버렸**을 지도 몰라서** 확인 전화를 했어요.

▶ '-을까 봐(서)'와 '-을까 보다'의 문법 비교 '-을까 봐(서)' 和 '-을까 보다' 的语法比较

'-을까 봐(서)'는 걱정을 나타내지만 '-을까 보다'는 문장의 마지막에 오며 확실하지 않은 계획을 나타낸다. '-을까 보다' 一般做句尾表示不确切的计划。

例 • 내일은 오래간만에 집에서 푹 **쉴까 봐**요. 明天想在家里休息。

그리고 '-을까 보다'는 '-을까 싶다, -을까 하다, -을 지도 모르다'와 바꾸어 사용할 수 있다.
可与 '-을까 싶다, -을까 하다, -을 지도 모르다' 互换使用。

例 • 방학에는 배낭여행을 **갈까 봐**요. 放假以后想去背包旅行。
　　= 방학에는 배낭여행을 **갈까 싶어**요.
　　= 방학에는 배낭여행을 **갈까 해**요.
　　= 방학에는 배낭여행을 갈 **지도 모르**겠어요.

3. 확인하기　　확인练习

※ 다음 밑줄 친 부분과 바꾸어 사용할 수 있는 것을 고르십시오

가: 날씨도 좋은데 산책하러 안 갈래?
나: 미안해. 중요한 손님이 올 지도 몰라서 못 나가겠어.

① 올까 봐
② 오는 통에
③ 오는 중이라서
④ 올 리가 없어서

答案解释

'올 지도 몰라서' 对前句内容进行推测。但是 ②中，前句表示后句的否定原因或根据；③表示某件事情的进行。还有
④表示，来的可能性几乎没有。只有表示对某种事情的担心的语法 ①为正确答案。

正确答案　①

020 -는 모양이다 ★★

1. 알아두기   常见用法

동사 动词		-(으)ㄴ 모양이다	-는 모양이다	-(으)ㄹ 모양이다
	먹다	먹은 모양이다	먹는 모양이다	먹을 모양이다
	가다	간 모양이다	가는 모양이다	갈 모양이다

형용사 形容词		-(으)ㄴ 모양이다
	많다	많은 모양이다
	피곤하다	피곤한 모양이다

명사+이다 名词+이다		인 모양이다
	학생	학생인 모양이다
	교사	교사인 모양이다

❶ 어떤 사실이나 상황을 근거로 추측할 때 사용한다. 根据某种事实和状况作出推测。

例 • 밥을 안 먹는 것을 보니까 배가 아직 안 고픈 **모양이에요**. 看你不想吃得样子，就知道你不饿。

• 일찍부터 자는 걸 보니까 피곤한 **모양이에요**. 这么早就睡觉，看来你真的是累了。

• 매일 다른 모자를 쓰는 걸 보니까 모자가 많은 **모양이에요**. 每天都换新的帽子，看来你有很多帽子阿。

2. 더 알아두기   更多用法

▶ '-는 모양이다'는 '-나 보다'**⁰¹⁶**, '-는 것 같다'**⁰¹⁷**, '-는 듯하다'**⁰²²**와 바꾸어 사용할 수 있다.
'-는 모양이다' 可与 '-나 보다' '-는 것 같다', '-는 듯하다' 互换使用。

例 • 하루 종일 웃는 걸 보니까 좋은 일이 있는 **모양이에요**. 你一整天都在笑，看来有什么好事。
= 하루 종일 웃는 걸 보니까 좋은 일이 있**나 봐요**.
= 하루 종일 웃는 걸 보니까 좋은 일이 있**는 것 같아요**.
= 하루 종일 웃는 걸 보니까 좋은 일이 있**는 듯해요**.

※ 다음 밑줄 친 부분과 의미가 비슷한 것을 고르십시오.

이런 책도 읽는 걸 보면 한국말을 아주 잘<u>하는 모양이에요</u>.

① 하려고요
② 했거든요
③ 하나 봐요
④ 할 뻔했어요

021 –을 리(가) 없다/있다 ★★

ı. 알아두기   常见用法

		–았/었을 리(가) 없다	–(으)ㄹ 리(가) 없다
동사 动词	먹다	먹었을 리(가) 없다	먹을 리(가) 없다
	가다	갔을 리(가) 없다	갈 리(가) 없다
형용사 形容词	좋다	좋았을 리(가) 없다	좋을 리(가) 없다
	부족하다	부족했을 리(가) 없다	부족할 리(가) 없다

		이었/였을 리(가) 없다	일 리(가) 없다
명사+이다 名词+이다	선생님	선생님이었을 리(가) 없다	선생님일 리(가) 없다
	친구	친구였을 리(가) 없다	친구일 리(가) 없다

❶ 어떤 사실이나 상황을 근거로 선행절의 내용이 사실이 아니라는 확신을 나타낼 때 사용한다.
以某件事实或状况为依据，确认前句的内容不为事实时使用。

> 例
> • 가: 두 사람이 사귄다는 소문이 사실일까요? 那两个人交往的消息是真的吗？
> 　　나: 아닐 거예요. 두 사람은 만날 때마다 싸우는데 사귈 **리가** 없어요.
> 　　　　不是吧。两个人见面就吵架，不太可能交往。
>
> • 가: 집들이 음식이 부족하지 않을까요? 搬家宴会用的食物不会少吧？
> 　　나: 이렇게 많이 준비했는데 부족할 **리** 없어요. 准备了这么多，应该不会。

2. 더 알아두기   更多用法

▶ '–을 리(가) 없다'는 '절대로 –지 않을 것이다', '–을 리(가) 있어요?'와 바꾸어 사용할 수 있다.
'–을 리(가) 없다' 可与 '절대로 –지 않을 것이다', '–을 리(가) 있어요?' 互换使用。

> 例 ▶ • 그 사람이 갈 **리가** 없어요. 那个人不可能离开。
> 　　= 그 사람이 **절대로 가지** 않을 거예요.
> 　　= 그 사람이 갈 **리가** 있어요?

'-을 리(가) 있어요?'는 의문문 형태로만 사용한다. '-을 리(가) 있어요?' 只以疑问句形态使用。

> 例 ▸ · 그렇게 열심히 공부한 사람이 시험에 떨어질 **리가 있어요**? (O) 那么认真学习的人，不可能考试落榜。
>
> · 그렇게 열심히 공부한 사람이 시험에 떨어질 **리가 있어요**. (X)

3. 확인하기   确认练习

※ 다음 밑줄 친 부분과 바꾸어 쓸 수 있는 것을 고르십시오.

어느 누구도 다른 사람이 자신에 대해 이러쿵저러쿵 말하는 것을 <u>좋아할 리가 없다</u>.

① 절대로 좋아하지 않는다
② 어쩌면 좋아할 수도 있다
③ 할 수 없이 좋아할 것이다
④ 도대체 좋은 줄 모르겠다

022　-는 듯하다 ★

I. 알아두기　常见用法

		-(으)ㄴ 듯하다	-는 듯하다	-(으)ㄹ 듯하다
동사 动词	먹다	먹은 듯 하다	먹는 듯하다	먹을 듯하다
	가다	간 듯하다	가는 듯하다	갈 듯하다

		-(으)ㄴ 듯하다	-(으)ㄹ 듯하다
형용사 形容词	좋다	좋은 듯하다	좋을 듯하다
	예쁘다	예쁜 듯 하다	예쁠 듯하다

		인 듯하다	일 듯하다
명사+이다 名词+이다	학생	학생인 듯하다	학생일 듯하다
	친구	친구인 듯하다	친구일 듯하다

❶ 어떤 사실이나 상황을 근거로 추측할 때 사용한다. 以某种事实或状况为依据进行推测。

> 例 ▸ • 가: 내일 모임에 친구들이 몇 명쯤 올까? 明天聚会会来几个朋友呢?
> 　　나: 우리 반 친구들이 모두 올 **듯해**. 我们班的同学可能都来。
>
> • 가: 여자 친구 생일 선물로 뭘 사면 좋을까? 不知道送女朋友什么生日礼物?
> 　　나: 요즘 날씨가 추우니까 장갑이나 목도리가 **좋을 듯해**. 最近天气冷, 就送手套或者围脖比较好。

주의사항 注意事项

● '-는 듯이'의 형태로 사용할 수 있다. 그리고 '-는 듯이'는 '-는 것처럼'과 바꾸어 사용할 수 있다.
以 '-는 듯이' 形态连接前句和后句 '-는 듯이' 可与 '-는 것 처럼' 互换使用。

> 例 저는 자지 않았지만, 엄마가 불렀을 때 자는 듯이 누워 있었어요.
> 虽然那时我还没入睡, 但是妈妈叫我的时候我躺下假装睡着了。
> = 저는 자지 않았지만, 엄마가 불렀을 때 자는 것처럼 누워 있었어요.

▶ '-는 듯하다'는 '-나 보다'**⑯**, '-는 것 같다'**⑰**, '-는 모양이다'**⑳**와 바꾸어 사용할 수 있다.
'-는 듯하다' 可与 '-나 보다', '-는 것 같다', '-는 모양이다' 互换使用。

> **例** ▶ • 하루 종일 웃는 걸 보니까 좋은 일이 있**는 듯해**요. 你一整天都在笑，看来有什么好事。
>
> = 하루 종일 웃는 걸 보니까 좋은 일이 있**나 봐**요.
>
> = 하루 종일 웃는 걸 보니까 좋은 일이 있**는 것 같**아요.
>
> = 하루 종일 웃는 걸 보니까 좋은 일이 있**는 모양이에**요.

※ 다음 밑줄 친 부분과 의미가 비슷한 것을 고르십시오.

가: 오늘 날씨가 어떨까요?
나: 구름이 많아지는 것을 보니 <u>비가 올 듯해요</u>.

① 비가 올 뻔했어요
② 비가 온다고 해요
③ 비가 올 것 같아요
④ 비가 올 뿐이에요

答案解释

推测即将要下雨。①只表示可能性，但是实际上没下雨。②是，传达听说的内容的间接语法。④表示，仅仅下雨而已的意思。只有表示推测的③为正确答案。

正确答案 ③

-을걸(요) ★

I. 알아두기 常见用法

		-았/었을걸(요)	-(으)ㄹ걸(요)
동사 动词	먹다	먹었을걸(요)	먹을걸(요)
	가다	갔을걸(요)	갈걸(요)
형용사 形容词	힘들다	힘들었을걸(요)	힘들걸(요)
	바쁘다	바빴을걸(요)	바쁠걸(요)

		이었/였을걸(요)	일걸(요)
명사+이다 名词+이다	학생	학생이었을걸(요)	학생일걸(요)
	친구	친구였을걸(요)	친구일걸(요)

❶ 어떤 사실에 대한 추측을 나타낼 때 사용한다. 根据某些事实做出推测。

> 例 • 가: 보고 싶은 영화가 있어서 극장에 가려고 하는데 사람들이 많을까요?
>   我有想看得电影，你说电影院人会很多吗？
>   나: 주말이니까 아마 사람들이 많을걸요. 因为是周末，应该有不少人吧。
>
> • 가: 주말인데 다른 친구들은 뭘 하고 있을까? 今天是周末，不知道别的同学都在做什么？
>   나: 글쎄. 아마 다들 쉬고 있을걸. 是啊。可能都在休息吧。

2. 더 알아두기 更多用法

▶ '-을걸(요)'는 추측을 나타내는 '-을 거야', '-을 거예요'와 바꾸어 사용할 수 있다.
'-을걸(요)' 可与表示推测的 '-을 거야', '-을 거예요' 互换使用。

> 例 • 어떻게 하든지 비슷할걸. 不管怎么做都一样。
>   = 어떻게 하든지 비슷할 거야.

※ 밑줄 친 부분과 바꾸어 사용할 수 있는 표현으로 가장 적절한 것을 고르십시오.

가: 요즘 계속 늦게 퇴근했는데 오늘은 일찍 퇴근할 수 있을까?
나: 사장님이 오늘까지 끝내야 할 일이 있다고 하셨으니까 오늘도 <u>늦을걸</u>.

① 늦을 리가 없어
② 늦지 말아
③ 늦을 것 같아
④ 늦은 모양이야

上班迟到的状况重复着。①表示不会迟到；②表示不能迟到；④中 '늦은 모양이야' 表推测，但是仅表示对过去的推测，所以是错的。只有推测说今天也会迟到的句子 ③为正确答案。

正确答案 ③

024 -을 텐데 ★

		-았/었을 텐데	-(으)ㄹ 텐데
동사 动词	먹다	먹었을 텐데	먹을 텐데
	가다	갔을 텐데	갈 텐데
형용사 形容词	좋다	좋았을 텐데	좋을 텐데
	예쁘다	예뻤을 텐데	예쁠 텐데

		이었/였을 텐데	일 텐데
명사+이다 名词+이다	학생	학생이었을 텐데	학생일 텐데
	친구	친구였을 텐데	친구일 텐데

❶ 선행절이 말하는 사람의 추측을 나타내며 그 내용이 후행절의 배경이 될 때 사용한다.
前句表示说话者的推测，而且其内容成为后句的铺垫。

> 例 ▶ · 가: 시험이 어려울 **텐데** 어떻게 하지요?　考试会很难，怎么办？
> 　　　나: 걱정하지 마세요. 제가 도와줄게요.　别担心，我会帮你的。
>
> 　　· 기차가 곧 출발할 **텐데** 서두릅시다!　火车就要出发了，我们赶紧吧。

주의사항　注意事项

● 문장의 끝에서는 '-을 텐데(요)'의 형태로 사용된다.　可以 '-을 텐데(요)' 形态在文中做句尾。

　例 내일은 비가 올 **텐데요**.　明天可能会下雨哦。

 ▶ '-을 텐데'와 '-을 테니까'[018]의 문법 비교 (P. 61)　'-을 텐데' 和 '-을 테니까' 的语法比较

※ 밑줄 친 부분에 들어갈 가장 알맞은 것을 고르십시오.

가: 우리 학교 앞에 새로 생긴 식당에서 식사를 할까요?
나: 그 식당은 _____ 지난번에 갔던 식당에서 먹는 게 어때요?

① 비쌀까 하니까
② 비쌀 텐데
③ 비쌀 뿐 아니라
④ 비쌀 겸

연습 문제 练习题

1 빈칸에 가장 알맞은 것을 고르십시오.

가: 혜경 씨한테 무슨 일이 있어요?
나: 얼굴색이 안 좋은 걸 보니까 _____.

❶ 몸이 아픈가 봐요　　　　　　❷ 몸이 아팠대요
❸ 이제 병원에 가면 돼요　　　　❹ 이제 병원에 가려고 해요　　

unit 3
추측

2 밑줄 친 부분과 바꾸어 사용할 수 있는 표현으로 가장 적절한 것을 고르십시오.

가: 숙제하기 어려우면 오빠한테 도와달라고 해 봐.
나: 지난번에도 도움을 받았는데 이번에도 도와달라고 하면 싫어할걸.

❶ 싫어할까 해　　　　　　　　❷ 싫어할 뿐이야
❸ 싫어할 리가 없어　　　　　　❹ 싫어할 것 같아　　

3 다음 밑줄 친 부분과 의미가 비슷한 것을 고르십시오.

가: 그 영화가 재미있어요?
나: 사람들이 많이 보는 걸 보니까 재미있나 봐요.

❶ 재미있는 것 같아요　　　　　❷ 재미있는지 몰라요
❸ 재미있고 말고요　　　　　　❹ 재미있대요　　

4 밑줄 친 부분과 의미가 같은 말을 고르십시오.

명수는 자주 자전거를 타나 봐요.

❶ 타는 척 해요　　　　　　　　❷ 타는 편이에요
❸ 타는 모양이에요　　　　　　❹ 탈 뻔 했어요

5 빈칸에 들어갈 말로 알맞은 것을 고르십시오.

제가 이 일을 ( ) 민수 씨는 서류를 정리해 주세요.

❶ 하는 바람에 ❷ 할 모양이고

❸ 하느라고 ❹ 할 테니까 **018**

6 다음 밑줄 친 부분과 바꾸어 사용할 수 있는 것을 고르십시오.

가: 할머니, 오늘은 외출하지 않고 집에 계실 거지요?
나: 응. 눈 때문에 걷다가 <u>넘어질 지도 몰라서</u> 안 나가려고.

❶ 넘어질까 봐 ❷ 넘어지는 바람에

❸ 넘어져 봤자 ❹ 넘어질 리가 없어서 **019**

7 다음 밑줄 친 부분에 가장 알맞은 것을 고르십시오.

여성 최초로 세계에서 가장 높은 산을 정복한 사람에 대한 기사를 보면서 이야기한다.

가: 여자의 몸으로 남자들도 오르기 힘든 산을 정복했다면서?
나: _____ 정말 대단한 사람이다.

❶ 쉬울지도 몰랐는데 ❷ 쉽지 않을 것 같은데

❸ 쉽다고 하던데 ❹ 쉬우면 안 될 것 같은데 **017**

8 다음 ( )에 알맞은 것을 고르십시오.

내 동생은 ( ) 저녁을 잘 먹지 않는다.

❶ 살이 많이 찌더라도 ❷ 살이 많이 찌기보다는

❸ 살이 많이 찌게 될 정도로 ❹ 살이 많이 찌게 될까 봐 **019**

9 다음 두 표현을 가장 알맞게 연결한 것을 고르십시오.

시험에서 떨어지다 / 얼마나 걱정했는지 모르다

① 시험에서 떨어질까 하면 얼마나 걱정했는지 모릅니다.
② 시험에서 떨어질 텐데 얼마나 걱정했는지 모릅니다.
③ 시험에서 떨어질까 봐 얼마나 걱정했는지 모릅니다.
④ 시험에서 떨어지더라도 얼마나 걱정했는지 모릅니다.

019

unit 3
추측

10 다음 밑줄 친 부분에 들어갈 말로 가장 알맞은 것을 고르십시오.

가: 숙제가 너무 어려워서 할 수 없어요.
나: _____ 걱정하지 마.

① 내가 도와줘도   ② 내가 도와줬는데도
③ 내가 도와줄 테니까   ④ 내가 도와주느라고

018

11 밑줄 친 부분과 의미가 같은 말을 고르십시오.

사람들이 모두 명철 씨를 칭찬하는 것을 보니까 명철 씨가 일을 굉장히 잘하는 모양이에요.

① 잘하는 척해요   ② 잘하거든요
③ 잘하나 봐요   ④ 잘할 만해요

020

12 다음 밑줄 친 부분이 맞는 것을 고르십시오.

① 어제 산 옷의 가격이 더 싸면 좋은 걸 그래요.
② 친구가 힘든데 안 도와줄 수가 없어야지요.
③ 하늘이 흐린 걸 보니까 비가 올 것 같아요.
④ 이렇게 계속 더워 대면 어떻게 생활할 수 있을까요?

017

13 다음 밑줄 친 부분에 들어갈 알맞은 것을 고르십시오.

> 가: 민호 씨가 아까부터 표정이 어둡네요.
> 나: 그렇게 말이에요. _____.

❶ 과장님께 또 혼난 모양이에요
❷ 과장님께 또 혼나기 마련이에요
❸ 과장님께 또 혼나는 수가 있어요
❹ 과장님께 또 혼날 리 없어요

020

14 다음 밑줄 친 부분에 들어갈 말로 가장 알맞은 것을 고르십시오.

> 가: 여러분, 회식하러 갑시다.
> 나: 저는 일이 좀 남아서 늦게 _____ 먼저 가세요.

❶ 가느라고
❷ 가는 바람에
❸ 갈 테니까
❹ 갈까 봐

018

15 다음 밑줄 친 부분과 바꾸어 쓸 수 있는 것을 고르십시오.

> 누구나 다른 사람이 자신을 싫어하면 그것을 <u>모를 리 없다</u>.

❶ 절대로 알지 못한다
❷ 모르지 않는다
❸ 보통은 잘 모를 것이다
❹ 도대체 알 수 없을 거다

021

16 다음 중 <u>틀린 부분</u>을 찾아 바르게 고쳐 쓰십시오.

> 우리 아이의 이름은 ①<u>승준이라고 해요</u>. 우리 승준이는 과일을 ②<u>싫어한가 봐요</u>. 내가 사과나
> 딸기를 줘도 ③<u>먹는 둥 마는 둥</u> 잘 먹지 않아요. 그런데 고기는 ④<u>보자마자</u> 달라고 해요.

(_____ → _____)

016

17   다음 밑줄 친 부분과 바꾸어 쓸 수 있는 것을 고르십시오.

가: 회사에서 직원을 몇 명 해고한다는 소문이 있는데 사실이 아니겠지?
나: 아무 근거 없이 <u>그런 소문이 돌 리가 없잖아.</u>

❶ 소문이 사실이 아닐 거야.   ❷ 소문에 불과한 말이야.
❸ 그런 소문이 돌 이유가 없잖아.   ❹ 그런 소문이 돌 수 있어.

18   다음 밑줄 친 부분과 의미가 비슷한 것을 고르십시오.

가: 아버지 생신인데 무슨 선물을 하는 게 좋을까요?
나: 넥타이나 지갑이 <u>좋을 듯해요.</u>

❶ 좋을 뻔했어요   ❷ 좋다고 해요
❸ 좋을 것 같아요   ❹ 좋을 뿐이에요

19   밑줄 친 부분에 들어갈 가장 알맞은 것을 고르십시오.

가: 내일 우리 텔레비전을 사러 가야 하지요?
나: 당신 그동안 쉬지 않고 일해서 _____ 다음에 사러 가는 게 어때요?

❶ 피곤할 뻔해서   ❷ 피곤할 텐데
❸ 피곤할 뿐 아니라   ❹ 피곤할 겸

TOPIK试题中常见的韩国文化

韩国的订餐文化

　　大家是否注意到在韩国的大街上，随处可以见到骑着摩托车穿越大街小巷配送快餐的人。相信你看到这样的情景也能猜出那个人正带着美食送去别人家中。在韩国，即使足不出户也可以在家中享受到订餐的快捷。只需一个电话，不论是中国料理，还是炸鸡，比萨，又或是韩国料理都可以迅速的送到您的家中。更让人吃惊的是像麦当劳这样的快餐也可以足不出户在家享用。这样便捷的送餐服务在世界上任何地方都算是少有的。相信各位总会有既不愿动手烧饭，又懒得去饭店的时候吧，那么不如拿起电话享受一下韩国的订餐服务，如何?

UNIT 4

순 서 順序

초급 문법 확인하기! 初级语法回顾

-고

> 例 나는 숙제를 끝내고 시장에 갔어요. 做完了作业去市里了。

-기 전에

> 例 식사하기 전에 손을 씻으세요. 饭前洗手吧。

-아/어서

> 例 나는 어제 커피숍에 가서 친구를 만났어요. 昨天我去咖啡厅见了朋友。

-은 후에

> 例 밥을 먹은 후에 텔레비전을 봤어요. 吃了饭以后看了电视。

025 -기(가) 무섭게 ★★★

1. 알아두기   常见用法

		-기(가) 무섭게
동사 动词	받다	받기(가) 무섭게
	끝나다	끝나기(가) 무섭게

❶ 어떤 일이 끝나고 바로 다음 일을 할 때 사용한다. 某个事情结束以后，接着做另一个事情时使用。

> 例 ▸ •가: 영미는 집에 갔니? 英美回家了吗?
> 나: 네, 무슨 일이 있는지 수업이 끝나**기가 무섭게** 집에 갔어요. 是阿。不知道是什么事课一结束就回家了。
> •그 사람은 얼굴을 보**기 무섭게** 화를 냈어요. 那个人只要一见面就发脾气。

2. 더 알아두기   更多用法

▶ '-기가 무섭게'는 '-자마자'⁰²⁸와 바꾸어 사용할 수 있다. '-기가 무섭게' 可与 '-자마자' 互换使用。

> 例 ▸ •눕기**가 무섭게** 잠이 들었어요. 一躺下就睡着了。
> = 눕**자마자** 잠이 들었어요.

※ 밑줄 친 부분을 같은 의미로 바꿔 쓴 것을 고르십시오.

가: 형 어디 갔어요?
나: 바쁜 일이 있는지 <u>숟가락을 놓기가 무섭게 나갔어</u>.

① 밥을 먹자마자 바로 나갔어

② 밥을 먹기 위해서 빨리 나갔어

③ 밥을 먹기만 하면 바로 나가겠어

④ 밥을 먹느라고 빨리 나갈 수가 없어

026 -다가 ★★★

I. 알아두기　常见用法

		-다가
동사 动词	먹다	먹다가
	가다	가다가

❶ 어떤 일을 하는 도중에, 그 일을 멈추고 다른 일을 할 때 사용한다.
　　某件事情进行过程中，暂且放下而着手做另外一件事情。

　　例 ▶ • 공부하**다가** 전화를 받았어요. 做功课的时候接到了电话。

　　　　 • 텔레비전을 보**다가** 잤어요. 看电视的时候睡着了。

❷ 어떤 일을 계속하면서 다른 일을 할 때 사용한다. 一边做着某件事，又做另外一件事。

　　例 ▶ • 버스를 타고 가**다가** 친구를 만났어요. 坐车去的时候碰见了朋友。

주의사항 注意事项

● 선행절과 후행절의 주어가 같아야 한다. 前句和后句的主语必须相同。

2. 더 알아두기　更多用法

 ▶ '-다가'와 '-았/었다가'[034]의 문법 비교　'-다가' 和 '-았/었다가' 的语法比较

'-았/었다가'는 '-다가'의 과거형이 아니고 서로 다른 문법이다.
'-았/었다가' 不是 '-다가' 的过去式，两者是不同的语法。

'-았/었다가'는 어떤 행동이 완전히 끝난 후 다른 일이 일어났을 때 사용한다.
'-았/었다가' 是在某个行为完全结束之后，在发生另外一件事情时使用。

　　例 ▶ • 학교에 가**다가** 친구를 만났어요. 上学的路上碰见了一个朋友。
　　　　　 (아직 학교에 도착하지 않았고 길에서 친구를 만났다.) (还没有到达学校，是在路上碰见了朋友。)

　　　　 • 학교에 갔**다가** 친구를 만났어요. 到了学校碰见了一个朋友。
　　　　　 (학교에 도착한 후 학교에서 우연히 친구를 만났다.) (到学校以后某然碰见了一个朋友。)

▶ '-다가'와 '-다가는'의 문법 비교　'-다가' 和 '-다가는' 的语法比较

'-다가는'은 선행절의 행동을 하면 후행절과 같은 나쁜 결과가 생길 거라고 예상할 때 사용한다.
某种行为进行和停止反复交替进行。

例　•그렇게 술을 매일 마시**다가는** 건강이 안 좋아질 거예요.　天天喝那么多酒，总有一天会喝坏身体的。

▶ '-다가'와 '-는 길에'⁰⁸⁰의 문법 비교　'-다가' 和 '-는 길에' 的语法比较

앞에 오는 동사가 '가다', '오다'일 때 '-는 길에'를 '-다가'와 바꾸어 사용할 수 있다.
前面的动词为 '가다', '오다' 的时候可把 '-는 길에' 改换成 '-다가' 使用。

例　•집에 가**다가** 선생님을 만났어요.　回家的路上碰见了老师。
　　= 집에 가**는 길에** 선생님을 만났어요.

▶ '-다가'와 '-다가 말다가 하다'의 문법 비교　'-다가' 和 '-다가 말다가 하다' 的语法比较

'-다가'와 달리 '-다가 말다가 하다'는 어떤 행동을 하다가 안 하다가를 반복할 때 사용한다.
某种行为进行和停止反复交替进行。

例　•그렇게 운동을 하**다가 말다가** 하면 아무 효과가 없을 거예요.　断断续续地做运动是没有效果的。

▶ '-다가'와 '-아/어다(가)'의 문법 비교　'-다가' 和 '-아/어다(가)' 的语法比较

'-다가'와 달리 '-아/어다(가)'는 선행절에서 얻은 결과물을 가지고 후행절의 행동을 할 때 사용한다.　'-아/어다(가)' 前句中的行为结果运用在后句中。

例　•집에서 김밥을 만들**어다가** 공원에서 먹었어요.　在家里做好的紫菜卷饭，带到公园去吃了。
　　(결과물: 김밥, 행동: 공원에서 먹었다)　(结果物：紫菜卷饭，行为：在公园吃)

▶ **다른 문법과의 결합형**　与别的语法的结合形态

• -다(가) 보니(까): 선행절의 행동을 계속 한 후에 후행절의 결과가 생겼을 때 사용한다.
　'-다(가) 보니(까)' 用于前句行为持续进行之后出现后句结果。

例　•그 사람을 자주 만나**다 보니까** 사랑하게 되었어요.　两人经常见面以后，就开始相爱了。

• -다(가) 보면: 선행절의 행동을 하면 후행절과 같은 결과가 생길 거라고 예상할 때 사용한다.
　'-다(가) 보면' 用在预测行使前句行为会引起后句结果。

例　•매일 듣기 연습을 열심히 하**다 보면** 듣기 실력이 늘 거예요.　每天认真练习听力就能提高你的听力能力。

※ 다음 밑줄 친 부분이 잘못된 것을 고르십시오.

① 눈이 <u>오다가</u> 이제는 그쳤어요.

② 잠깐만 눈을 <u>감았다가</u> 뜨세요.

③ <u>청소했다가</u> 친구한테서 전화를 받았어요.

④ 집에 <u>가다가</u> 가게에 들러서 과자를 샀어요.

本题考查'-다가'和'-았/었다가'的语法区别。③表示清扫工作还未结束，在其进行过程中接到了朋友的电话，所以要用'-다가'。

正确答案   ③

027　-았/었더니 ★★★

1. 알아두기　常见用法

		-았/었더니
동사 动词	먹다	먹었더니
	가다	갔더니

❶ 어떤 행동을 한 후에 새롭게 알게 된 사실을 나타낼 때 사용한다. 做了某种行为之后，明白了一些新的事实。

> 例 · 오랜만에 고향에 **갔더니** 많은 것이 변해 있었다. 相隔好久去了故乡，发现很多事情都变了。
>
> · 문을 **열었더니** 친구가 서 있어서 깜짝 놀랐어요. 一打开门发现朋友站在那里，把我吓了一跳。

❷ 어떤 일을 한 후에 나타난 결과를 말할 때 사용한다. 说明做了某种事情以后发生的结果。

> 例 · 가: 점심 먹으러 갑시다. 去吃午饭吧。
> 나: 저는 아침을 많이 **먹었더니** 아직 배가 안 고프네요. 먼저 드세요.
>   早饭吃得太多，现在还不饿。你们先吃吧。
>
> · 술을 많이 **마셨더니** 오늘 머리가 아파요. 喝了很多酒，今天头很疼。

주의사항 注意事项

● 선행절의 주어는 보통 말하는 사람 자신이다. 前句主语通常为话者本人。

---

2. 더 알아두기　更多用法

▶ '-았/었더니'와 '-더니'⁰⁹⁴의 문법 비교 '-았/었더니' 和 '-더니' 的语法比较

'-았/었더니'는 '-더니'의 과거형이 아니고 서로 다른 문법이다.
'-았/었더니' 不是 '-더니' 的过去式，两者是不同的语法。

-았/었더니	-더니
동사와 연결된다. 与动词连接。	동사, 형용사와 연결된다. 与动词、形容词连接。
선행절의 주어로 보통 말하는 사람이 온다. 前句的主语通常为话者本人。	선행절의 주어로 보통 말하는 사람이 오지 않는다. 前句的主语一般不是话者。

例 ▶ • 아침에 날씨가 흐리**더니** 오후에 비가 왔다. (O) 早上天阴了，结果下午下起了雨。
　　　　　형용사(形容词)

　　　아침에 날씨가 흐렸**더니** 오후에 비가 왔다. (X)
　　　　　형용사(形容词)

　　• 내가 공부를 열심히 하**더니** 성적이 올랐다. (X)
　　　주어(主语)

　　• 내가 공부를 열심히 했**더니** 성적이 올랐다. (O) 我因为努力学习，结果成绩上去了。
　　　주어(主语)

3. 확인하기　　確認练习

※ (　　) 안에 알맞은 것을 고르십시오.

　　십 원짜리 동전을 별로 쓸 일이 없어서 동전이 생길 때마다 저금통에 넣었다. 어느 날 저금통이 꽉 차서 동전을 꺼내 (　　　　) 오만 원이나 되었다. 십 원짜리라서 얼마 안 될 거라고 생각했는데 생각보다 많아서 깜짝 놀랐다.

① 셌다가
② 세어도
③ 세어 보았더니
④ 셌다고 해도

答案解释

要找出把硬币拿出来以后发现的结果。①中 '-았/었다가' 一般是使用相互对照的动词。②中 '-아/어도' 和 ④中 '-는다고 해도' 表示让步的意思。只有 '-았/었더니' 表示做了某件事情以后结果，所以③是正确答案。

正确答案　③

028 -자마자 ★★★

1. 알아두기　常见用法

		-자마자
동사 动词	씻다	씻**자마자**
	가다	가**자마자**

❶ 선행절의 행동을 한 다음에 바로 후행절의 행동을 할 때 사용한다. 前句行动结束之后马上进行后句动作。

> 例 ・가: 어젯밤에 왜 전화 안 받았니? 昨天晚上怎么没接电话呀?
> 　　나: 너무 피곤해서 씻**자마자** 잤어. 因为太累, 洗漱完就睡了。
>
> 　・가: 미국에 도착하**자마자** 전화하세요. 到了美国马上给我打电话。
> 　　나: 알았어. 너무 걱정하지마. 知道了。别太担心。

　주의사항 注意事项

● 선행절에는 부정이 올 수 없다. 前句不能接否定。

> 例 학교에 **안** 가자마자 숙제를 했어요.(X)
> 　　　 부정(否定)

2. 더 알아두기　更多用法

▶ '-자마자'는 '-기(가) 무섭게'❰025❱와 바꾸어 사용할 수 있다. '-자마자' 可与 '-기(가) 무섭게' 互换使用。

> 例 ・눕**자마자** 잠이 들었어요. 一躺下就睡着了。
> 　　= 눕**기가** 무섭게 잠이 들었어요.

▶ **'-자마자'와 '-는 대로'❰134❱의 문법 비교** '-자마자' 和 '-는 대로' 的语法比较

'-자마자'는 '어떤 일을 하고 바로'라는 의미의 '-는 대로'❰134❱와 바꾸어 사용할 수 있다.
'-자마자' 可与有着做完某见事之后马上意思的 '-는 대로' 互换使用。

> 例 ・도착하**자마자** 연락하세요. 到了就联系我。
> 　　= 도착하는 **대로** 연락하세요.

단, '-자마자'의 후행절에 과거가 올 때는 '-는 대로'와 바꾸어 사용할 수 없다.
'-자마자' 后句接过去式的时候不可与 '-는 대로' 互换使用。

> 例 ・학교에 오**자마자** 숙제를 했어요.(O) 到了学校就开始做作业了。
> 　　학교에 오는 **대로** 숙제를 했어요.(X)

▶ '-자마자'와 '-자'[035]의 문법 비교 '-자마자' 和 '-자' 的语法比较

'-자마자'는 '-자'와 바꾸어 사용할 수 있다. '-자마자' 可与 '-자' 互换使用。

例 ▶ • 6시가 되자마자 퇴근을 했어요. 一到六点就下班了。
　　　= 6시가 되자 퇴근을 했어요.

'-자마자'의 후행절에 청유문과 명령문이 올 때는 '-자'와 바꾸어 사용할 수 없다.
'-자마자' 的后句接表示请求或命令的祈使句的死后不可与 '-자' 互换使用。

例 ▶ • 집에 가자마자 옷을 갈아입으세요.(O) 回到家请马上换衣服。
　　　집에 가자 옷을 갈아입으세요.(X)

unit 4
순서

3. 확인하기　　　　确认练习

※ 다음 (　　)에 들어갈 가장 알맞은 것을 고르십시오.

민수 씨는 대학교를 (　　　　) 회사에 취직했다.

① 졸업해도　　　　　　　　② 졸업한다면
③ 졸업하더라도　　　　　　④ 졸업하자마자

答案解释

　'-자마자'是，做了某件事后，立即做后面的动作时使用。①·③是，表示就算做了某件事也没用的时候使用。
②是，表示假设。

正确答案　④

029 -고 나서 ★

1. 알아두기   常见用法

		-고 나서
동사 动词	먹다	먹고 나서
	가다	가고 나서

❶ 선행절의 일을 모두 끝낸 후에 후행절의 일을 할 때 사용한다.
前句的事情全部结束之后在做后句事情的时候使用。

> **例** ▶ ・취직하**고 나서** 결혼할 생각이에요. 我打算找到工作以后再结婚.
>
> ・여행지에 도착하**고 나서** 부모님께 전화 드렸어요. 到了旅行地以后，给父母打了电话.
>
> ・그 일에 대해 친구와 이야기하**고 나서** 마음이 가벼워졌어요.
> 关于那件事情，与朋友商量以后，心情就变轻松了.

2. 더 알아두기   更多用法

▶ '-고 나서'는 '-고서'⁰³¹와 바꾸어 사용할 수 있다. '-고 나서' 可与 '-고서' 互换使用.

> **例** ▶ ・샤워를 하**고 나서** 맥주를 마셨다. 洗完澡以后喝了啤酒.
> = 샤워를 하**고서** 맥주를 마셨다.

▶ **'-고 나서'와 '-고 나면'의 문법 비교** '-고 나서' 和 '-고 나면' 的语法比较.

'-고 나서'와 달리 '-고 나면'은 선행절의 일이 끝난 것이 후행절의 조건이 될 때 사용하는 문법이다. '-고 나면'是在前句事情的结束成为后句的条件的时候使用.

> **例** ▶ ・목욕을 하**고 나면** 기분이 좋아질 거예요. 洗澡的话，心情会好些的.

※ 다음 밑줄 친 부분 중 틀린 것을 찾아 바르게 고쳐 쓰십시오.

얼마 전 집에서 텔레비전을 치웠다. 텔레비전을 ①치우고 나면 변화가 생겼다. 텔레비전을 ②보는 대신 가족들과 대화를 하게 되었고, 또 가족 사이에 웃음이 생겼다. 텔레비전이 없어서 ③허전하기도 했지만 이제는 텔레비전이 없는 것이 얼마나 ④좋은지 모른다.

(→   )

unit 4
순서

答案解释

把错误的语法找出来并改正。'치우고 나면'是假设某种状况，所以后边一般接未来时态。本文中已经把电视机挪走了，所以后边应该接'치우고 나서'。

正确答案　① 치우고 나면 → 치우고 나서

030 -고 보니(까) ★

1. 알아두기　常见用法

		-고 보니(까)
동사 动词	먹다	먹고 보니(까)
	가다	가고 보니(까)

❶ 어떤 일을 한 후에 새로운 사실을 알게 될 때 사용한다. 做了某件事情之后，开始了解新的事实。

> 例 ▶ • 가: 표정이 왜 그래요? 怎么是那种表情?
> 　　　나: 물인 줄 알고 마셨는데 마시**고 보니까** 술이었어요. 以为是水才喝的，结果发现是酒。
>
> 　　• 전철에서 내리**고 보니** 다른 역이었어요. 下了地铁才知道下错站了。

2. 더 알아두기　更多用法

▶ '-고 보니(까)'와 '-고 보면'의 문법 비교 '-고 보니(까)' 和 '-고 보면' 的语法比较

'-고 보니(까)'와 달리 '-고 보면'은 어떤 일을 한다면 새로운 사실을 알 수 있을 때 사용한다.
如果做某件事情就能知道新的事实的时候使用 '-고 보면'。

> 例 ▶ • 그 사람은 알**고 보면** 좋은 사람이에요. 了解那个人，就知道他是好人。

3. 확인하기　确认练习

※ 다음 두 문장을 알맞게 연결한 것을 고르십시오.

전화를 걸다 / 잘못 걸다

① 전화를 걸면 잘못 걸었어요.　　　② 전화를 걸고 보면 잘못 걸었어요.

③ 전화를 걸고 보니 잘못 걸었어요.　④ 전화를 걸더니 잘못 걸었어요.

答案解释

需要找出拨了电话才发现拨错号码的意思的文章。①中 '-으면' 和 ②中 '-고 보면' 表示假定，后边不能接过去式。④中 '-더니' 表示对照。只有表示了解了新的事实的 '-고 보니' ③为正确答案。

正确答案 ③

031 -고서 ★

unit 4
순서

Ⅰ. 알아두기　常见用法

		-고서
동사 动词	읽다	읽**고서**
	끝내다	끝내**고서**

❶ 선행절의 행동이 끝나고 후행절의 행동이나 상태가 나타날 때 사용한다.
前句行动结束以后，后句的行动或状态出现的时候使用。

> 例 ▶ ・청소를 끝내**고서** 외출을 했어요. 打扫完以后外出了。
>
> ・책을 읽**고서** 친구한테 전화를 했다. 读完书给朋友打了电话。
>
> ・친구는 그 말을 듣**고서** 너무 기뻐했습니다. 朋友听了那话，高兴得不得了。

2. 더 알아두기　更多用法

▶ '-고서'는 '-고 나서'❽❽와 바꾸어 사용할 수 있다. '-고서' 可与 '-고 나서' 互换使用。

> 例 ▶ ・샤워를 하**고서** 맥주를 마셨다. 洗完澡以后喝了啤酒。
> = 샤워를 하**고 나서** 맥주를 마셨다.

3. 확인하기　确认练习

> ※ 다음 밑줄 친 부분과 바꾸어 쓸 수 있는 말을 고르십시오.
>
> 가: 결혼은 언제 할 계획이에요?
> 나: <u>취직하고 나서</u> 결혼할까 해요.
>
> ① 취직하면서도　　　　　　　② 취직하고서
> ③ 취직하느라고　　　　　　　④ 취직하다가는

答案解释

文章大意为打算就业以后结婚的意思。①中 '-으면서도' 用在前后句意内容相反的时候。③中 '-느라고' 表示理由。
④中 '-다가는' 某种行动后产生不好的结果时使用。只有表示就业以后的意思的 ②为正确答案。

正确答案 ②

1. 알아두기　　常见用法

		-고서야
동사 动词	먹다	먹고서야
	가다	가고서야

❶ 선행절의 일이 끝나고 나서 후행절의 일이 일어날 수 있을 때 사용한다.
前句的事情结束以后才能发生后局的事情。

> 例 ▶ ・가: 어제 놀러 온 친구들이 일찍 집에 갔어요?　昨天来你家做客的朋友们回去得早吗?
> 　　나: 아니요, 우리 집에 있는 음식을 모두 먹고서야 집에 갔어요.
> 　　　没有。把我家的东西全都吃完以后才回去的。

❷ 반어적 의문문으로 선행절이 후행절의 조건이 될 때 사용한다.
作为反语疑问句，前句成后句条件的时候使用。

> 例 ▶ ・가: 이번에도 공부를 열심히 안 해서 시험을 잘 못 봤어.　这次也没有认真学习，考试没考好。
> 　　나: 그렇게 공부를 안 하고서야 어떻게 좋은 대학에 갈 수 있겠니?　那么不爱学习怎么能考上好的大学呢?

2. 더 알아두기　　更多用法

▶ '-고서야'와 '-아/어야'의 문법 비교　'-고서야' 和 '-아/어야' 的语法比较

'-고서야'와 달리 '-아/어야'는 선행절이 후행절이 일어나기 위해 꼭 필요한 조건일 때 사용한다.
与 '-고서야' 不同的是，'-아/어야' 用于前句内容为后句发生的必要条件时使用。

> 例 ▶ ・아이를 낳아야 부모님 마음을 알 수 있다.　生过孩子才能理解作为人父人母的心情。

또한 선행절의 행동을 해도 아무 소용이 없을 때도 사용한다.
另外，还可以用于再怎么行使前句行为都无济于事的时候使用。

> 例 ▶ ・열심히 해 봐야 그 사람을 이길 수는 없을 것이다.　再怎么努力也无法胜过那个人。

※ 밑줄 친 부분 중 틀린 것을 고르십시오.

① 요즘은 대학교를 <u>졸업해 보고서야</u> 취직하기도 힘들다.

② 병이 악화되어 이제는 <u>수술을 해 봤자</u> 소용이 없다고 한다.

③ 그 사람과 <u>이야기해 봐도</u> 그 사람에 대한 오해를 풀 수 없었다.

④ 여기저기 <u>다녀 봐야</u> 우리 고향이 살기 좋은 곳이라는 것을 알았다.

答案解释

①中，毕业不是就业难的条件，所以不能使用‘-고서야’。应改成‘졸업하고도’。

正确答案   ①

033 –아/어서야 ★

		–아/어서야
동사 动词	먹다	먹어서야
	가다	가서야
형용사 形容词	넓다	넓어서야
	비싸다	비싸서야

❶ 어떤 때가 되었을 때만 후행절의 일을 할 때 사용한다.   只有在某中特定情况下才做后句动作。

> 例 ▶ ・요즘 너무 바빠서 새벽 2시가 넘**어서야** 잠을 잘 수 있어요.   最近太忙，过了凌晨2点才能睡觉。
>
> ・시험 때가 돼**서야** 공부를 시작하면 시험을 잘 보기 힘들 거예요.   进入临考阶段再开始学习很难考好。

❷ 선행절이 조건이 되어 후행절의 일이 일어나기 힘들다는 것을 강조할 때 사용한다.
前句成条件，强调后句中的事情很难发生。

> 例 ▶ ・이렇게 운동은 안 하고 컴퓨터 게임만 해**서야** 어떻게 건강할 수 있겠어요?
> 不做运动，天天坐着玩网络游戏身体怎么能健康呢?
>
> ・그렇게 화를 잘 내**서야** 어디 사람들이 좋아하겠어요?   那么容易发脾气，哪能招人喜欢呢?

주의사항   注意事项

> ● '–아/어서야'가 ❷의 의미로 쓰일 때는 뒤에 '–을 수 없다', '–겠어요?'가 자주 온다.
> '–아/어서야' 用以❷中的意思的时候，后边通常接 '–을 수 없다', '–겠어요?'.
>
> 例 이렇게 돈을 많이 써**서야** 부자가 될 수 있겠어요?   这么乱花钱怎么能成为有钱人呢?

※ (　　　) 안에 알맞은 것을 고르십시오.

가: 요즘은 하루 동안 늘어나는 정보의 양도 엄청나대요.
나: 네, 정말 요즘 같이 쏟아지는 정보가 (　　　　　　　　　) 어디 그걸 다 소화할 수 있겠어요?

① 많은지
② 많아서야
③ 많기 때문에
④ 많다고 해서

答案解释

信息量太多，吃不消。①中的'-은지'通常和'알다, 모르다'搭配使用；③中的'-기 때문에'表示理由，但不能以反语疑问句形态使用。④中'-는다고 해서'一般在出现的结果与预期的结果相反时使用。只有表示后句事情很难行使的②'-아/어서야'才是正确答案。

正确答案　②

034 –았/었다가 ★

1. 알아두기   常见用法

		–았/었다가
동사 动词	먹다	먹었다가
	가다	갔다가

❶ 어떤 일이 완전히 끝난 후 상반되는 일이 발생했을 때 사용한다.
某件事情完全结束以后，发生相反的事情。

> **例**
> - 버스를 **탔다가** 잘못 탄 것 같아서 내렸어요. 已经坐上了车可总觉得坐错了，于是下车了。
> - 편지를 **썼다가** 마음에 안 들어서 버렸어요. 写得信不尽如人意，就扔掉了。
> - 학교에 **갔다가** 몸이 안 좋아서 집으로 돌아왔어요. 去了学校发现身体不舒服，就回了家。

2. 더 알아두기   更多用法

 ▶ '–았/었다가'와 '–다가'⁰²⁶의 문법 비교 (P. 85) '–았/었다가' 和 '–다가' 语法比较

3. 확인하기   确认练习

※ 다음 밑줄 친 부분에 들어갈 말로 알맞은 것을 고르십시오.

가: 부모님께 드릴 선물은 사 놓았어요?
나: 지난주에 _____ 마음에 안 들어서 환불했어요. 그래서 오늘 다시 사려고요.

① 샀다가   ② 사다가
③ 샀으면   ④ 사길래

答案解释

上周已经买好了礼物，可又拿去退了。②中'–다가'表示某种行动进行过程中，做另一件事情的时候使用。③中'–으면'把购买行为当作条件来表示。④中'–길래'表示理由。只有表示某种行动结束以后，再做与之相反的行动的 ① 为正确答案。

正确答案 ①

035 **-자** ★

1. 알아두기　常见用法

		-자
동사 动词	열다	열**자**
	오다	오**자**

unit **4**
순서

❶ 선행절의 행동이 끝난 후 곧 후행절의 행동이 시작될 때 사용한다. 前句行动一结束，马上跟进后句行动。

例 ▸ • 창문을 열**자** 시원한 바람이 들어왔다. 窗户一开，便吹入新鲜的空气。

• 갑자기 비가 오**자** 사람들이 모두 뛰어갔어요. 雨突然一下，人们就开始跑了。

• 아이는 돈을 받**자** 좋아서 웃었어요. 孩子一拿到钱就高兴地笑了。

주의사항　注意事項

● '-자'는 이미 일어난 행동에 대해서만 사용하는 문법이기 때문에 후행절에 미래나 가능을 나타내는 표현이 올 수 없다.
'-자' 只用于已经发生的行动，所以后句不能接表示未来的时态或者表示可能性的陈述。

● 후행절에는 명령형, 청유형을 쓸 수 없다. 后句不能表示命令或请求的语义。

2. 더 알아두기　更多用法

 ▶ **'-자'와 '-자마자'**[026]**의 문법 비교** (P. 91) '-자' 和 '-자마자' 的语法比较

※ 밑줄 친 부분 중 <u>틀린 것</u>을 고르십시오.

① 사람이 어찌나 <u>많던지</u> 들어가지도 못 했어요.
② 설명을 <u>들으면</u> 저절로 이해하게 될 거예요.
③ 그렇게 큰 소리로 <u>부르자</u> 들을 수 있을 거예요.
④ 한국에 <u>가거든</u> 제주도에 꼭 가 보세요.

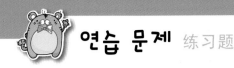

연습 문제 练习题

1 밑줄 친 부분을 바르게 연결한 것을 고르십시오.

> 가: 선생님 댁에 무슨 일이 있는 것 같아요.
> 나: 맞아요. 사무실에서 <u>연락을 받았어요. 바로 나갔어요.</u>

❶ 연락을 받기가 무섭게 나갔어요
❷ 연락을 받고도 나가지 않았어요
❸ 연락을 받았더라도 나갔어요
❹ 연락을 받는 덕분에 나갔어요

unit **4**
순서

2 다음 두 문장을 알맞게 연결한 것을 고르십시오.

> 혜경이는 집에 가고 있다 / 친구의 전화를 받고 다시 학교로 가다

❶ 혜경이는 집에 갔다가 친구의 전화를 받고 다시 학교로 갔어요.
❷ 혜경이는 집에 가려고 하는데 친구의 전화를 받고 다시 학교로 갔어요.
❸ 혜경이는 집에 가다가 친구의 전화를 받고 다시 학교로 갔어요.
❹ 혜경이는 집에 가기 싫어서 친구의 전화를 받고 다시 학교로 갔어요.

3 다음 두 문장을 바르게 연결한 것을 고르십시오.

> 친구한테 노트북을 빌려 주다 / 친구가 고장을 내다

❶ 친구한테 노트북을 빌려 주더라도 친구가 고장을 냈어요.
❷ 친구한테 노트북을 빌려 줬더니 친구가 고장을 냈어요.
❸ 친구한테 노트북을 빌려 준다기에 친구가 고장을 냈어요.
❹ 친구한테 노트북을 빌려 주다니 친구가 고장을 냈어요.

4 밑줄 친 부분과 의미가 같은 말을 고르십시오.

> 가: 집에 언제쯤 도착해요?
> 나: 잘 모르겠어요. 집에 <u>도착하자마자</u> 전화를 드릴 거니까 걱정하지 마세요.

❶ 도착하는 김에
❷ 도착하는 통에
❸ 도착하는 대로
❹ 도착하기는 했지만

연습 문제 _103

연습 문제 练习题

5 다음 밑줄 친 부분이 <u>잘못된 것</u>을 고르십시오.

➀ 친구와 <u>만나고 나서</u> 기분이 좋아졌어요.

➁ 엄마에게 <u>거짓말을 하고 나서</u> 미안한 마음이 들었어요.

➂ 주말이라 <u>복잡하고 나서</u> 평일에는 복잡하지 않아요.

➃ 운동을 <u>하고 나서</u> 꼭 샤워를 해야 해요.

029

6 밑줄 친 부분에 <u>들어갈 수 없는 것</u>을 고르십시오.

가: 오늘도 산책을 할 거예요?

나: 네, 밥을 _____ 강아지와 함께 산책을 하려고 해요.

➀ 먹고서   ➁ 먹은 후에

➂ 먹고 나서   ➃ 먹었다가

029

7 밑줄 친 부분에 들어갈 말로 가장 알맞은 것을 고르십시오.

가: 오늘은 회사에 안 가고 집에서 쉰 거예요?

나: 아니요, 회사에 _____ 몸이 안 좋아서 다시 집으로 왔어요.

➀ 가도록   ➁ 갔다면

➂ 갔다가   ➃ 가느니

034

8 다음 밑줄 친 부분에 들어갈 말을 고르십시오.

가: 일을 시작한 지 3달이나 되었는데 아직도 익숙해지지 않아요.

나: 3달밖에 안 됐잖아요. 계속 _____ 익숙해질 거예요.

➀ 하다가 보면   ➁ 하다가 보니까

➂ 하다가   ➃ 하려다가

026

9 다음 밑줄 친 부분이 <u>잘못된 것</u>을 고르십시오.

   ❶ 어제는 날씨가 <u>추웠더니</u> 오늘은 따뜻하다.   ❷ 식당에 <u>갔더니</u> 사람들이 너무 많았다.

   ❸ 오랜만에 <u>만났더니</u> 친구가 변해 있었어요.   ❹ 운동을 <u>했더니</u> 스트레스가 확 풀려요.

unit 4
순서

10 밑줄 친 부분을 같은 의미로 바꾸어 쓴 것을 고르십시오.

   가: 어제 시험 준비는 많이 했어요?

   나: 아니요, <u>책상에 앉자마자 잠이 들어서</u> 하나도 못했어요.

   ❶ 책상에 앉으려고 하는데 잠이 들어서   ❷ 책상에 앉았는데도 잠이 들어서

   ❸ 책상에 앉을까봐 잠이 들어서   ❹ 책상에 앉기가 무섭게 잠이 들어서

11 다음 밑줄 친 부분이 <u>잘못된 것</u>을 고르십시오.

   ❶ 사람들은 항상 몸이 <u>안 좋아지고서야</u> 건강의 소중함을 알아요.

   ❷ 그 학생은 틀린 문제의 답을 <u>모두 확인하고서야</u> 집에 돌아갔다.

   ❸ 이렇게 더운 날에는 <u>창문을 닫고서야</u> 잠을 잘 수 있어요.

   ❹ 내 동생은 엄마에게 <u>혼이 나고서야</u> 정신을 차릴 거예요.

12 다음 밑줄 친 부분이 <u>잘못된 것</u>을 고르십시오.

   ❶ <u>먹다가 말다가</u> 하지 말고 빨리 먹어요.

   ❷ 내가 <u>졸다가 말다가</u> 선생님이 화가 났어요.

   ❸ 술에 취한 사람이 취해서 <u>노래를 하다가 말다가</u> 해요.

   ❹ 한국어 공부를 <u>하다가 말다가</u> 하면 실력이 안 늘 거야.

13 밑줄 친 부분에 들어갈 가장 알맞은 말을 고르십시오.

   가: 학생들이 이번 시험을 지난 번 시험보다 잘 본 것 같아요?

   나: 맞아요. _____ 점수가 오른 것 같아요.

   ❶ 시험 문제를 쉽게 냈어도   ❷ 시험 문제를 쉽게 낸다면

   ❸ 시험 문제를 쉽게 내기 위해서   ❹ 시험 문제를 쉽게 냈더니

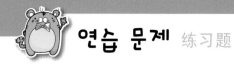

연습 문제 练习题

14 다음 밑줄 친 표현이 나머지 세 개와 <u>다른 의미로 사용된 것</u>을 고르십시오.

❶ 주말에 놀다가 월요일이 <u>돼서야</u> 숙제를 하는 학생들이 있어요.

❷ 일이 너무 많아서 9시가 <u>넘어서야</u> 퇴근할 수 있다.

❸ 텔레비전이 모두 <u>끝나서야</u> 아이들이 잠을 자러 간다.

❹ 이렇게 자료가 <u>부족해서야</u> 좋은 보고서를 쓸 수 없을 겁니다.

033

15 다음 밑줄 친 부분에 들어갈 알맞은 것을 고르십시오.

혜경이는 급한 일이 있는지 수업이 _____ 교실에서 뛰어나갔다.

❶ 끝난다기보다는   ❷ 끝내도록 하고

❸ 끝나기가 무섭게   ❹ 끝나는 김에

025

16 제시된 상황과 의미가 같은 말을 고르십시오.

상황 – 회사에서 **퇴근하자마자 달려갔는데도** 약속 시간에 늦고 말았다.

❶ 퇴근을 한 후에 바로 달려가야 했는데 그렇지 않아서 늦고 말았다.

❷ 퇴근을 한 후에 바로 달려갔지만 약속 시간에 늦고 말았다.

❸ 퇴근을 하기 전에 바로 달려가려고 했지만 그럴 수 없어서 늦고 말았다.

❹ 퇴근을 하기 전에 바로 달려갔지만 약속 시간에 늦고 말았다.

028

UNIT **5**

목적 目的

여기서
잠깐~

초급 문법 확인하기! 初级语法回顾

-으러 가다/오다/다니다

例 한국어를 배우러 한국에 왔어요. 为了学韩国语，我来到了韩国。

-으려고

例 나는 학교에 가려고 버스를 탔어요. 为了去学校我坐上了公交车。

036 -게 ★★★

1. 알아두기　常见用法

		-게
동사 动词	만들다	만들게
	보이다	보이게

❶ 후행절의 행동에 대한 목적을 나타낸다. 表示后句行动的目的。

例 • 맛있는 음식을 만들게 신선한 재료를 사다 주세요. 请给我买新鲜的材料来，以便我能做出好吃的菜。
• 학생들이 교실에서 떠들지 않게 주의시켜 주세요. 请提醒学生们别在教室里吵闹。
• 멀리서도 보이게 크게 써 주세요. 请把字写得大一些，以便从远处也能看清楚。

2. 더 알아두기　更多用法

▶ '-게'는 '-도록'037과 바꾸어 사용할 수 있다. '-게' 可与 '-도록' 互换使用。

例 • 다 들을 수 있게 큰 소리로 말해 주세요. 为了大家都能听得清楚，请你说话大声一点。
= 다 들을 수 있도록 큰 소리로 말해 주세요.

3. 확인하기　确认练习

※ 밑줄 친 부분과 의미가 같은 말을 고르십시오.

아기가 자게 조용히 좀 해 주세요.

① 자려면　　② 자면서　　③ 자도록　　④ 자니까

答案解释

本题提示的内容是为了能让孩子睡好觉，创造安静的环境的意思。①中的，'-으려면'表示意图。当前句和后句的主语不同时，这个语法不能表达命令态，所以在这里不能用。②'-으면서'表示同时发生，故也不能用。④'으니까'表示理由，故不能成为答案。表示目的 ③为正确答案。

正确答案　③

037 -도록 ★★★

		-도록
동사 动词	먹다	먹**도록**
	가다	가**도록**
형용사 形容词	쉽다	쉽**도록**
	따뜻하다	따뜻하**도록**

❶ 선행절이 후행절에 대한 목적을 나타낸다. 前句表示后句的目的。

> 例 ▶ · 가: 시험을 잘 보**도록** 열심히 공부하세요. 为了考试，你要好好学习。
> 나: 네, 알겠습니다. 好的，我知道了。
> · 아이들이 먹기 쉽**도록** 작게 만들었어요. 为了让孩子们容易咽下去，我把吃的东西做成了小块儿。

❷ 어떤 시간이 될 때까지의 의미를 나타낸다. 表示某一状态持续到某个特定的时间。

> 例 ▶ · 동생은 한 달이 넘**도록** 연락이 없다. 已经一个月都过去了，还是没有弟弟的消息。
> · 밤새**도록** 친구와 이야기했어요. 我和朋友聊天聊到天亮。

▶ '-도록'이 ❶의 의미일 때 목적의 '-게'⁰³⁶와 바꾸어 사용할 수 있다.
'-도록' 表示❶的意思的。可与表示目的 '-게' 互换使用。

> 例 ▶ · 다 들을 수 있**도록** 큰 소리로 말해 주세요. 为了大家都能听得清楚，请你说话大声一点。
> = 다 들을 수 있**게** 큰 소리로 말해 주세요.

▶ '-도록'과 '-기 위해서'⁰³⁹의 문법 비교 '-도록' 和 '-기 위해서' 的语法比较

목적을 나타내는 '-도록'은 '-기 위해서'와 바꾸어 사용할 수 있다.
表示目的 '-도록' 可与 '-기 위해서' 互换使用。

> 例 ▶ · 성공하**도록** 최선을 다하고 있습니다. (O) 为了成功，我竭尽全力。
> = 성공하**기 위해서** 최선을 다하고 있습니다. (O)

그러나 '-기 위해서'는 선행절과 후행절의 주어가 다른 경우에는 사용할 수 없다.

前句和后句的主语不一致的时候不能使用 '-기 위해서'。

例 ・민호가 시험을 잘 보**도록** 제가 도와줄 거예요. (O) 为了敬浩考试能考好，我会帮助他的。
　　 = 민호가 시험을 잘 보**기 위해서** 제가 도와줄 거예요. (X)

3. 확인하기　　确认练习

※ 본문에서 (　　)안에 들어갈 말로 알맞은 것을 고르십시오.

　꿈이 있고 그 꿈을 이루기 위해 어떤 노력을 해야 하는지 아는 청소년이라면 시간을 낭비하거나 할 일이 없어서 방황하는 일이 적을 것이다. 따라서 청소년에게 자신이 잘하는 일이 무엇인지 알게 하고 그것에 맞는 꿈을 꾸게 하는 일은 매우 중요하다. 청소년이 자신의 (　　　　　　　) 제일 좋은 방법은 다양한 동아리 활동에 참여해 보게 하는 것이다. 동아리 활동을 통해 청소년들은 자연스럽게 자신의 재능과 꿈에 대해 생각할 기회를 갖게 된다.

① 재능을 발견해도 꿈을 가지기만 하는
② 재능을 발견하거나 꿈을 가질 리가 없는
③ 재능을 발견하거나 꿈을 가지도록 하는
④ 재능을 발견해도 꿈을 가질 수조차 없는

答案解释

文章目的是让青少年了解自己的才能，让他们都有自己的梦想。前句表示的是后句的目的。所以 ③是正确答案。

正确答案 ③

038 -을 겸 (-을 겸) ★★★

1. 알아두기 　常见用法

		-(으)ㄹ 겸
동사 动词	읽다	읽을 **겸**
	보다	볼 **겸**

❶ 선행절에 후행절의 행동을 하는 두 가지 이상의 목적을 나타낼 때 사용한다.
通过前后句表示两种以上的目的。

· 쇼핑도 할 겸 영화도 볼 **겸** 신촌에 다녀왔어요.
我去新村了，一来逛逛街再者还能看电影。

· 스트레스도 풀 겸 노래방에 가자.
去练歌房吧，顺便还能解压。

2. 더 알아두기 　更多用法

 ▶ '-을 겸 (-을 겸)'과 '-는 김에'⁰⁷⁹의 문법 비교　'-을 겸 (-을 겸)' 与 '-는 김에' 的语法比较

'-을 겸 (-을 겸)'이 두 가지 목적을 나타내기 위해서인 것과 달리 '-는 김에'는 선행절의 행동을 하는 기회에 후행절의 행동을 같이 한다는 의미가 있다.

'-을 겸 (-을 겸)' 用于表示双重目的。'-는 김에' 用于表示趁做某件事的机会做另外一件事情。

例 · 숙제를 하는 **김에** 내 숙제도 해 주면 안 될까? 写作业的时候，能不能把我的作业也给做了？

· 유럽에 출장을 간 **김에** 거기서 유학 중인 친구를 만났다.
趁着去欧洲出差的机会，我见着了在那儿留学的一个朋友。

 ▶ '-을 겸 (-을 겸)'과 '-는 길에'⁰⁸⁰의 문법 비교　'-을 겸 (-을 겸)' 与 '-는 길에' 的语法比较

'-을 겸 (-을 겸)'이 두 가지 목적을 나타내기 위해서인 것과 달리 '-는 길에'는 가거나 오는 도중이나 기회라는 의미이다. '-는 길에' 앞에는 '가는 길에', '오는 길에'의 형태로만 쓰인다.

与 '-을 겸 (-을 겸)' 表示双重目的不同，'-는 길에' 表示去往的途中趁机的意思。'-는 길에' 的用法为只有 '가는 길에' 和 '오는 길에' 两种形态。

例 • 기분 전환을 할 **겸** 같이 외출할까요? (O) 一起外出吗? 还能转换一下心情。

　　= 기분 전환을 하**는 길에** 같이 외출할까요? (X)

例 • 집에 오**는 길에** 우유를 사 오세요. (O) 回来的时候顺便点买牛奶来。

　　= 집에 올 **겸** 우유를 사 오세요. (X)

TIP

'-을 겸 (-을 겸)'과 '-는 김에' 그리고 '-는 길에'를 왜 비교해야 할까요?

그건 이 세 문법의 기능이 비슷해서가 아니라 문법의 형태가 비슷해서

토픽 문제의 보기로 함께 나오는 경우가 많기 때문이지요. 문법의 의미는

많이 다른데 형태가 비슷해서 친구처럼 붙어 다닌대요.

为什么比较 '-을 겸 (-을 겸)' 与 '-는 김에' 与 '-는 길에'?

不是因为三个语法的用法相似，而是因为三个语法的形态相似故在TOPIK考题中经常一同出现。语法的意思虽然不同，但是因为彼此形态相似所以像朋友一样同时出现。

3. 확인하기　　确认练习

※ 밑줄 친 것 중 <u>틀린 것</u>을 고르십시오.

① 볼일도 보고 <u>친구도 만난 겸</u> 시내에 갔다 왔다.

② 여행 이야기가 <u>나온 김에</u> 이번 주말에 여행을 갑시다.

③ 지갑이 집에 있었는데 <u>그런 줄도 모르고</u> 괜히 찾았다.

④ 약만 <u>먹을 게 아니라</u> 병원에 가서 검사를 받아 보세요.

039 · -기 위해(서) ★★

1. 알아두기 — 常见用法

		-기 위해(서)
동사 动词	먹다	먹기 위해(서)
	사다	사기 위해(서)

❶ 선행절은 후행절의 목적이 된다. 前句成后句的目的。

> 例 ▶ • 한국 대학교에 들어가기 **위해서** 한국어능력시험 공부를 했어요.
> 为了进入韩国的大学，我准备考韩国语能力考试。
>
> • 문제를 해결하기 **위해서** 매일 회의를 했어요. 为了解决问题，我们每天都开会。
>
> • 면접에 입고 갈 옷을 사기 **위해** 백화점에 갔어요. 为了买面试时穿的衣服，我去了百货商店。

2. 더 알아두기 — 更多用法

▶ '-기 위해(서)'는 '-기 위하여'와 바꾸어 사용할 수 있다. '-기 위해(서)' 可与 '-기 위하여'互换使用。

> 例 ▶ • 학교를 발전시키기 **위해** 노력하겠습니다. (O) 为了学校的发展我会全力以赴的。
> = 학교를 발전시키기 **위하여** 노력하겠습니다.

▶ '-기 위해(서)'는 '-으려고', '-고자'⁰⁴⁰와 바꾸어 사용할 수 있다.
'-기 위해(서)'可与 '-으려고'和'-고자'互换使用。

> 例 ▶ • 영어를 배우기 **위해서** 미국에 갔어요. (O) 为了学习英语，我去了美国。
> = 영어를 배우**려고** 미국에 갔어요.
> = 영어를 배우**고자** 미국에 갔어요.

▶ '-기 위해(서)'와 '-도록'⁰³⁷의 문법 비교 (P. 110) '-기 위해(서)'和 '-도록'的语法比较。

※ 두 문장을 바르게 연결한 것을 고르십시오.

칭찬을 받다 / 그 일을 한 것은 아니다

① 칭찬을 받은 듯이 그 일을 한 것은 아닙니다.
② 칭찬을 받기 위해서 그 일을 한 것은 아닙니다.
③ 칭찬을 받기만 해도 그 일을 한 것은 아닙니다.
④ 칭찬을 받으려고 하니까 그 일을 한 것은 아닙니다.

答案解释

①中前句和后句表示的意思基本相同。③表示只做一种动作，不做其他动作。所以，整个文章看起来不自然。④表示前句的意图，同样使得，整个文章看起来不自然。前句做后句目的的 ②为正确答案。

正确答案 ②

1. 알아두기 常见用法

		-고자			(이)고자
동사 动词	읽다	읽**고자**	**명사+이다** 名词+이다	학생	학생**이고자**
	만나다	만나**고자**		친구	친구**고자**

❶ 선행절의 의도나 목적을 위해 후행절의 어떤 행동을 할 때 사용한다.
为了实现前句中的意图或目的，后句中采取相应行为。

> 例 ▸ • 한국에 유학을 가**고자** 공부를 하고 있습니다. 我努力学习是为了能去韩国留学。
>
> • 훌륭한 농구 선수가 되**고자** 밤낮으로 열심히 연습을 했어요.
> 为了能成为出色的篮球运动员我不顾昼夜训练。
>
> • 성실한 학생**이고자** 최선을 다하고 있습니다. 我尽我所能努力成为一名诚实的学生。

주의사항 注意事项

● 선행절과 후행절의 주어가 같아야 한다. 前句和后句的主语必须一致。

> 例 나는 취업을 하고자 (내가) 학원에 다니고 있다. (O) 为了能找到一个好工作, 我每天都去学院上课。
> (주어) (主语)　　(주어) (主语)
>
> 나는 취업을 하고자 동생이 학원에 다니고 있다. (X)
> (주어) (主语)　　(주어) (主语)

● 후행절에 명령문과 청유문이 올 수 없다. 后句不能接命令文和请求文。

● 공식적인 말이나 글에 주로 사용한다. 主要为正式场合用语。

> 例 실업자를 줄이고자 노력하고 있습니다. 我们努力减少失业者。

2. 더 알아두기 更多用法

▶ '-고자'는 '-으려고', '-기 위해(서)'[039]와 바꾸어 사용할 수 있다. '-고자' 与 '-으려고', '-기 위해서' 互换使用。

> 例 ▸ • 영어를 배우**고자** 미국에 갔어요.(O) 为了学习英语, 我去了美国。
>
> = 영어를 배우**려고** 미국에 갔어요.
>
> = 영어를 배우**기 위해서** 미국에 갔어요.

※ 밑줄 친 부분과 의미가 같은 말을 고르십시오.

많은 고등학생들이 좋은 대학에 <u>입학하고자</u> 최선을 다해 노력하고 있습니다.

① 입학하기로
② 입학하라고
③ 입학하려고
④ 입학하면

unit 5
목적

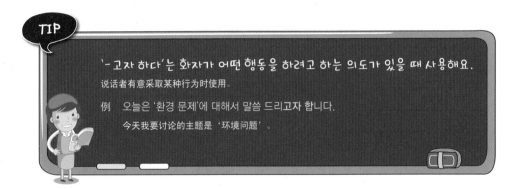

TIP

'-고자 하다'는 화자가 어떤 행동을 하려고 하는 의도가 있을 때 사용해요.
说话者有意采取某种行为时使用。

例   오늘은 '환경 문제'에 대해서 말씀 드리고자 합니다.
今天我要讨论的主题是 '环境问题'。

答案解释

文章大体内容为，高中生学习的主要动力是为了考入大学。①'-기로'表示计划。后面需要接 '하다'。②中的 '-으라고'表示命令的间接用语。另外，④中的 '-으면'表示假设入学以后的情况。不合乎本题。只有表示目的的 ③为正确答案。

正确答案 ③

연습 문제 练习题

1 다음 밑줄 친 곳에 맞는 것을 고르십시오.

외국인 친구들도 _____ 매운 음식은 시키지 맙시다.

① 먹게   ② 먹고는

③ 먹으면서   ④ 먹으려고   **036**

2 밑줄 친 부분과 의미가 같은 말을 고르십시오.

식사 조절만으로 체중을 <u>줄이고자</u> 하면 위험할 수도 있다.

① 줄이거나   ② 줄이려고

③ 줄이느라고   ④ 줄이는데도   **040**

3 밑줄 친 부분과 의미가 같은 말을 고르십시오.

학교 앞에서는 아이들이 안전하게 길을 <u>건널 수 있게</u> 천천히 운전해야 한다.

① 건널 수 있도록   ② 건널 수 있으면서

③ 건널 수 있거나   ④ 건널 수 있으니까   **036 037**

4 ( ) 안에 들어갈 알맞은 말을 고르십시오.

가: 휴가 때 뭐 할 계획이에요?
나: 가족과 시간도 가질 겸 (   ) 제주도에 갔다 오려고요.

① 스트레스 풀어 봤자   ② 스트레스 풀 겸해서

③ 스트레스 풀 정도로   ④ 스트레스 풀었을 까봐   **038**

5 다음 밑줄 친 부분이 틀린 것을 찾아 바르게 고쳐 쓰십시오.

저는 한국어를 배우기 ①위한 한국에 왔어요. 처음에는 한국 문화에 익숙하지 않아서 ②힘들었는데 지금은 많이 익숙해졌습니다. 아직 한국에 ③온 지 1년밖에 안 됐는데 한국 친구들도 많아서 ④재미있게 지내고 있습니다.

(→   )   **039**

unit 5
목적

6 밑줄 친 문장을 대화에 맞게 연결하십시오.

가: 고향에 갔다 왔다면서요?
나: 네, <u>부모님을 뵈러 갔어요. 친구도 만나고요.</u>

❶ 부모님을 뵙거나 친구를 만났어요.
❷ 부모님을 뵈러 갔지만 친구를 만났어요.
❸ 부모님도 뵐 겸 친구도 만날 겸 갔어요.
❹ 부모님을 뵌 덕분에 친구도 만날 수 있었어요.   **038**

7 다음 두 표현을 가장 알맞게 연결한 것을 고르십시오.

등록금을 벌다 / 아르바이트를 하다

❶ 등록금을 벌듯이 아르바이트를 해요.
❷ 등록금을 벌기 위해 아르바이트를 해요.
❸ 등록금을 벌기만 해도 아르바이트를 해요.
❹ 등록금을 벌려고 하니까 아르바이트를 해요.   **039**

8 (   ) 안에 들어갈 적당한 말을 고르십시오.

가: 집이 회사 근처라고 들었는데 왜 이렇게 자주 늦어요?
나: 죄송합니다, 내일부터는 (   ) 하겠습니다.

❶ 늦지 않고   ❷ 늦지 않도록
❸ 늦지 않으면   ❹ 늦지 않으려고   **037**

9   ( ) 안에 알맞은 것을 고르십시오.

가: 오늘 시험 잘 봤어요?
나: 아니요. ( ) 공부했더니 졸려서 잘 못 봤어요.

❶ 밤새도록   ❷ 밤새우려고
❸ 밤새울수록   ❹ 밤새우니까   **037**

10   다음 중 밑줄 친 부분과 바꾸어 쓸 수 있는 말을 고르십시오.

가: 언제까지 이 소포가 도착해야 해요?
나: 가능한 한 빨리 도착할 수 있게 해 주세요.

❶ 도착할 텐데   ❷ 도착할 뻔하게
❸ 도착한다고 해도   ❹ 도착할 수 있도록 **036 037**

11   ( ) 안에 알맞은 것을 고르십시오.

아침마다 다이어트도 하고 건강도 ( ) 운동을 해 볼까 해요.

❶ 챙길 뿐   ❷ 챙길 겸
❸ 챙기는 한   ❹ 챙기는 대신 **038**

12   다음 두 문장을 가장 알맞게 연결한 것을 고르십시오.

환경을 보호하다 / 쓰레기 분리 수거를 하다

❶ 환경을 보호하기 위해 쓰레기 분리 수거를 합니다.
❷ 환경을 보호하기는커녕 쓰레기 분리 수거를 합니다.
❸ 환경을 보호하기는 하지만 쓰레기 분리 수거를 합니다.
❹ 환경을 보호하기만 해도 쓰레기 분리 수거를 합니다. **039**

인용 (간접화법) 引用 (间接话法)

041 간접화법

041 간접화법 ★★★

❶ 자신이 보거나 들은 것을 다른 사람에게 말할 때 사용한다. 把自己所见所闻的事情告诉别人。

> **例** ▸ • 가: 언제까지 장학금을 신청해야 하는지 알아요?
> 什么时候为止申请奖学金?
> 나: 어제 학교 홈페이지에서 봤는데 이번 주 금요일까지라고 해요.
> 昨天看了学校的网页，说是这周五为止。

> **例** ▸ • 가: 언니, 내일 엄마 생신인데 어떤 선물을 준비해야 할까?
> 姐姐，明天是妈妈的生日该准备什么礼物啊?
> 나: 엄마가 이번 생일 선물로 소설책을 갖고 싶다고 하셨어.
> 妈妈说她希望在生日的时候作为礼物想收到一本小说。

❷ 자신이 한 말을 다시 한번 말할 때 사용한다. 重复自己已经说过的话。

> **例** ▸ • 가: 지금이 몇 시예요? 现在几点?
> 나: 네? 뭐라고 하셨어요? 阿? 你说什么?
> 가: 지금이 몇 시냐고 했어요. 我是问现在几点?

가. 평서문 叙述句

		-았/었다고 하다	-(느)ㄴ다고 하다	-(으)ㄹ 거라고 하다
동사 动词	만나다	만났다고 하다	만난다고 하다	만날 거라고 하다
	읽다	읽었다고 하다	읽는다고 하다	읽을 거라고 하다

		-았/었다고 하다	-다고 하다	-(으)ㄹ 거라고 하다
형용사 形容词	바쁘다	바빴다고 하다	바쁘다고 하다	바쁠 거라고 하다
	작다	작았다고 하다	작다고 하다	작을 거라고 하다

		이었/였다고 하다	(이)라고 하다	일 거라고 하다
명사+이다 名词+이다	친구	친구였다고 하다	친구라고 하다	친구일거라고 하다
	학생	학생이었다고 하다	학생이라고 하다	학생일거라고 하다

unit 6
인용

例 ▶
- 도나: "저는 지난주에 정말 바빴어요."→ 도나가 지난주에 정말 바빴**다고** 했어요.
  道娜: "我上周真的很忙。" 道娜说她上周真的很忙。
- 도나: "저는 오늘 친구를 만날 거예요."→ 도나가 오늘 친구를 만날 **거라고** 했어요.
  道娜: "我今天要见朋友。" 道娜说她今天要见朋友。
- 도나: "저는 학생이에요."→ 도나가 학생**이라고** 했어요.
  道娜: "我是学生。" 道娜说她是学生。

나. 의문문 疑问句

		-았/었느냐고 하다	-느냐고 하다	-(으)ㄹ 거냐고 하다
동사 动词	만나다	만났느냐고 하다	만나느냐고 하다	만날 거냐고 하다
	읽다	읽었느냐고 하다	읽느냐고 하다	읽을 거냐고 하다

		-았/었느냐고 하다	-(으)냐고 하다
형용사 形容词	바쁘다	바빴느냐고 하다	바쁘냐고 하다
	작다	작았느냐고 하다	작으냐고 하다

		이었/였느냐고 하다	(이)냐고 하다
명사+이다 名词+이다	친구	친구였느냐고 하다	친구냐고 하다
	학생	학생이었느냐고 하다	학생이냐고 하다

例 ▸
- 도나: "윌슨 씨, 지난주에 바빴어요?"→ 도나가 윌슨 씨에게 지난주에 **바빴느냐고 했**어요.
  道娜："威尔森，上周忙吗？"道娜问威尔森上周忙不忙。

- 도나: "윌슨 씨, 누구를 만날 거예요?"→ 도나가 윌슨 씨에게 누구를 만날 **거냐고 했**어요.
  道娜："威尔森，要见谁？"道娜问威尔森要见谁。

- 도나: "윌슨 씨, 학생이에요?"→ 도나가 윌슨 씨에게 학생**이냐고 했**어요.
  道娜："威尔森，你是学生吗？"道娜问威尔森是不是学生。

다. 명령문 命令句

동사 动词		-(으)라고 하다	-지 말라고 하다
	만나다	만나라고 하다	만나지 말라고 하다
	읽다	읽으라고 하다	읽지 말라고 하다

例 ▸
- 도나: "윌슨 씨, 선생님을 만나세요."→ 도나가 윌슨 씨에게 선생님을 만나**라고 했**어요.
  道娜："威尔森，去见老师。"道娜让威尔森去见老师。

- 도나: "윌슨 씨, 그 책을 읽지 마세요."→ 도나가 윌슨 씨에게 그 책을 읽**지 말라고 했**어요.
  道娜："威尔森，别读那本书。"道娜让威尔森别读那本书。

라. 청유문 请求句

동사 动词		-자고 하다	-지 말자고 하다
	만나다	만나**자고 하다**	만나지 말자고 하다
	읽다	읽**자고 하다**	읽지 말자고 하다

例 ▸
- 도나: "윌슨 씨, 우리 명동에서 만날까요?"→ 도나가 윌슨 씨에게 명동에서 만나**자고 했**어요.
  道娜："威尔森，我们在明洞见面吧。"道娜约威尔森在明洞见面。

- 도나: "윌슨 씨, 시간이 없으니까 만나지 맙시다."→ 도나가 윌슨 씨에게 시간이 없으니까 만나**지 말자고 했**어요.
  道娜："威尔森，没时间了还是别见了。"道娜和威尔森说没时间别见面了。

2. 더 알아두기　更多用法

▶ '-는대요, -느내요, -래요, -재요'는 짧은 형태의 간접화법이다.
'-는대요, -느내요, -래요, -재요' 简易形态的间接话法。

例 ▸
- 도나가 지난주에 정말 바빴**다고 했**어요. 道娜说她上周过的非常忙。
  = 도나가 지난주에 정말 바빴**대요**.

- 도나가 윌슨 씨에게 누구를 만날 **거냐고 했**어요. 道娜问威尔森要去见谁。
  = 도나가 윌슨 씨에게 누구를 만날 **거내요**.

- 도나가 윌슨 씨에게 선생님을 만나**라고 했**어요. 道娜叫威尔森去见老师。
  = 도나가 윌슨 씨에게 선생님을 만나**래요**.

- 도나가 윌슨 씨에게 명동에서 만나**자고 했**어요. 道娜和威尔森说要在明洞见面。
  = 도나가 윌슨 씨에게 명동에서 만나**재요**.

TIP

'주세요'를 간접화법으로 바꿀 때는 '주라고 하다'와 '달라고 하다' 두 가지로 구별하여 사용해요.

把 '주세요' 改成间接语句的时候，可分别改成 '주라고 하다' 和 '달라고 하다' 两种不同形态。

例　도나: "저 사람에게 책을 주세요."→ 도나가 <u>저 사람에게</u> 책을 <u>주라고</u> 했어요.
　　道娜："给那个人这本书。"　→　道娜说让把这本书交给那个人。

　　도나: "(저에게) 책을 주세요."→ 도나가 <u>(도나에게)</u> 책을 <u>달라고</u> 했어요.
　　道娜："给我那本书"→道娜说她要那本书。

이때 책을 받는 사람이 말하는 사람일 경우에는 '달라고 하다'를 사용하고 책을 받는 사람이 말하는 사람도, 듣는 사람도 아닌 다른 사람일 때는 '주라고 하다'를 사용해요.

如果这时，接收那本书的人为说话者本人时，使用 '달라고 하다' 的形态。而如果接收那本书的人既不是说话者也不是听者，则使用 '주라고 하다'。

3. 확인하기　　确认练习

※ 다음 밑줄 친 부분 중 <u>잘못 된 것을</u> 고르십시오.

① 이 가수는 인기가 <u>많다고 한다</u>.
② 철수는 오늘이 <u>무슨 요일이냐고</u> 물었다.
③ 민정은 다음 주에 영화관에 같이 <u>가자고 했다</u>.
④ 올 겨울은 작년에 비해 눈이 많이 <u>올 거다고 한다</u>.

答案解释

④的情景为，听别人说今天冬天会下很多雪。所以，不能用 "올 거다고 한다."。应该用间接话法叙述句改成未来时态的 "올 거라고 한다."。

正确答案　④

연습 문제 练习题

1 다음 밑줄 친 부분 중에서 틀린 것을 찾아 바르게 고쳐 쓰십시오.

> 어제 학교에서 수업 시간에 몸이 아파서 힘들어하고 ㉠있었더니 선생님께서 어디가 ㉡아
> 프냐고 물어 보셨다. 그리고 아프면 쉬는 것이 ㉢좋겠다고 하면서 일찍 집으로 ㉣돌아가자
> 고 했다.

(→   )   **041**

2 다음 밑줄 친 부분 중 맞는 것을 고르십시오.

❶ 내 동생은 벌써 1시간 전에 숙제를 다 <u>한다고</u> 합니다.
❷ 내년에 미영 씨는 미국으로 유학을 <u>갈 거라고</u> 합니다.
❸ 친구가 나에게 내일 자기랑 같이 영화를 <u>봤느냐고</u> 합니다.
❹ 어머니가 나에게 청소하는 형을 <u>도와 달라고</u> 합니다.   **041**

3 빈칸에 가장 알맞은 것을 고르십시오.

가: 이 MP3를 샀어요?
나: 아니요, 이건 우리 형 MP3인데 우리 형한테 잠깐 (   ) 하고 가져왔어요.

❶ 빌려 준다고   ❷ 빌려 달라고
❸ 빌려 주라고   ❹ 빌려 온다고   **041**

4 다음 밑줄 친 부분 중 잘못 된 것을 고르십시오.

❶ 민호는 친구들 사이에서 인기가 <u>많다고 한다</u>.
❷ 철수는 갑자기 내 생일이 <u>언제냐고</u> 물었다.
❸ 여자 친구가 다음 주에 미술관에 같이 <u>가자고 했다</u>.
❹ 이번 여름에는 작년에 비해 비가 많이 <u>올 거다고 한다</u>.   **041**

5 다음 밑줄 친 부분 중 <u>틀린 것</u>을 고르십시오.

❶ 친구가 내일 같이 영화를 보러 <u>가재요</u>.

❷ 엄마가 고기만 먹지 말고 채소도 <u>먹으래요</u>.

❸ 내 친구가 요즘 일본어를 <u>배운대요</u>.

❹ 형이 나한테 같이 게임을 <u>한대요</u>. ⓪④①

6 다음 밑줄 친 부분 중 <u>잘못 된 것</u>을 고르십시오.

unit 6
인용

❶ 한 달 후면 친구는 결혼을 <u>할 거라고 해요</u>.

❷ 김 과장님이 지난주에 다른 회사에 <u>갔다고 해요</u>.

❸ 어머니께서 계속 저에게 <u>공부하라고 해요</u>.

❹ 친구가 날씨가 좋으니까 같이 놀러 <u>간다고 해요</u>. ⓪④①

TOPIK试题中常见的韩国文化

韩国的‘生活韩服’

　　众所周知韩服是韩国的传统服装.韩服因其设计优美色彩鲜艳受到许多韩国人的青睐。所以在传统节日或是结婚典礼是总是能看到身着韩服的韩国人。但是韩服虽美但在日常生活中却不是很方便.韩服比较容易起皱,并且穿着韩服的人行动较为不便。所以最近为了改善韩服的缺点,充分体现韩服的魅力,出现了一种穿着便捷的‘生活韩服’。生活韩服穿起来真的很方便吧？

UNIT **7**

당연 当然

042 -기 마련이다 ★★★

ㅣ. 알아두기   常见用法

		-기 마련이다
동사 动词	먹다	먹기 마련이다
	가다	가기 마련이다
형용사 形容词	좋다	좋기 마련이다
	예쁘다	예쁘기 마련이다

❶ 어떤 사실이나 상황이 자연스럽고 당연하다는 것을 나타낸다.   表示某种事实或状况很自然或理所当然。

> 例 • 사랑하는 사람이 제일 멋있어 보이**기 마련이에요**.   在人们眼里，爱人理所当然是最帅的。
>
> • 아플 때 고향 생각이 많이 나**기 마련이에요**.   在我们生病的时候，很自然会想念故乡。
>
> • 처음에는 누구나 실수하**기 마련이에요**.   刚开始的时候出现失误很自然。

주의사항   注意事项

● '-게 마련이다'는 '-기 마련이다'와 같은 표현이다.   '-게 마련이다' 和 '-기 마련이다' 是相同的表现。

> 例 많이 먹으면 살이 찌**기 마련이에요**.   吃多了自然会发胖。
> = 많이 먹으면 살이 찌**게 마련이에요**.

2. 더 알아두기   更多用法

▶ '-기 마련이다'는 '-는 게 당연하다', '-는 법이다'⁰⁴³와 바꾸어 사용할 수 있다.

'-기 마련이다' 与 '-는 게 당연하다', '-는 법이다' 互换使用。

> 例 • 많이 먹으면 살이 찌**기 마련이에요**.   吃多了自然会发胖。
> = 많이 먹으면 살이 찌**는 게 당연해요**.
> = 많이 먹으면 살이 찌**는 법이에요**.

※ 밑줄 친 부분을 같은 의미로 바꾸어 쓴 것을 고르십시오.

가: 선배들은 모두 잘하는데 저만 자꾸 실수를 해서 고민이에요.
나: 처음에는 <u>실수하는 게 당연하죠</u>. 너무 고민하지 마세요.

① 실수할 정도예요
② 실수하기를 바라요
③ 실수한다는 말이에요
④ 실수하기 마련이에요

答案解释
正在谈论，刚开始的时候出现失误是很自然的事情。①中的 '-을 정도이다' 表示前面的状况和后面的状况相似。②中的 '-기를 바라다' 表示希望。③中 '-는다는 말이다' 强调前面所说的话。只有，表示某种现象很自然或想当然的意思的 ④为正确答案。

正确答案 ④

043

–는 법이다 ★★★

동사 动词		–는 법이다		형용사 形容词		–(으)ㄴ 법이다
	만나다	만나**는 법이다**			좋다	좋**은 법이다**
	받다	받**는 법이다**			크다	큰 **법이다**

❶ 일반적으로 그렇게 되는 것이 당연하다는 것을 나타낸다. 表示在一般情况下出现某种结果很自然。

> 例 • 사람은 누구나 살면서 힘든 일도 생기**는 법이다**. 生活中难避免会碰到一些棘手的事情然。
>
> • 다른 사람에게 한 만큼 받**는 법이에요**. 对他人付出多少，也就能收获多少这很自然。
>
> • 기대가 클수록 실망도 큰 **법이지요**. 期待越大，失望也就越大这很自然。

▶ '–는 법이다'는 '–기 마련이다'⁰⁴²와 바꾸어 사용할 수 있다. '–는 법이다' 与 '–기 마련이다' 互换使用。

> 例 • 많이 먹으면 살이 찌는 **법이에요**. 吃多了自然会发胖。
> = 많이 먹으면 살이 찌기 **마련이에요**.

※ 밑줄 친 부분과 바꿔 쓸 수 있는 것을 고르십시오.

가: 그 청소기를 사지 않은 사람이 없어요.
나: 싸고 성능이 좋은 물건은 잘 팔리기 마련이지요.

① 팔리는 법이지요 ② 팔리는 게 뭐예요
③ 팔리긴 다 틀렸어요 ④ 팔리면 문제 없어요

答案解释

需要找出，表示好东西自然会卖得好的句子。②表示，强调卖得不好。③表示卖得不好。④假设卖得好。①表示吸尘器物美价廉，卖得好是理所当然。所以 ①为正确答案。

正确答案 ①

연습 문제 练习题

1 밑줄 친 부분에 들어갈 가장 알맞은 것을 고르십시오.

> 가: 회사에서 처음 맡게 된 일인데 실수가 많아서 큰일이에요.
> 나: _____. 너무 걱정하지 마세요.

❶ 익숙하지 않으면 누구도 실수하지 마세요
❷ 익숙하지 않아도 누구도 실수하면 안돼요
❸ 익숙하지 않아도 누구나 실수하는 셈이다
❹ 익숙하지 않으면 누구나 실수하기 마련이죠

2 밑줄 친 부분과 바꿔 쓸 수 있는 것을 고르십시오.

> 가: 한국 음식을 할 줄 몰랐는데 매일 하다 보니까 이제 잘하게 됐어요.
> 나: 그럼요. 무엇이든 매일 조금씩이라도 노력하면 <u>잘하게 되는 법이에요</u>.

❶ 잘하는 척해요   ❷ 잘하는 모양이에요
❸ 잘하기 마련이에요   ❹ 잘하기 때문이에요

3 밑줄 친 부분과 바꿔 쓸 수 있는 것을 고르십시오.

> 가: 우리 반 친구들은 모두 상희 씨를 좋아하는 것 같아요.
> 나: 상희 씨처럼 똑똑한데다가 예쁘기까지 하면 <u>인기가 많기 마련이죠</u>.

❶ 인기가 많은 셈이죠   ❷ 인기가 많은 법이죠
❸ 인기가 많긴 많아요   ❹ 인기가 많긴 다 틀렸죠

4 밑줄 친 부분을 같은 의미로 바꾸어 쓴 것을 고르십시오.

> 가: 처음으로 수영을 배워 봤는데 너무 힘들었어요.
> 나: 처음에는 <u>힘든 게 당연하죠</u>. 조금씩 나아질 거예요.

❶ 힘들기만 해요   ❷ 힘들기를 바라요
❸ 힘들기 마련이에요   ❹ 힘들기 때문이에요

TOPIK试题中常见的韩国文化

汉江市民公园游泳场

　　炎热的夏季，每个人都渴望可以在海中畅游。酷暑难耐能在碧蓝的大海游上一圈该是何等的惬意！但是去大海边既费时间又会产生经济上的负担是我们的愿望泡汤。不过有一个好消息可以告诉大家，那就是在汉江边上也可以愉快的畅游。位于地铁站附近的汉江游泳场，交通便利入场费也十分的低廉，让你没有任何负担的享受畅游的乐趣。各位要是也为炎热的天气感到烦躁的话，来汉江市民公园的游泳场会是你明智的选择。

UNIT 8

한정 限定

044 | –기만 하다 ★★★

			–기만 하다
동사 动词	웃다		웃기만 하다
	자다		자기만 하다
형용사 形容词	무섭다		무섭기만 하다
	크다		크기만 하다

❶ 어떤 행동이나 상태 한 가지만 지속되는 것을 나타낸다. 某种行为或状态，选其一持续进行。

例 • 가: 시험이 끝난 어제는 계속 자기만 했어요. 考试结束后，昨天一直只顾睡觉没干别的。
　　나: 그동안 공부하느라 피곤했을 텐데 잠이 보약이지요 这段时间为了学习肯定累了，睡眠就是补药。

　 • 가: 유학 생활이 어때요? 留学生活怎么样？
　　나: 아직은 친구가 없어서 심심하기만 해요 现在还没有交到朋友，所以很孤单。

※ 빈칸에 가장 알맞은 것을 고르십시오.

가: 어제 공연이 어땠어요?
나: 재미가 없어서 저는 _____.

① 졸기는요　　　　　　　　　② 졸기로 했어요
③ 졸기만 했어요　　　　　　　④ 졸기는 했겠어요

回答说，因为太无聊，只顾睡觉了。①说，没有睡着；②打算睡觉；④推测，过去可能睡着了。只有表示出了睡觉没做别的事的 ③为正确答案。

正确答案 ③

–을 뿐이다 ★★★

unit 8
한정

I. 알아두기　常见用法

		–았/었을 뿐이다	–(으)ㄹ 뿐이다
동사 动词	가다	갔을 뿐이다	갈 뿐이다
	먹다	먹었을 뿐이다	먹을 뿐이다
형용사 形容词	바쁘다	바빴을 뿐이다	바쁠 뿐이다
	많다	많았을 뿐이다	많을 뿐이다

		이었을/였을뿐이다	일 뿐이다
명사+이다 名词+이다	친구	친구였을 뿐이다	친구일 뿐이다
	학생	학생이었을 뿐이다	학생일 뿐이다

❶ 선행절의 사실 이외에 다른 것은 없다는 것을 나타낸다 前句事实以外没有别的。

> 例 ▸ •가: 이렇게 훌륭한 축구 선수가 된 방법을 좀 말씀해 주세요. 请把成为成功的足球运动员的秘诀告诉我。
> 　나: 매일 꾸준히 연습했을 뿐이에요. 就是每天刻苦练习而已。
>
> •가: 남자 친구예요? 是男朋友吗?
> 　나: 아니요, 그냥 친한 친구일 뿐이에요. 不是，只是普通朋友而已。

주의사항 注意事项

● '–을 뿐이다'는 선행절과 후행절을 연결할 때 '–을 뿐'의 형태로 사용할 수 있다.
以 '–을 뿐' 形态连接前句和后句。

> 例 가: 기분이 안 좋아 보여요. 看起来心情不好。
> 나: 쉬고 싶을 뿐 기분이 안 좋은 것은 아니에요. 只是想休息, 不是心情不好。

※ 다음 밑줄 친 부분과 의미가 비슷한 것을 고르십시오.

두 사람은 오랫동안 알고 지냈지만 직장 동료 사이<u>일 뿐이다</u>.

① 사이에 불과하다
② 사이라면 좋겠다
③ 사이일지도 모른다
④ 사이라고 볼 수 없다

연습 문제 练习题

1 다음 밑줄 친 부분에 들어갈 알맞은 말을 고르십시오.

가: 파티가 지루할까 봐 걱정했습니다.
나: 지루하기는커녕 _____.

① 재미있는 체합니다   ② 재미있기만 합니다

③ 재미있는 법입니다   ④ 재미있기 마련입니다   **044**

2 다음 밑줄 친 부분에 가장 알맞은 것을 고르십시오.

가: 왜 거기에 놓으세요? 이쪽에 갖다 놓으라고 했잖아요.
나: 전 그냥 사모님이 _____.

① 시키는 대로 할 뻔했어요   ② 시키는 대로 했을 뿐이에요

③ 시키는 대로 하는 법이에요   ④ 시키는 대로 하려던 참이에요   **045**

unit 8
한정

3 밑줄 친 부분을 같은 의미로 바꿔 쓴 것을 고르십시오.

가: 요즘 통 얼굴이 안 보이던데 무슨 일 있었어요?
나: 그냥 좀 바빴을 뿐이에요.

① 바쁜 것치고는 괜찮은 편이었어요

② 바빴더라면 좋았을 걸 그랬어요

③ 바쁜건 안 바쁜건 중요하지 않아요

④ 바쁜 것 이외에 특별한 일은 없었어요   **045**

4 다음 밑줄 친 부분에 들어갈 알맞은 것을 고르십시오.

> 가: 특별한 사이 같은데 누구예요?
> 나: 그냥 _____.

① 같은 반 친구밖에 몰라요   ② 같은 반 친구일 뿐이에요

③ 같은 반 친구만큼 알아요   ④ 같은 반 친구가 아니에요   **045**

5 다음 중 알맞은 문장을 고르십시오

① 동생이 먹지는 않고 <u>잤기만 해요</u>.

② 친구가 말은 안하고 <u>울만 해요</u>.

③ 학생들이 질문은 하지 않고 <u>듣기만 해요</u>.

④ 사람들이 사고가 났는데도 <u>보다시피 해요</u>.   **044**

UNIT 9

나열 罗列

초급 문법 확인하기! 初级语法回顾

-으며

> 例 우리 언니는 키가 크며 날씬합니다. 我姐姐个子很高而且很苗条。

-으면서

> 例 내 동생은 예쁘면서 똑똑해요. 我妹妹既漂亮又聪明。

046

-을 뿐만 아니라 ★★★

		-았/었을 뿐만 아니라	-(으)ㄹ 뿐만 아니라
동사 动词	먹다	먹었을 뿐만 아니라	먹을 뿐만 아니라
	가다	갔을 뿐만 아니라	갈 뿐만 아니라
형용사 形容词	좋다	좋았을 뿐만 아니라	좋을 뿐만 아니라
	예쁘다	예뻤을 뿐만 아니라	예쁠 뿐만 아니라

		이었/였을 뿐만 아니라	일 뿐만 아니라
명사+이다 名词+이다	학생이다	학생이었을 뿐만 아니라	학생일 뿐만 아니라
	친구이다	친구였을 뿐만 아니라	친구일 뿐만 아니라

❶ 선행절의 정보에 후행절의 정보를 추가할 때 사용한다. 前句提示的情报中追加后句中将要提示的情报。

例
- 가: 그 사람이 어때요? 那个人怎么样?
  나: 재미있는 말을 잘 **할 뿐만 아니라** 노래도 잘 해요. 不仅说话风趣还很会唱歌。

- 가: 지금 사는 기숙사가 어때요? 现在住的宿舍怎么样?
  나: 학교에서 가까울 **뿐만 아니라** 방도 깨끗해요. 不仅离学校近还很干净。

unit 9
나열

주의사항 注意事项

● 선행절에 긍정적인 정보가 오면 후행절도 긍정적인 정보가 와야 하고, 선행절에 부정적인 정보가 오면 후행절도 부정적인 정보가 와야 한다.
如果前句接的是正面语义的情报, 后句也要接正面语义的情报; 如果前句接的是否定语义的情报, 后句也要接否定语义的情报。

例 그 사람은 멋있을 **뿐만 아니라** 성격이 안 좋아요.
    (긍정)(肯定)   (부정)(否定)

▶ '-을 뿐만 아니라'는 '-는 데다가'⁰⁴⁷와 바꾸어 사용할 수 있다. '-을 뿐만 아니라' 可与 '-는 데다가' 互换使用。

> 例 ▸ 그 식당은 맛있을 **뿐만 아니라** 값도 싸요. 那个饭店不仅好吃还很便宜。
> = 그 식당은 맛있**는 데다가** 값도 싸요.

▶ 'N일 뿐만 아니라'와 'N뿐만 아니라'의 문법 비교　'N일 뿐만 아니라' 和 'N뿐만 아니라' 的语法比较。

'N일 뿐만 아니라'는 'N이다'가 서술어로 올 경우 사용한다.
'N일 뿐만 아니라' 仅在结束语包含 'N이다' 时才能使用。

> 例 ▸ 그 사람은 좋은 <u>친구예요</u>. + 그 사람은 좋은 선생님**이에요**. 那个人是很好的朋友+那个人是很好的老师。
> 　　(N이다)
> → 그 사람은 좋은 친구**일 뿐만 아니라** 좋은 선생님**이에요**. 那个人不仅是很好的朋友还是个好老师。

'N뿐만 아니라'는 'N이다'를 제외한 서술어(동사, 형용사)가 올 경우 사용한다.
'N뿐만 아니라' 仅在其句尾不包含 'N이다' 的叙述语(动词、形容词)做结束语时方可使用。

> 例 ▸ 제 친구는 공부도 <u>잘해요</u>. + 제 친구는 운동도 **잘해요**. 我的朋友学习很好+我的朋友擅长做运动
> (동사)(动词)
> → 제 친구는 공부뿐만 아니라 운동도 **잘해요**. 我的朋友不仅学习好还很擅长做运动。

TIP

'N일 뿐만 아니라'와 'N뿐만 아니라'는 형태는 비슷하지만 다른 문법이에요. 두 문법을 혼동하는 경우가 많은데 주의해야 하지요.
'N일 뿐만 아니라' 和 'N뿐만 아니라' 虽然形态上很相似，但是是两种完全不同的语法。这两个语法容易被混淆，需要注意。

그 연예인은 얼굴**뿐만 아니라** 마음도 예뻐요.
那位明星不仅脸蛋长得漂亮心眼也很好。

그 연예인은 가수일 **뿐만 아니라** 배우예요.
那位明星不仅是歌手而且还是个演员。

※ 다음 두 표현을 가장 알맞게 연결한 것을 고르십시오.

민수는 사교성이 있다 / 민수는 공부를 잘한다

① 민수는 사교성이 있다고 해도 공부는 잘합니다.
② 민수는 사교성도 있어야 하고 공부도 잘합니다.
③ 민수는 사교성이 있는 척하면 공부는 잘합니다.
④ 민수는 사교성이 있을 뿐만 아니라 공부도 잘합니다.

答案解释

本题是考察怎样透露关于敏秀的两种情报的题。①表示谦让。　②表示敏秀该做的事情，显然不合乎本体整体意思。③表示，原本不善于社交却假装善于社交活动。显然，透露两种不同情报的④为正确答案。

正确答案　④

047 | –는 데다가 ★★

		–(으)ㄴ 데다가	–는 데다가
동사 动词	읽다	읽은 데다가	읽는 데다가
	가다	간 데다가	가는 데다가

		–(으)ㄴ 데다가			인 데다가
형용사 形容词	많다	많은 데다가	명사+이다 名词+이다	학생	학생인 데다가
	싸다	싼 데다가		친구	친구인 데다가

❶ 선행절의 정보에 후행절의 정보를 추가할 때 사용한다. 前句提示的情报中叠加后句中将要提示的情报。

> 例 ▶ ・가: 요즘 얼굴 보기가 힘든 것 같아요. 最近很难碰到你啊。
>   나: 네, 일도 많은 데다가 새로 공부를 시작한 게 있어서 좀 바빴어요.
>   是啊，要做的事情太多而且学习也很忙。
>
> ・언어교환을 하면 한국어도 배울 수 있는 데다가 한국 친구도 사귈 수 있어요.
>   如果语言交换的话不仅可以学习韩国语还能交到新朋友。
>
> ・영미 씨는 같은 과 친구인 데다가 고등학교 동창이기도 해요.
>   英美不仅是和我一个系的学生还是我的高中同学呢。

주의사항 注意事项

● 선행절과 후행절의 주어가 같아야 한다. 前句和后句使用共同的主语。

> 例 동생은 매일 게임을 하는 데다가 (동생은) 밤까지 새니까 아침에 못 일어난다. (O)
>   (주어)(主语)   (주어)(主语)
>   弟弟每天都玩游戏还熬通宵，所以早上起不来。
>
>   언니는 예쁜 데다가 오빠는 날씬하기까지 하다. (X)
>   (주어)(主语)   (주어)(主语)

▶ '-는 데다가'는 '-을 뿐만 아니라'⁰⁴⁶와 바꾸어 사용할 수 있다.

'-는 데다가' 可与 '-을 뿐만 아니라' 互换使用.

> 例 ▸ 그 식당은 맛있는 **데다가** 값도 싸요.　那个饭店不仅好好吃还很便宜。
> = 그 식당은 맛있**을 뿐만 아니라** 값도 싸요.

※ 다음 밑줄 친 부분과 의미가 비슷한 것을 고르십시오.

그 하숙집은 교통이 <u>편리한 데다가</u> 시설도 좋아서 하숙생들에게 아주 인기가 많다.

① 편리할 겸
② 편리한 만큼
③ 편리하기는 하지만
④ 편리할 뿐만 아니라

unit 9
나열

答案解释

文章内容是说那个寄宿楼不仅交通方便而且设施也很好。①中 '-을 겸' 表示 "方便" 和 "设施的好坏" 成后句的目的。②中的 '-는 만큼' 表示 "交通的方便与否" 和 "设施的好坏" 程度相似，这显然不符合本题。另外 ③中 '-기는 하지만' 指相反的意思。④表示叠加另一层意思，故是正确答案。

正确答案 ④

-기도 하다 ★

常见用法

		-기도 하다
동사 动词	읽다	읽기도 하다
	사다	사기도 하다

❶ 가끔 그러한 경우도 있다고 말할 때 사용한다. 说明偶尔行使的行为。

> 例 ▸ 가: 부모님께는 자주 연락을 드려요? 你经常和父母联系吗?
> 나: 네, 보통 전화를 하지만 가끔 편지를 하**기도 해**요. 是的。通常以电话联系，偶尔也写信。
>
> ▸ 가: 보통 어디에서 공부해요? 你通常在哪里学习?
> 나: 보통은 기숙사에서 공부하지만 주말에는 도서관에 가**기도 해**요.
> 我通常在宿舍学习，周末的时候偶尔也去图书馆。

TIP

'V-기도 하고 V-기도 하다'는 선행절의 일을 할 때도 있고 후행절의 일을 할 때도 있을 때 사용해요.

'V-기도 하고 V-기도 하다' 表示有时候做这个有时候做那个。

例 요리를 하기도 하고 사 먹기도 해요. 我偶尔自己做饭吃有时也买来吃。

'A-기도 하고 A-기도 하다'는 선행절의 정보에 후행절의 내용을 추가할 때 사용해요.

给前句情报追加后句内容。

例 그 사람은 친절하기도 하고 재미있기도 해요. (대등) 那个人不仅亲切还很风趣。(对等)
영화가 재미있기도 하고 무섭기도 해요. (대조) 那个电影不仅有意思还很恐怖呢。(对照)

※ 다음 밑줄 친 부분과 바꾸어 쓸 수 있는 것을 고르십시오.

가: 한국 대학생들은 보통 방학에 무엇을 해요?
나: <u>보통 공부를 하지만 아르바이트를 하기도 해요</u>.

① 보통 공부만 하고 아르바이트는 안 해요
② 가끔 아르바이트를 하는 경우도 있어요
③ 보통 공부는 안 하고 아르바이트밖에 안 해요
④ 공부는커녕 아르바이트를 하는 경우도 없어요

unit 9
나열

答案解释

'-기도 하다' 表示偶尔发生某种特定情况的意思。①表示不做兼职工作。③表示不学习。④表示既不做兼职工作也不学习的意思。②表示偶尔也做兼职工作，故为正确答案。

正确答案 ②

연습 문제 练习题

1 밑줄 친 부분과 바꿔 쓸 수 있는 것을 고르십시오.

이 집은 지하철 역에서 <u>가까운 데다가</u> 깨끗한 편이네요.

❶ 가까운 탓에   ❷ 가까운 만큼

❸ 가까울 정도로   ❹ 가까울 뿐만 아니라

2 다음 두 표현을 가장 알맞게 연결한 것을 고르십시오.

이 식당 음식이 맛있다 / 값도 싸다

❶ 이 식당 음식이 맛있으면 값도 싸요.

❷ 이 식당 음식이 맛있을 뿐만 아니라 값도 싸요.

❸ 이 식당 음식이 맛있기만 하면 값도 싸요.

❹ 이 식당 음식이 맛있기에 값도 싸요.

3 다음 밑줄 친 부분과 의미가 비슷한 것을 고르십시오.

가: 저 가게에는 항상 손님이 많은 것 같아요.
나: 직원이 <u>친절한 것은 물론이고</u> 물건의 품질도 좋아서 그래요.

❶ 친절한 만큼   ❷ 친절함에 따라

❸ 친절한 데다가   ❹ 친절함에 비해

4 밑줄 친 부분과 바꿔 쓸 수 있는 것을 고르십시오.

가: 새로 산 핸드폰이에요? 좋아 보이는데요.
나: 아니에요. <u>비쌀 뿐만 아니라</u> 자주 고장이 나서 불편해요.

❶ 비싸거든   ❷ 비싼 데다가

❸ 비싸다가는   ❹ 비쌀 정도로

5   다음 밑줄 친 부분과 의미가 비슷한 것을 고르십시오.

가: 제주도는 어땠어요?
나: 경치도 <u>아름다운 데다가</u> 음식도 맛있었어요.

① 아름답고는   ② 아름답거든
③ 아름다운 체하고   ④ 아름다울 뿐만 아니라   046 047

unit 9
나열

TOPIK试题中常见的韩国文化

小区景观

韩国有着无数的居住小区，最近小区文化有着变化的趋势。原先人们重视小区周边是否有学校，交通是否便利，认为小区仅仅是居住的空间。最近小区的景观，和小区内部的环境成为了人们选择的重要条件。所以新建的小区中绿树成荫，鸟语花香，现在的小区成为了人们放松心情，愉悦生活的空间。大家有机会也一定要到这样的小区中去感受一下。

UNIT **10**

상태 · 지속 状态 · 持续

초급 문법 확인하기! 初级语法回顾

-고 있다

例 학생들이 교실에서 공부하고 있어요. 学生们在教室学习。

-는 중이다

例 지금 오빠는 식사하는 중이에요. 哥哥现在正在吃饭。

-아/어 놓다 ★★★

常见用法

		-아/어 놓다
동사 动词	만들다	만들어 놓다
	보내다	보내 놓다

❶ 어떤 행동을 미리 한 상태가 지속되는 것을 나타낸다. 已经结束的某种行为，某状态仍然持续。

> 例 ▶ •가: 주말에 우리 영화를 보러 갈까요? 我们周末去看电影怎么样?
> 나: 좋은 생각이에요. 주말이니까 미리 표를 예매해 놓는 것이 좋겠어요.
> 好主意。因为是周末最好还是预买一下比较好。
>
> •가: 왜 현관문을 열어 놓았어요? 为什么玄关的门开着?
> 나: 집에 음식 냄새가 많이 나서 열어 놓았어요. 我开门是因为家里散发着食物的味道。

주의사항 注意事项

> • '-아/어 놓아(서)'는 '-아/어 놔(서)'로 간단하게 표현할 수 있다.
> '-아/어 놓아(서)' 可简单以 '-아/어 놔(서)' 表示。
>
> 例 요리를 미리 해 놓아서 걱정이 없어요. 因为提前准备好了饭菜，所以省了担心。
> = 요리를 미리 해 놔서 걱정이 없어요.

unit 10
상태
지속

更多用法

▶ '-아/어 놓다'는 '-아/어 두다'052와 바꾸어 사용할 수 있다. '-아/어 놓다' 可与 '-아/어 두다' 互换使用。

> 例 ▶ •방 문을 잠가 놓았어요. 我把房门给锁了。
> = 방 문을 잠가 두었어요.

※ 빈칸에 들어갈 알맞은 말을 고르십시오.

가: 이번 휴가 때 특별한 계획이 있어요?
나: 여행을 가려고요. 벌써 비행기 표도 _____.

① 샀으면 해요

② 주었나 봐요

③ 예약해 놓았어요

④ 도착하기로 해요

本题大意为，为了去旅行早已买好了飞机票。①表示过去如果把机票买好了会更好的内心愿望。②表示，推测把机票给了别人。④表示，飞机票即将要送过来。③表示，早已把机票预订好了的意思。所以 ③为正确答案。

正确答案 ③

050 -은 채(로) ★★★

1. 알아두기 常见用法

		-(으)ㄴ 채(로)
동사 动词	입다	입은 채(로)
	뜨다	뜬 채(로)

❶ 어떤 행동을 한 상태가 지속되는 동안 다른 행동이 이루어질 때 사용한다.
某种行动结束后其状态仍然持续着，在这一过程中实施另一种行动。

例 • 가: 얼굴이 왜 그래요? 다쳤어요? 脸怎么啦? 受伤了吗?
　　나: 아니요. 어제 문을 열어 놓은 채 잠을 자서 모기에게 물렸어요. 没什么。昨天开着门睡觉被蚊子咬了。

• 한국에서는 신발을 신은 채로 방에 들어가면 안 돼요. 在韩国不能穿着鞋进屋。

주의사항 注意事项

● -은 채(로)는 '-아/어 놓다'⁰⁴⁹, '-아/어 두다'⁰⁵²와 결합하여 '-아/어 놓은 채', '-아/어 둔 채'
로 자주 사용한다.
'-은 채로' 与 '-아/어 놓다', '-아/어 두다' 结合，构成 '-아/어 놓은 채', '-아/어 둔 채' 使用。

例 문을 열어 놓은 채 잠이 들었다. 开着门睡着了。
텔레비전을 켜 둔 채 잠이 들었다. 开着电视睡着了。

※ 다음 밑줄 친 부분과 바꾸어 쓸 수 있는 것을 고르십시오.

가: 팔이 왜 그래요? 모기한테 물렸어요?
나: 네, 어제 문을 <u>열어 놓고</u> 잠을 잤거든요.

① 열어 놓은 채
② 열어 놓은 척
③ 열어 놓으면서
④ 열어 놓은 사이

051 -아/어 가다/오다 ★★

ᛁ. 알아두기　常见用法

동사 动词		-아/어 가다/오다
	만들다	만들어 가다/오다
	발전하다	발전해 가다/오다

❶ -아/어 가다: 현재의 상태가 미래에서도 계속 유지될 때 사용한다.
表示现在的这种状态，未来仍旧持续时使用。

例 · 우리나라는 앞으로 더욱 발전**해 갈** 것입니다. 将来我们会持续发展。

· 앞으로 두 사람이 예쁜 사랑을 만들**어 가**시길 바랍니다. 希望你们两个人在未来的日子里继续相爱。

❷ -아/어 오다: 과거 상태가 현재까지 오랜 시간동안 계속 유지되고 있을 때 사용한다.
过去的状态直到现在仍在维持。

例 · 이 제품을 10년 동안 사용**해** 왔어요. 这个产品已经用了10年了。

· 5년 전부터 사귀**어 온** 남자 친구와 헤어졌어요. 我和相恋5年的男朋友分手了。

-아/어 가다:　　　　　　　　　(현재) •————————→ (미래)
-아/어 오다: (과거) •————————→ (현재)

주의사항　注意事项

● 상태를 유지하는 시간이 비교적 길 때만 사용할 수 있다. 状态持续的时间比较长的时候才能使用。

例 저는 <u>10분 전부터</u> 밥을 먹어 왔어요. (X)
(짧은시간)（比较短的时间）

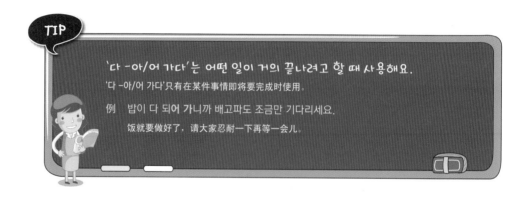

'다 -아/어 가다'는 어떤 일이 거의 끝나려고 할 때 사용해요.
'다 -아/어 가다'只有在某件事情即将要完成时使用。

例　밥이 다 되어 가니까 배고파도 조금만 기다리세요.
　　饭就要做好了，请大家忍耐一下再等一会儿。

2. 확인하기　确认练习

※ 빈칸에 들어갈 알맞은 말을 고르십시오.

우리 경제는 앞으로 더 발전해 _____.

① 갔습니다
② 갈 겁니다
③ 왔습니다
④ 올 겁니다

答案解释

表示在未来的日子里经济会持续增长。①表示过去的状态。③表示过去的状态维持到现在。④则为 '-아/어 오다' 的
错误的表现。只有表示现在的状态在未来有望维持的文章②为正确答案。

正确答案 ②

–아/어 두다 ★

		–아/어 두다
동사 动词	만들다	만들**어 두다**
	사다	사 **두다**

❶ 어떤 행동을 미리 한 상태가 지속되는 것을 나타낸다. 已经结束的某种行为，其状态仍然持续。

例 • 가: 집들이 준비는 끝났어요? 搬家贺宴准备好了吗?
　　나: 네, 음식을 미리 만들**어 두**었으니까 차리기만 하면 돼요. 吃的东西都已经准备好了，只要摆一下就好。

　• 가: 설날에 고향에 가는 표를 미리 사야겠지요? 春节回家的车票应该提前买一下比较好吧?
　　나: 안 그래도 미리 사 뒀어요. 谁说不是呢? 我已经买好了。

▶ '–아/어 두다'는 '–아/어 놓다'⁰⁴⁹와 바꾸어 사용할 수 있다. '–아/어 두다' 可与 '–아/어 놓다' 互换使用。

例 • 방 문을 잠가 **두**었어요. 我把房门给锁了。
　　= 방 문을 잠가 **놓**았어요.

※ 다음 밑줄 친 부분과 바꾸어 쓸 수 있는 것을 고르십시오.

가: 내일 수업에 필요한 책은 다 샀니?
나: 네, 아까 집에 돌아오는 길에 미리 <u>사 두었어요</u>.

① 사 봤어요　　　　　　　② 사 댔어요

③ 사 주었어요　　　　　　④ 사 놓았어요

答案解释

需要找出提前购买了需要的物品的句子。①表示曾经有过的经验。②表示动作的重复。③表示，买了某件东西之后给了别人。不能成为答案。表示提前准备好的状态持续的句子④为正确答案。

正确答案　④

1. 알아두기　常见用法

		—아/어 있다
동사 动词	앉다	앉아 있다
	서다	서 있다

❶ 어떤 일이나 변화가 끝난 후에도 그 상태가 계속 유지되거나 결과가 지속되는 것을 나타낸다.
表示某件事情或变化结束以后，其状态仍然在持续或者其结果仍在继续。

> 例 ▶ · 학생들이 교실에 앉**아 있**어요. 学生们坐在教室里。
>
> · 창문이 열려 **있**는데 좀 닫아 주시겠어요? 窗户开了，帮我关一下好吗？
>
> · 하루 종일 서 **있**었더니 다리가 아파 죽겠어요. 站了一整天了，腿好酸呀。

주의사항 注意事项

● '앉다, 서다, 눕다'처럼 목적어가 필요없는 동사나 '걸리다, 열리다, 닫히다' 등의 피동사와 같이 쓰인다. 可与不接宾语的 '앉다, 서다, 눕다' 等动词或 '걸리다, 열리다, 닫히다' 等被动词搭配使用。

2. 더 알아두기　更多用法

 ▶ '—아/어 있다'와 '—고 있다'의 문법 비교 '—아/어 있다' 和 '—고 있다' 的语法比较

'—아/어 있다'는 어떤 일이 끝난 후에 그 상태가 계속 유지될 때 사용하지만 '—고 있다'는 어떤 일이 끝나지 않고 계속 진행될 때 사용한다.
'—아/어 있다' 是在某件事情完了以后其状态继续持续时使用，但 '—고 있다' 是某件事情没有结束而其状态继续持续时使用。

· 창문을 열고 **있**어요.
正在打开窗户。

· 창문이 열려 **있**어요.
窗户开着。

※ 다음 밑줄 친 부분이 틀린 것을 고르십시오.

① 자동차 창문이 <u>열려 있어요</u>.

② 책상 위에 <u>놓여 있는</u> 책을 읽었어요.

③ 지금 열심히 숙제를 <u>해 있어요</u>.

④ 벽에 가족사진이 <u>걸려 있네요</u>.

1 밑줄 친 부분에 들어갈 말로 알맞은 것을 고르십시오.

> 가: 날이 왜 이렇게 덥지? 창문을 좀 열어 봐.
>
> 나: 창문은 이미 _____ 바람이 안 불어서 더운 것 같아. 창문을 닫고 에어컨을 틀자.

❶ 열어 가는데　　　　　　　　　　❷ 열려 두는데

❸ 열려 있는데　　　　　　　　　　❹ 열어 놓은데　　　　053

2 다음 밑줄 친 부분과 바꾸어 쓸 수 있는 것을 고르십시오.

> 가: 하숙집 아주머니가 왜 이렇게 화가 나셨어?
>
> 나: 내가 부엌의 <u>가스를 켜 놓은 상태로</u> 나가 버렸거든.

❶ 가스를 끄고　　　　　　　　　　❷ 가스가 꺼지는데

❸ 가스가 켜 있고　　　　　　　　　❹ 가스를 켜 놓고　　　　049

3 다음 밑줄 친 부분과 의미가 비슷한 것을 고르십시오.

> 상황 – 마이클 씨는 처음에 한국에 왔을 때 한국 친구의 집에 신발을 신고 들어가는 실수를
> 　　　한 적이 있다.
>
> 가: 마이클 씨는 한국에 와서 당황했던 적이 없어요?
>
> 나: 있어요. 친구 집에 놀러갔을 때 _____ 집 안으로 들어간 적이 있어요.

❶ 신발을 벗고　　　　　　　　　　❷ 신발을 신은 채로

❸ 신발을 신으려는 채로　　　　　　❹ 신발을 벗으려고 하는데　　　　050

4 빈칸에 들어갈 알맞은 말을 고르십시오.

> 가: 요즘 거리에 버려진 담배가 없는 것 같아요.
>
> 나: 거리에 담배를 버리는 쓰레기통을 따로 _____.
> 　　그랬더니 사람들이 거기에 담배를 버리는 것 같아요.

❶ 만들어 놓았거든요　　　　　　　❷ 만들까 하거든요

❸ 만들 줄 알았거든요　　　　　　　❹ 만들어 줄 거거든요　　　　049

5 빈칸에 들어갈 알맞은 말을 고르십시오.

가: 얼굴에 뭐가 났네요. 피곤한가 봐요.
나: 그게 아니라 오랫동안 _____ 화장품을 다른 것으로 바꿨더니 그래요.

❶ 사용해 가던   ❷ 사용해 오던
❸ 사용한다던   ❹ 사용하면   **051**

6 밑줄 친 부분에 들어갈 가장 알맞은 말을 고르십시오.

가: 왜 집에 안 들어가고 집 앞에 서 있어요?
나: _____.

❶ 열쇠를 집안에 둔 채 문을 잠가버렸거든요
❷ 집을 잃어버려서 친구를 기다리는 중이에요
❸ 열쇠가 있어서 집에 들어가기는 다 틀렸어요
❹ 창문을 열기만 해도 들어가는 수가 있어요   **050**

7 다음 밑줄 친 부분이 <u>틀린 것</u>을 고르십시오.

❶ 그 나라는 앞으로 더욱 <u>발전해 올 거야</u>.
❷ 그 사람에 대해 앞으로 천천히 <u>알아 가려고 해요</u>.
❸ 오랫동안 <u>만나 오던</u> 사람들과 헤어지는 것은 힘들어요.
❹ 유학 생활하는 동안 멋진 추억을 <u>만들어 가길 바란다</u>.   **051**

8 다음 밑줄 친 부분과 바꾸어 쓸 수 있는 것을 고르십시오.

가: 민정 씨는 어디 갔어요?
나: 화가 나서 _____ 나가버렸어요.

❶ 인사도 하거나   ❷ 인사도 안 한 채
❸ 인사를 할락 말락   ❹ 인사를 안 할 게 아니라   **050**

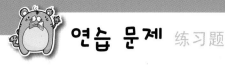

연습 문제 练习题

9 다음 밑줄 친 부분을 알맞게 고친 것을 고르십시오.

> 오늘 청소를 할 때 창문을 <u>열다</u> 그냥 나온 것 같은데, 갑자기 비가 오자 집에 물이 들어갈까 봐 걱정이 되었다.

① 열면 ② 열려서

③ 열어 있고 ④ 열어 놓고

10 다음 밑줄 친 부분이 알맞은 것을 고르십시오.

① 도서관에 <u>갈 길에</u> 책을 빌려 올게요.

② 유학 <u>갈 셈 치고</u> 살면 되지요.

③ 옷을 <u>입은 채로</u> 자면 안 돼요.

④ 잠깐 쉬고 커피도 <u>마시는 겸</u> 들어오세요.

11 다음 두 문장을 알맞게 연결한 것을 고르십시오.

> 명절에는 기차표를 미리 예매해야 하다 / 그렇지 않으면 표를 구할 수 없다

① 명절에는 기차표를 미리 예매하려고 해도 표를 구할 수 없다.

② 명절에는 기차표를 미리 예매하는 덕분에 표를 구할 수 없다.

③ 명절에는 기차표를 미리 예매해 놓지 않으면 표를 구할 수 없다.

④ 명절에는 기차표를 미리 예매하더라도 표를 구할 수 없다.

12 밑줄 친 말과 바꾸어 쓸 수 있는 말을 고르십시오.

> 가: 내일 부모님을 모시고 명동에 가려고 해요. 좋은 식당을 알아요?
> 나: 글쎄요. 저도 잘 모르겠어요. 부모님을 모시고 갈 거니까 미리 갈 만한 식당을 <u>알아 놓는 것</u>이 좋을 것 같아요.

① 알아 가는 것 ② 알아 두는 것

③ 알려 두는 것 ④ 알려 있는 것

UNIT **11**

조건 / 가정 条件 / 假设

초급 문법 확인하기! 初级语法回顾

-으려면

例 시험에 합격하려면 공부를 열심히 해야 돼요. 如果想考试及格，就得认真学习。

-으면

例 저는 시간이 있으면 영화를 봐요. 有时间的话我就去看电影。

054 | –기만 하면 ★★★

I. 알아두기　常见用法

		–기만 하면
동사 动词	먹다	먹**기만 하면**
	가다	가**기만 하면**
형용사 形容词	귀엽다	귀엽**기만 하면**
	예쁘다	예쁘**기만 하면**

		(이)기만 하면
명사+이다 名词+이다	학생	학생**이기만 하면**
	교사	교사**기만 하면**

❶ 선행절의 행동이나 상황이 생기면 반드시 후행절의 내용이 나타날 때 사용한다.
前句行为或状况发生时，后句内容一定出现。

> 例　• 가: 왜 우유를 안 드세요?　为什么不喝牛奶?
>   나: 저는 우유를 마시**기만 하면** 배탈이 나서 안 마셔요.　我一喝牛奶就拉肚子。
> • 저 두 사람은 만나**기만 하면** 싸워요.　那两个人一见面就吵架。

2. 더 알아두기　更多用法

 ▶ '–기만 하면'과 '–기만 하면 되다'의 문법 비교　'–기만 하면' 和 '–기만 하면 되다' 的语法比较

'–기만 하면'과 달리 '–기만 하면 되다'는 원하는 결과를 얻기 위해서 선행절의 행동만 하면 된다는 것을 나타낸다.
'–기만 하면 되다' 表示为了得到想要的结果，只需做前句行为即可。

> 例　• 그대로 데우**기만 하면** **됩니다**.　像那样热一下就可以了。

unit 11
조건
가정

※ 다음 두 문장을 연결한 것으로 알맞은 것을 고르십시오.

시험을 치다 / 일등을 하다

① 시험을 치려고 일등을 합니다.
② 시험을 치기만 하면 일등을 합니다.
③ 시험을 치느라고 일등을 합니다.
④ 시험을 치기는 치지만 일등을 합니다.

找出每次考试都能的第一的文章。①中 '-으려고' 表示目的；③中 '-느라고' 表示理由 ④中 '-기는 하지만' 表示让步，都不能成为答案。'-기만 하면' 表示前句行动或状况发生时，出现后句内容的意思的 ②为正确答案。

正确答案 ②

055 -다 보면 ★★★

		-다 보면
동사 动词	놀다	놀다 보면
	공부하다	공부하다 보면

❶ 선행절의 행동이 지속되거나 반복되면 후행절의 상황이 나타날 수 있을 때 사용한다.
前句行为持续或重复的话，就会出现后句状况。

例 ▶ • 가: 미국에 유학 온 지 6개월이나 지났는데 아직도 영어를 잘 못해요.
　　　来美国留学已经6个月了，还说不好英语。
　　나: 계속 공부하다 보면 잘하게 될 거예요. 持续不断学习的话，会学好的。

　　• 가: 얘들이 오늘 또 싸웠다면서? 听说孩子们今天又打架了？
　　나: 놀다 보면 싸울 수도 있지요. 小孩儿玩嘛，总免不了打架。

주의사항 注意事项

● '-다 보면'은 후행절에 '-을 수 있다', '-게 될 거예요', '-겠-' 등이 주로 온다.
'-다 보면' 语法中，后句常可以接 '-을 수 있다', '-게 될 거예요', '-겠-' 等。

例 싫어하는 음식도 자주 먹다 보면 좋아하게 될 거예요. 就算不喜欢的食物，吃着吃着也会喜欢吃的。

 ▶ '-다 보면'과 '-다 보니까'의 문법 비교　'-다 보면' 和 '-다 보니까' 的语法比较

'-다 보면'과 달리 '-다 보니(까)'는 선행절의 행동이 지속되거나 반복된 결과 후행절의 상황이
나타났을 때 사용한다.
'-다 보니(까)' 语法用在前句行为持续反复以后，作为结果出现在后句的状况。

例 ▶ • 강아지를 오래 키우다 보니까 이제는 가족 같아요. 小狗养的时间久了，现在感觉像是家人一样。

※ 밑줄 친 부분 중에 틀린 것을 찾아 고치십시오.

　　우리는 보통 사람의 첫인상을 보고 그 사람을 ①판단하기 쉽다. 하지만 아무리 좋은 인상을 가진 사람이라도 ②자꾸 만나다 보고 실망할 때가 있다. ③그런가하면 인상은 좋지 않지만 ④사귀면 사귈수록 좋아지는 사람도 있다.

(　　　　　　　　　　　　　→　　　　　　　　　　　　　　)

–았/었더라면 ★★★

常见用法

		–았/었더라면
동사 动词	먹다	먹었더라면
	가다	갔더라면
형용사 形容词	작다	작았더라면
	크다	컸더라면

		이었/였더라면
명사+이다 名词+이다	학생	학생이었더라면
	교사	교사였더라면

❶ 어떤 일을 반대로 가정하여 생각할 때 사용한다. 对某件事做一个相反的假设后，再进行考虑时使用。

例
- 가: 3시에 출발하는 비행기를 탈 수 있을까요? 我能赶上3点的飞机吗？

  나: 못 탈 것 같아요. 1시간만 일찍 출발**했더라면** 탈 수 있었을 거예요.

  好像赶不上。如果早一小时出发的话，也许就能赶上了。

- 학교 다닐 때 공부를 열심히 **했더라면** 원하는 회사에 취직을 할 수 있었을 거예요.

  上学的时候好好学习的话，可能就进自己希望的公司工作了。

주의사항 注意事项

● 과거의 일을 하지 않아서 다행인 경우에는 후행절에 '-을 뻔하다'ᐟᐟᐟ가 자주 쓰인다.

对于过去没有做的事情感到庆幸的时候，后句中经常用 '-을 뻔하다' 语法。

例 그 차를 탔더라면 죽을 뻔했어. 如果坐了那辆车，可能差点就死了。

更多用法

▶ '-았/었더라면'은 '-으면', '-아/어야 했는데'ᐟᐟᐟ와 바꾸어 사용할 수 있다.

'-았/었더라면' 可与 '-으면', '-아/어야 했는데' 互换使用。

例
- 일찍 나왔**더라면** 좋았을걸. 如果早点出门就好了。

  = 일찍 나왔**으면** 좋았을걸.

  = 일찍 나왔**어야 했는**데요…….

▶ '-았/었더라면'과 '-았/었다면'의 문법 비교 　'-았/었더라면' 和 '-았/었다면' 的语法比较

'-았/었다면'은 과거에 실제로 있던 일과 과거에 있지 않은 상황 모두 가정할 수 있다.
'-았/었다면' 语法可以假设过去真的发生或没发生的事情或状况。

例　• 영이가 아빠 약을 먹**었다면** 큰일인데. (O)　假如英怡真的吃了爸爸的药的话，就出大事儿了。

　　영이가 아빠 약을 <u>먹**었더라면**</u> 큰일인데. (X)

　　　　　　과거에 있지 않은 상황 (过去没发生的状况)

3. 확인하기　　確认练习

※ 빈칸에 들어갈 말로 알맞은 것을 고르십시오.

가: 요즘 취직하기 힘들다고 야단들이더라.
나: 그래. 나도 지난번에 회사에 사표를 (　　　　) 지금쯤 일자리 구하느라 바쁘게 돌아다니고 있을
　거야.

① 냈다고 해도

② 냈더니

③ 냈더라면

④ 내는 바람에

答案解释

还没提交辞职信的情况下，假设已经递交了辞职信。① '-는다고 해도' 表示让步；② '-았/었더니' 表示顺序；④ '-는 바람에' 表示理由，所以都不是答案。只有表示假定的语法 '-았/었더라면' ③为正确答案。

正确答案　③

-거든 ★★

		-았/었거든	-거든	-(으)ㄹ 거거든
동사 动词	먹다	먹었거든	먹거든	먹을 거거든
	가다	갔거든	가거든	갈 거거든

		-거든			(이)거든
형용사 形容词	작다	작거든	명사+이다 名词+이다	학생	학생이거든
	아프다	아프거든		친구	친구거든

❶ 조건을 나타내거나 일어나지 않은 일을 가정할 때 사용한다.
表示条件，或假设还没发生的事情的时候使用。

例 • 가: 선생님, 추운데 창문을 왜 열어 놓으셨어요? 老师，这么冷为什么还开了窗户阿?
　　나: 조금 답답해서 열었어요. 춥**거든** 창문을 닫으세요. 因为太闷了。如果觉得冷就关了吧。

　• 많이 아프**거든** 병원에 가세요. 很疼的话，就去医院吧。

　• 유럽에 가**거든** 내 선물을 꼭 사 와야 돼. 알았지? 去欧洲的话一定要给我买礼物，知道吗?

주의사항 注意事项

● 후행절에는 청유문과 명령문이 주로 사용된다. 后句主要接表示请求或命令的语句。

unit 11
**조건
가정**

TIP

이 책에 있는 '조건·가정' 표현은 대부분 후행절에 명령형과 청유형이 올 수 없어요. 하지만 '-거든'의 경우에는 후행절에 명령형과 청유형이 올 수 있어요. '-거든'이 다른 '조건·가정' 표현과 다른 점이니까 기억해 두세요.

本书中的 '条件、假定' 修辞表现，其后句不能接命令形和请求形。但是，语法 '-거든' 其后句可以接命令令形和请求形。这是 '-거든' 区别于其他 '条件、假定' 修辞表现的特点，一定要注意。

TIP

'-거든'과 달리 '-거든(요)'는 이유를 나타내며 문장의 제일 끝에 와요.

'-거든(요)'用在句尾的时候表示理由。

例　가: 왜 이렇게 늦게 왔어? 약속 시간보다 20분이나 늦었어.

　　　怎么这么晚啊？比约好的时间晚了20分钟。

　　나: 미안해. 길이 많이 막혔거든. 对不起。路上塞车塞得厉害。

2. 확인하기　　확认练习

※ 다음 두 문장을 알맞게 연결하십시오.

　　그 사람의 전화 번호를 알고 있다 / 나에게 알려 주다

　① 그 사람의 전화 번호를 알고 있거든 나에게 알려 주세요.
　② 그 사람의 전화 번호를 알고 있도록 나에게 알려 주세요.
　③ 그 사람의 전화 번호를 알고 있어서 나에게 알려 주세요.
　④ 그 사람의 전화 번호를 알고 있을수록 나에게 알려 주세요.

答案解释

如果对方知道电话号码的话，请求告知我的意思。② '-도록' 表示目的；③ '-아/어서' 表示理由，所以不能成为答案。④ '알고 있을수록' 是 '알면 알수록' 语法写错的情况。只有表示假设的意思的语法 '-거든' ①为正确答案。

正确答案　①

058 -는다면 ★★

		-았/었다면	-(느)ㄴ다면	-(으)ㄹ 거라면
동사 动词	먹다	먹었다면	먹는다면	먹을 거라면
	가다	갔다면	간다면	갈 거라면

		-았/었다면	-다면
형용사 形容词	작다	작았다면	작다면
	크다	컸다면	크다면

		이었/였다면	(이)라면
명사+이다 名词+이다	사진	사진이었다면	사진이라면
	친구	친구였다면	친구라면

❶ 조건을 나타내거나 일어나지 않은 일을 가정할 때 사용한다. 表示条件或假设还没发生的事情。

例 ▶ ・지금부터라도 공부를 열심히 한다면 대학입학은 문제없을 거예요.
　　　只要现在开始认真学习的话，肯定能考上大学。

　　・내가 너처럼 키가 크다면 높은 굽의 신발을 신지 않을 거야. 如果我像你一样高的话，我就不穿高跟鞋了。

　　・좋은 친구라면 그렇게 행동하지 않았을 거예요. 如果是好朋友的话，就不会那么做了。

unit 11
조건
가정

※ 다음 (　　)에 알맞은 것을 고르십시오.

만약 지금처럼 기온이 계속 (　　　　　　　) 앞으로 지구는 사람이 살기 어려운 곳이 될지도 모른다.

① 올라가려면
② 올라간다면
③ 올라가는데도
④ 올라갔더라면

-다가는 ★★

		-았/었다가는	-다가는
동사 动词	먹다	먹었다가는	먹다가는
	가다	갔다가는	가다가는

❶ 선행절의 행동을 하면 후행절에 안 좋은 결과가 올 때 사용한다.
采取前句的动作，会给后句带来不好的结果。

例 ▶ •컴퓨터로 일을 많이 하**다가는** 눈이 나빠질 거야. 常使用电脑工作，对眼睛不好。

•시험 공부를 미루**다가는** 시험을 망치게 될 거야. 学习一拖再拖，考试会考砸的。

•그 비밀을 다른 사람에게 말**했다가는** 큰일이 날걸요. 如果泄露了这个秘密，后果会很严重。

※ 다음 (　　)에 알맞은 말을 고르십시오.

약을 함부로 먹는 사람들이 있는데 그렇게 생각 없이 약을 (　　　　　　　) 문제가 생길 수도 있으니까 주의해야 한다.

① 먹다가는
② 먹기에는
③ 먹는다기에
④ 먹었는데도

答案解释

不经思考乱吃药，有可能导致严重后果的意思。②中'-기에는'表示表达对于做某种事情时的状态或想法。③'-는다기에'别人的建议成为做某件事情的理由。这些都不是答案。④中'-는데도'虽然做了某件事，但没有出现预期结果。只有使用'-다가는'才能表示当某种动作反复进行时，发生后句的结果。①为正确答案。

正确答案 ①

060 -아/어야(지) ★★

1. 알아두기　　常见用法

		-았/었어야(지)	-아/어야(지)
동사 动词	읽다	읽었어야(지)	읽어야(지)
	보다	봤어야(지)	봐야(지)

		-아/어야(지)			이어/여야(지)
형용사 形容词	많다	많아야(지)	**명사+이다** 名词+이다	학생	학생이어야(지)
	예쁘다	예뻐야(지)		친구	친구여야(지)

❶ 선행절은 후행절이 이루어지는 데에 꼭 필요한 조건임을 나타낸다. 前句是实现后句的必然条件。

> 例 ・한국어를 잘**해야지** 대학교에 입학할 수 있어요. 学好韩国语，才能考入大学。
> ・요즘엔 얼굴이 예**뻐야** 가수가 될 수 있다. 近年来，只有张得漂亮的人才能当歌手。
> ・학생**이어야지** 교통비 할인을 받을 수 있지요. 只有学生才能享受交通费打折服务。

주의사항 注意事项

● '-아/어야지'는 후행절에 '-을 수 있다', '-을 것 같다', '-지요' 등이 주로 온다.
'-아/어야지' 后句经常使用 '-을 수 있다', '-을 것 같다', '-지요'。

> 例 민호 씨가 해야지 그 일이 성공할 것 같아요. 只有等敏浩处理，这件事才能成功。

2. 더 알아두기　　更多用法

 ▶ '-아/어야(지)'와 '-아/어야지(요)'의 문법 비교　'-아/어야(지)' 和 '-아/어야지(요)' 的语法比较

'-아/어야(지)'와 달리 '-아/어야지(요)'는 문장 끝에 오며 말하는 사람이 어떤 일을 할 거라는 의지를 나타내거나 다른 사람이 어떻게 해야 한다는 것을 나타낼 때 사용한다.

'-아/어야지(요)' 通常做句尾，表示说话者将有意做某件事或表示该做某事。

> 例 ・올해는 술을 끊**어야지요**. 今年该戒酒了。
> （말하는 사람 자신이 술을 끊겠다는 뜻이다.） (表示说话者打算戒酒。)
> ・민호야, 이제부터는 좀 열심히 공부**해야지**. 敏浩阿，现在开始该好好学习了。
> （듣는 사람에게 열심히 공부하라는 뜻이다.） (告诫听者要好好学习。)

※ 두 문장을 바르게 연결한 것을 고르십시오.

가: 어떻게 해야 회사에 취직할 수 있을까요?
나: <u>영어를 잘해야 돼요. 취직할 수 있어요</u>.

① 영어를 잘할 겸 취직할 수 있어요
② 영어를 잘해야지 취직할 수 있어요
③ 영어를 잘한다고 해도 취직할 수 있어요
④ 영어를 잘했는데 취직할 수 있어요

英语的好坏是决定能否就业的关键。① '-을 겸' 表示一个以上的目的，其后句必然要接另外的目的。③ '-는다고 해도' 表示谦让，其后句的意思表示不能就业。所以不能成为答案。④ '-았/었는데' 其后句要接与原来计划相反的结果，所以是错误的。只有 '-아/어야지' 表示前句为后句实现的必要条件。故 ②为正确答案。

正确答案 ②

061 –는 한 ★

1. 알아두기　常见用法

		–는 한
동사 动词	찾다	찾는 한
	가다	가는 한

❶ 선행절이 조건이 되면 후행절의 상황이 될 것이라는 것을 나타낼 때 사용한다.
前句如果是条件，后句则是状况。

> 例 · 저렇게 훌륭한 학생들이 있는 한 미래는 밝을 거예요. 有这么多优秀的学生，未来一定是光明的。
> · 보고서를 이번 주까지 내지 않는 한 점수를 줄 수 없어요. 这周之内不提交报告书的话，就不给分数了。
> · 운동을 하지 않는 한 다이어트에 성공할 수 없어. 不做运动的情况下，你是减不了肥的。

주의사항 注意事项

● 선행절에 '있다', '없다'도 사용할 수 있다. '있다', '없다' 可以用在前句。

> 例 내가 힘이 있는 한 너를 지켜줄게. 我有能力的情况下，我守护你。

2. 확인하기　确认练习

※ 다음 (　　)에 알맞은 말을 고르십시오.

가: 65세의 나이로 봉사활동을 하시고 계신데 힘들지는 않으세요?
나: 별로 안 힘들어요. 내 건강이 (　　　　) 계속 하고 싶어요.

① 허락하더라도 　　　　　　② 허락할 정도로
③ 허락하길래 　　　　　　　④ 허락하는 한

答案解释

如果身体允许的话，想继续做志愿者。①中 '-더라도' 表示谦让；②中 '-을 정도로' 后接的状况与前句中的状况相似；另外 ③中 '-길래' 表示理由，所以这些都不是答案。只有 '-는 한' 表示条件。正确答案为 ④。

正确答案 ④

062 -아/어서는 ★

Ⅰ. 알아두기 常见用法

		-아/어서는
동사 动词	먹다	먹어서는
	가다	가서는
형용사 形容词	좁다	좁아서는
	크다	커서는

❶ 선행절이 조건이 되어 어떤 일을 할 수 없을 때 사용한다. 前句的条件限制后句动作的发生。

> 例
> - 이렇게 눈이 많이 **와서는** 산에 갈 수 없을 것 같아요. 雪下得这么大，恐怕山是爬不了了。
> - 저렇게 말을 못 **해서는** 선생님이 될 수 없을 것이다. 这么不善于言辞，恐怕老师是当不了了。
> - 그렇게 게을러서는 잘 살기 힘들다. 那么懒，恐怕好日子是过不上了。

주의사항 注意事项

- 후행절에는 할 수 없거나 하기 힘들다는 부정적인 의미의 문장이 주로 온다.
  后句主要接难以完成或表示否定的句子。

  > 例 이렇게 공부해서는 대학에 갈 수 있어요. (X)
  >   (긍정)(肯定的意思)

unit 11
조건
가정

※ 다음 중 밑줄 친 부분이 맞는 것을 고르십시오.

① 날이 <u>어두워질수록</u> 아무 연락도 없다.

② 길이 <u>막히느라고</u> 약속 시간에 늦었다.

③ 이렇게 <u>해서는</u> 일이 오늘도 안 끝날 것 같다.

④ 요즘 매일 <u>바쁘더라도</u> 운동할 시간이 없었다.

答案解释

① 中的文章需要改成 '날이 어두워졌는데 아무 연락도 없다.', 表示谦让。② 中 '-느라고' 只有在先后行两句主语一致的时候才能用。应改成 '길이 막혀서 약속 시간에 늦었다.'。④ 中 '-더라도' 表示谦让。应改成表示理由的语句 '요즘 매일 바빠서 운동할 시간이 없었다.'。③ 表示, 如果按照现在这种状况继续下去的话, 今天将无法完成的意思。这时, 可以使用表示条件的 '-아/어서는'。故 ③ 为正确答案。

正确答案 ③

연습 문제 练习题

1 상황에 맞는 대화가 되도록 밑줄 친 부분에 가장 알맞은 것을 고르십시오.

> 상황 – 내일 수업 시간에 같은 조끼리 발표를 해야 하는데 주제도 못 정하고 있다.
>
> 가: 아직 주제도 못 정해서 큰일이다. 우리 내일 발표 할 수 있을까?
> 나: 너무 조급하게 생각하지 말자. _____.

❶ 여간 좋은 아이디어가 떠오른 것이 아니야
❷ 어차피 좋은 아이디어는 안 떠오르니까 그냥 발표하자
❸ 조금만 더 생각하면 좋은 아이디어가 안 떠오를 게 뻔해
❹ 머리를 맞대고 생각하다 보면 좋은 아이디어가 떠오르겠지　

2 빈칸에 알맞은 것을 고르십시오.

> 가: 요즘 왜 이렇게 얼굴 보기가 힘들어요?
> 나: 올림픽을 보느라고 집에 _____.

❶ 있기는요　　　　　　　　　❷ 있었거든요
❸ 있는 모양이에요　　　　　　❹ 있는 수가 있어요　

3 빈칸에 들어갈 말로 알맞은 것을 고르십시오.

> 가: 얼굴이 안 좋아 보여요. 괜찮아요?
> 나: 아직도 무대에 _____ 가슴이 떨려서 그래요.

❶ 서는 한　　　　　　　　　❷ 서다가는
❸ 서기만 하면　　　　　　　❹ 서고 보니까　

4 다음 글을 읽고 빈칸에 알맞은 것을 고르십시오.

> 엄마는 네가 항상 꿈을 가졌으면 좋겠다. 꿈이 없는 사람은 미래가 없는 것과 마찬가지다. 꿈을 가지고 열심히 ( ) 네가 원하는 삶을 살 수 있을 것이다.

❶ 노력한다면　　　　　　　　❷ 노력하도록
❸ 노력하려다가　　　　　　　❹ 노력하다가는　

unit 11
**조건
가정**

5 다음 밑줄 친 부분에 들어갈 말로 가장 알맞은 것을 고르십시오.

> 가: 그 선수가 실수를 안 했더라면 이번 올림픽에서 금메달을 땄을 텐데요.
> 나: 그러게요. _____.

❶ 그 때 실수를 안 했으면 좋았을 텐데요
❷ 그래도 미리 실수를 했으니까 다행이에요
❸ 그 때 실수를 안 했으면 큰일 날 뻔했어요
❹ 그렇지만 지금이라도 실수를 하면 좋을 텐데요

055

6 상황에 맞는 대화가 되도록 밑줄 친 부분에 가장 알맞은 것을 고르십시오.

> 상황 – 요즘 젊은 부부들이 아이를 많이 낳고 싶어 하지 않는다는 뉴스를 듣고 걱정이 되었
>
> 가: 요즘 초등학교가 텅 비었대. 부부들이 아이를 안 낳아서 그런가 봐.
> 나: 맞아. _____.

❶ 이렇게 되면 학교가 더 생길지도 몰라
❷ 이렇게 가면 학교가 더 좋아질지도 모르겠어
❸ 이렇게 가다가는 학교가 없어질지도 모르겠어
❹ 이렇게 가다가는 학교에 학생이 더 많아질지도 몰라

059

7 밑줄 친 부분에 들어갈 알맞은 것을 고르십시오.

> 가: 요즘 학생들은 자신의 적성과 상관없이 점수에 맞춰서 대학에 지원하는 것 같아요.
> 나: 그러게요. 대학에 지원할 때 _____.

❶ 학생들이 점수를 알 때까지 기다려야죠
❷ 학생들이 점수에 맞게 선택하도록 해야죠
❸ 부모가 적성의 중요성에 대해서 말해줘야죠
❹ 부모가 적성과 점수를 정하도록 도와줘야죠

060

8 (　　　) 안에 알맞은 것을 고르십시오.

가: 인터넷에서 전자 사전을 사려고 하는데 어디가 싼지 아세요?
나: 사이트를 (　　　　　　　　　) 가격을 비교할 수 있을 거예요.

❶ 돌아다니다 보면　　　　　　　　❷ 돌아다니고 보면
❸ 돌아다니고 나면　　　　　　　　❹ 돌아다니다 나면　　　055

9 (　　　) 안에 들어갈 말로 가장 알맞은 것을 고르십시오.

가: 서울 팀이 이겼어요?
나: 아니요, 졌어요. 실수만 (　　　　　) 서울 팀이 우승을 했을 텐데…….

❶ 안 했다니　　　　　　　　❷ 안 했거든
❸ 안 했다시피　　　　　　　❹ 안 했더라면　　　055

10 다음 두 문장을 알맞게 연결하십시오.

외국 생활이 외롭다 / 친구를 많이 사귀다

❶ 외국 생활이 외롭길래 친구를 많이 사귀세요.
❷ 외국 생활이 외롭도록 친구를 많이 사귀세요.
❸ 외국 생활이 외롭거든 친구를 많이 사귀세요.
❹ 외국 생활이 외롭더니 친구를 많이 사귀세요.　　　057

unit 11
조건
가정

11 다음 밑줄 친 부분과 바꾸어 쓸 수 있는 것을 고르십시오.

가: 친구들하고 놀이공원에 가려고 하는 데 용돈 좀 주세요.
나: 그렇게 놀기만 하면 좋은 대학에 갈 수 없어.

❶ 놀 정도로　　　　　　　　❷ 노는 동안
❸ 노느라고　　　　　　　　❹ 놀다가는　　　054

12 ( ) 안에 알맞은 것을 고르십시오.

> 가: 요즘 룸메이트와 사이가 안 좋아요. 서로 오해가 생긴 것 같아요.
> 나: 솔직하게 서로의 마음을 ( ) 오해가 풀릴 거예요.

  ❶ 표현하려면   ❷ 표현하고자

  ❸ 표현한다면   ❹ 표현하고도   **058**

13 밑줄 친 부분에 어울리는 대화를 고르십시오.

> 가: 오늘 구경 많이 했지? 그런데 좀 피곤해 보인다.
> 나: 응. _____.
> 가: 그래. 오늘은 이만 푹 쉬자.

  ❶ 그렇다고 더 구경할 수는 없을 것 같아

  ❷ 이렇게 고생하다 보면 좋은 결과가 있을 거야

  ❸ 지금처럼 계속 걷다가는 내일은 구경을 못 할 것 같아

  ❹ 더 피곤하게 되더라도 구경을 더 하는 편이 나을 것 같아   **059**

14 밑줄 친 부분에 들어갈 알맞은 것을 고르십시오.

> 가: 전 꼭 결혼해야 할 필요는 없다고 생각해요.
> 나: 그래도 _____. 가족이 있는 게 얼마나 든든한데요.

  ❶ 결혼하기만 해요   ❷ 결혼해야지요

  ❸ 결혼할 줄 몰랐어요   ❹ 결혼하는 걸요   **060**

15 밑줄 친 부분에 알맞은 것을 고르십시오.

> 가: 죄송합니다. 제가 거기까지 생각을 못 했습니다. 다시 하겠습니다.
> 나: 아닙니다. _____ 그럴 수도 있습니다.

  ❶ 일을 하느라고   ❷ 일을 하다 보면

  ❸ 일을 하는 끝에   ❹ 일을 하다가는   **055**

16 밑줄 친 것과 의미가 비슷한 것을 고르십시오.

형제들이 <u>만나기만 하면</u> 싸워서 보는 사람들을 안타깝게 한다.

❶ 만나자마자   ❷ 만날만 하면

❸ 만날 때마다   ❹ 만나는 길에

17 다음 밑줄 친 두 문장을 대화에 맞게 연결한 것을 고르십시오.

가: 올해는 그 전공이 경쟁률이 아주 높았대요.
나: 다른 곳에 지원하길 잘 한 것 같아요. 그 전공에 <u>지원했어요. 후회했어요.</u>

❶ 지원했더니 후회할 뻔했어요

❷ 지원했더라면 후회할 뻔했어요

❸ 지원하다 보니까 후회할 뻔했어요

❹ 지원했어야 했는데 후회할 뻔했어요

TOPIK试题中常见的韩国文化

年糕蛋糕

最近韩国吹起了一阵健康之风。人们不仅仅关注自身发展而更加关注自身身体健康，和努力提高生活质量。关注健康的努力体现在了选择饮食上，受到人们好评的健康食品中，有一种叫做"年糕蛋糕"。年糕是韩国的传统食品，每当有喜事或者节日里家庭聚会时，必不可少的食物就是年糕。但是不只是从何时开始，随着外国食品进入我们的生活，人们更喜欢选择蛋糕或是面包。但是最近随着"年糕蛋糕"的出现，年糕又一次回到了我们的视野之中。"年糕蛋糕"用各种年糕制成，让我们可以品尝到各种各样的味道，同时它同样可以控制脂肪摄取。这样的食品正符合最近人们重视健康的趋势。大家在过生日的时候不妨也尝试一次有特色的"年糕蛋糕"！

이유 理由

여기서
잠깐~

초급 문법 확인하기! 初级语法回顾

-거든요

例 가: 왜 안 먹어요? 怎么不吃啊?

나: 고기를 별로 안 좋아하거든요. 因为我不怎么喜欢吃肉。

-이라서

例 방학이라서 학교에 사람이 별로 없어요. 因为放假，学校没什么人在。

-아/어서

例 감기에 걸려서 병원에 갔어요. 因为感冒去了医院。

-으니까

例 추우니까 문을 닫아 주세요. 太冷了，把门关上吧。

063 -느라고 ★★★

		-느라고
동사 动词	먹다	먹느라고
	보다	보느라고

❶ 선행절 때문에 후행절을 할 수 없을 때 사용한다. 前句的原因导致后句动作无法进行。

> 例 ・가: 피곤해 보여요. 看起来很累的样子。
> 　　나: 시험 공부하**느라고** 어제 잠을 못 잤어요. 为了准备考试，昨天没睡好觉。

❷ 선행절 때문에 후행절과 같은 상황이 될 때 사용한다. 前句的原因导致后句结果的出现。

> 例 ・가: 지난주에 바빴어요? 上周过得忙吗？
> 　　나: 네, 발표 준비를 하**느라고** 정신이 없었어요. 是的。为了发表准备忙得不可开交。

주의사항 注意事项

● 선행절과 후행절은 주어가 같아야 한다. 前后句主语须相同

> 例 동생이 어제 컴퓨터를 쓰느라고 내가 숙제를 못 했어요. (X)
> 　　(주어) (主语)　　　　　　　　(주어) (主语)

● 명령문이나 청유문과 같이 사용하지 않는다. 不与命令文和请求文一同使用。

▶ '-는 바람에'⁰⁶⁴, '-는 통에'⁰⁷¹, '-는 탓에'⁰⁷⁰는 선행절과 후행절의 주어가 같을 때에만 '-느라고' 와 바꾸어 사용할 수 있다.

只有在前后句主语相同的时候 '-는 바람에', '-는 통에', '-는 탓에' 才可与 '-느라고' 互换使用。

> 例 ・어젯밤에 게임하**느라고** 숙제를 못 했어요. 昨晚只顾玩游戏，没来得及做作业。
> 　　= 어젯밤에 게임을 하**는 바람에** 숙제를 못 했어요.
> 　　= 어젯밤에 게임하**는 통에** 숙제를 못 했어요.
> 　　= 어젯밤에 게임을 한 **탓에** 숙제를 못 했어요.

unit 12
이유

※ 다음 ( )에 들어갈 가장 알맞은 것을 고르십시오.

이사 갈 집을 (   ) 방학 때 좀 바빴다.

① 찾더니
② 찾으려면
③ 구하도록
④ 구하느라고

答案解释

'-느라고' 是，因为前句所以不能做后句的动作时使用。④陈述的是，暑假时因为搬家，所以很忙没能做其他的事情。因此正确的是④。①是前句和后句的内容相反时使用。②是说条件时使用。③是，表示目的是使用。

正确答案　④

O64 －는 바람에 ★★★

1. 알아두기   常见用法

		－는 바람에
동사 动词	먹다	먹는 바람에
	오다	오는 바람에

❶ 선행절이 후행절에 부정적인 영향을 끼친 이유를 나타낼 때 사용한다.
前句是导致后句不良影响的原因。

> 例 ・가: 왜 이렇게 늦었어요? 怎么才来呀?
> 　　나: 미안해요. 이 근처에서 교통사고가 나는 바람에 길이 막혀서 그랬어요.
> 　　　非常抱歉。附近发生了车祸导致交通堵塞，所以迟到了。
>
> ・컴퓨터로 일을 많이 하는 바람에 눈이 나빠졌어요. 工作中需要经常使用电脑，这导致我的视力下降了。

주의사항 注意事项

● 명령문이나 청유문과 같이 사용하지 않는다. 不与命令文和请求文一同使用。

2. 더 알아두기   更多用法

▶ '-는 바람에'는 '-는 탓에'[070], '-는 통에'[071]와 바꾸어 사용할 수 있다.
'-는 바람에' 可以与 '-는 탓에', '-는 통에' 互换使用。

> 例 ・늦잠을 자는 바람에 학교에 늦었어요. 因为睡懒觉的关系，我迟到了。
> 　　＝ 늦잠을 잔 탓에 학교에 늦었어요.
> 　　＝ 늦잠을 자는 통에 학교에 늦었어요.

unit 12
이유

▶ '-는 바람에'와 '-는 덕분에'⁰⁶⁸의 문법 비교 '-는 바람에' 和 '-는 덕분에' 的语法比较

'-는 바람에'는 부정적인 결과가 올 때 사용하지만 '-는 덕분에'는 긍정적인 결과가 올 때 사용한다. '-는 바람에' 用于否定的结果, '-는 덕분에' 用于肯定的结果

例 • 널 만나는 **바람에** 내 인생이 망가졌어. (O) 我的人生完蛋了，这都是因为认识了你。
　　　　　(부정적인 결과) (否定的结果)

　　널 만나는 **바람에** 내 인생이 행복해졌어. (X)
　　　　　(긍정적인 결과) (肯定的结果)

　　널 만나는 **덕분에** 내 인생이 행복해졌어. (O) 因为认识了你，我的人生变得幸福了。
　　　　　(긍정적인 결과) (肯定的结果)

　　널 만나는 **덕분에** 내 인생이 망가졌어. (X)
　　　　　(부정적인 결과) (否定的结果)

3. 확인하기   确认练习

※ 다음 밑줄 친 부분과 바꾸어 사용할 수 있는 말을 고르십시오.

가: 회사에 왜 늦게 도착했습니까?
나: 차가 고장이 나서 회사에 지각을 하고 말았어요.

① 차가 고장이 나는 바람에 회사에 지각을 했어요
② 차를 수리했기 때문에 회사에 지각하게 되었어요
③ 차를 수리했지만 회사에 늦게 오고 말았어요
④ 차가 고장이 났지만 회사에 지각하지는 않았어요

答案解释

本题大意为，汽车发生故障，这是我迟到的原因。②表示上班迟到的原因是为了修理汽车；③汽车已经修理过了，却还是迟到了。④表示，尽管汽车发生故障了，也没有迟到。所以，都是错误的。只有表示消极结果发生的原因的 ① 为正确答案。

正确答案 ①

065 –기 때문에 ★★

I. 알아두기 常见用法

		–았/었기 때문에	–기 때문에
동사 动词	먹다	먹었기 때문에	먹기 때문에
	가다	갔기 때문에	가기 때문에
형용사 形容词	작다	작았기 때문에	작기 때문에
	크다	컸기 때문에	크기 때문에

		이었/였기 때문에	(이)기 때문에
명사+이다 名词+이다	학생	학생이었기 때문에	학생이기 때문에
	친구	친구였기 때문에	친구기 때문에

❶ 후행절의 어떤 행동에 대한 이유를 나타낸다. 表示对后句某种行为发生的理由。

例
- 아르바이트를 하기 **때문에** 여행 갈 시간이 없어요. 因为打工的关系，没时间去旅行。
- 키가 크기 **때문에** 뒤에 앉았다. 因为个子高，只能坐在后面。
- 초등학교 때 친구**였기 때문에** 집안 사정까지 잘 알고 있어요.
  因为是小学同学，所以对他的家庭情况很了解。

주의사항 注意事项

- '–기 때문이다'의 형태로 쓰이기도 한다. 可用以 '–기 때문이다' 的形态。
  例 성적이 안 좋은 건 아르바이트를 하기 때문이다. 成绩不好是因为打工的关系。
- 명령문이나 청유문과 같이 사용하지 않는다. 不与命令文和请求文一同使用。

065 –기 때문에 _197

▶ '-기 때문에'는 '-아/어서', '-으니까'와 바꾸어 사용할 수 있다.

'-기 때문에' 可与 '-아/어서', '-으니까' 互换使用。

> **例** • 오빠가 공부하**기 때문에** 조용히 해야 해요.　哥哥在学习，所以我们得保持安静。
> 　　 = 오빠가 공부**해서** 조용히 해야 해요.
> 　　 = 오빠가 공부하**니까** 조용히 해야 해요.

▶ '-기 때문에'는 후행절에 부정적인 뜻이 올 때는 '-는 탓에'**070**와 바꾸어 사용할 수 있다.

'-기 때문에' 后句接否定意思的时候可与 '-는 탓에' 互换使用。

> **例** • 요즘 운동을 안 **했기 때문에** 살이 쪘다.　最近因为没有运动，发胖了。
> 　　 = 요즘 운동을 안 **한 탓에** 살이 쪘다.

▶ '-기 때문에'는 후행절에 긍정적인 뜻이 올 때는 '-는 덕분에'**068**와 바꾸어 사용할 수 있다.

'-기 때문에' 后句接肯定意思的时候可与 '-는 덕분에' 互换使用。

> **例** • 운전을 배웠**기 때문에** 편해졌어요.　因为学会了开车，生活变得容易了。
> 　　 = 운전을 배운 **덕분에** 편해졌어요.

※ 다음 밑줄 친 부분과 의미가 비슷한 것을 고르십시오.

　　이번 사고는 제가 <u>조심하지 않은 탓이에요.</u>

　① 조심한 적이 없어요　　　　　② 조심하지 않은 셈이에요
　③ 조심하지 않았을 뿐이에요　　④ 조심하지 않았기 때문이에요

> 答案解释
>
> 事故发生的原因是话者不小心的结果。①中 '-은 적이 없다' 表示经验；②中 '-은 셈이다' 表示与前句程度相仿；③中 '-을 뿐이다' 表示限定的意思，以上都不能成为答案。只有表示理由的 '-기 때문이다' 语法的 ④为正确答案。

066 -기에 ★★

I. 알아두기 常见用法

		-았/었기에	-기에
동사 动词	먹다	먹었기에	먹기에
	가다	갔기에	가기에

		-기에
형용사 形容词	좋다	좋기에
	예쁘다	예쁘기에

		(이)기에
명사+이다 名词+이다	학생	학생이기에
	친구	친구기에

❶ 선행절이 후행절의 근거나 이유가 될 때 사용한다. 前句成为后句的根据或理由。

> 例
> - 가: 아까 왜 약을 먹었어요? 刚才怎么吃药了呢?
>   나: 아침에 일어났더니 열이 나기에 먹었어요. 早上起来发现发烧，所以吃了药。
> - 가: 오늘이 제 생일도 아닌데 웬 꽃이에요? 今天又不是我的生日，哪来的花儿阿?
>   나: 오다가 예쁘기에 샀어요. 来的时候看它漂亮就买了。

주의사항 注意事项

- 선행절과 후행절의 주어가 다르며 선행절의 주어는 말하는 사람이 될 수 없다.
  前句和后句的主语不一致，且说话者不能成为前句的主语。

  > 例 내가 바쁘기에 여행을 갈 수 없다. (X)
  > (주어) (主语) - (말하는 사람) (活者)

- 명령문이나 청유문과 같이 사용하지 않는다. 不与命令文和请求文一同使用。

unit 12
이유

▶ '-기에'는 '-길래'[067]와 바꾸어 사용할 수 있다. '-기에'는 문어체에, '-길래'는 구어체에 주로 사용된다.

'-기에' 可与 '-길래' 互换使用。'-기에' 用在书面语中，'-길래' 用在口语中。

> **例** ▶ • 비가 많이 오**기에** 우산을 갖고 왔어요.　因为下大雨，来得时候带了雨伞。
> 　　　　= 비가 많이 오**길래** 우산을 갖고 왔어요.

▶ **다른 문법과의 결합형**　与其他语法的结合型

-는다기에: '-는다고 하다'[041]와 '-기에'가 결합한 형태이다.

'-는다기에' 是由间接语法 '-는다고 하다' 和 '-기에' 相结合的形态。

> **例** ▶ • 친구가 부산에 간**다기에** 나도 같이 가기로 했어요.　听朋友说要去釜山，我也打算一起去。
> 　　　　= 친구가 부산에 간**다고 하기에** 나도 같이 가기로 했어요.

※ 다음 밑줄 친 부분에 알맞은 것을 고르십시오.

가: 지영 씨는 어디 갔어요? 아까부터 안 보이네요.
나: _____ 좀 쉬라고 했어요.

① 감기가 심하느라고
② 감기가 심하기에
③ 감기가 심하도록
④ 감기가 심하지만

答案解释

本题需要找出，'나' 让智英休息的理由。①中 '-느라고' 虽然表示理由，但是前句和后句的主语一致的时候才能用。③中的 '-도록' 表示目的；④中 '-지만' 表示对照，均不能成为答案。只有表示理由的 '-기에' 的 ②为正确答案。

正确答案　②

067 -길래 ★★

		-았/었길래	-길래
동사 动词	먹다	먹었길래	먹길래
	가다	갔길래	가길래

		-길래				(이)길래
형용사 形容词	좋다	좋길래		**명사+이다** 名词+이다	학생	학생이길래
	예쁘다	예쁘길래			친구	친구길래

❶ 선행절이 후행절의 근거나 이유가 될 때 사용한다. 前句成为后句的根据或理由。

> 例 ▶ • 친구가 제가 만든 음식을 맛있게 먹**길래** 오늘도 만들어 줬어요.
> 朋友觉得我做的菜很好吃，今天也给他做了。
>
> • 오빠가 시장에 가**길래** 과일 좀 사다 달라고 부탁했어요. 哥哥去市场，我托他买些水果。
>
> • 어제는 날씨가 좋**길래** 가까운 곳으로 소풍을 갔다 왔어요. 昨天天气很好，我去了附近郊游。

● 선행절과 후행절의 주어가 다르며 선행절의 주어는 말하는 사람이 될 수 없다.
前句和后句的主语不能共用一个主语，且说话者不能成为前句的主语。

> 例 <u>내가</u> 바쁘길래 <u>내가</u> 여행을 갈 수 없어요. (X)
> (주어) (主语) (주어) (主语)

● 명령문이나 청유문과 같이 사용하지 않는다. 不与命令文和请求文一同使用。

▶ '-길래'는 '-기에'[066]와 바꾸어 사용할 수 있다. '-길래'는 구어체에 '-기에'는 문어체에 주로 사용된다.

'-길래' 可与 '-기에' 互换使用。'-길래' 用在口语中，'-기에' 用在书面语中。

> **例**　• 비가 많이 오**길래** 우산을 갖고 왔어요.　因为下大雨，来得时候带了雨伞。
>
> 　　　= 비가 많이 오**기에** 우산을 갖고 왔어요.

※ 밑줄 친 두 문장을 대화에 맞게 연결한 것을 고르십시오.

가: 점심은 드셨어요?
나: 네, 마침 친구가 왔어요. 같이 가서 먹었어요.

① 친구가 왔길래 같이 가서 먹었어요
② 친구가 온다고 했으니 같이 가서 먹었어요
③ 친구가 온다면 같이 가서 먹었어요
④ 친구가 왔으면 같이 가서 먹었어요

答案解释

有朋友碰巧光临，于是两人一起吃了饭的意思。②表示，朋友预先告知将要来访；③假设有朋友来访；④假设朋友已经来访。只有表示理由的句子 ①为正确答案。

正确答案　**①**

068

–는 덕분에 ★★

		-(으)ㄴ 덕분에	–는 덕분에
동사 动词	먹다	먹은 덕분에	먹는 덕분에
	주다	준 덕분에	주는 덕분에

		인 덕분에
명사+이다 名词+이다	선생님	선생님인 덕분에
	선배	선배인 덕분에

❶ 선행절 때문에 후행절에 좋은 결과가 올 때 사용한다. 前句是后句好结果发生的原因。

> 例 • 가: 이사는 잘 했니? 搬家顺利吗?
>   나: 응. 친구들이 도와 준 **덕분에** 잘 했어. 多亏朋友们帮忙，搬得很顺利。
>
> • 가: 빨리 도착하셨네요. 막히지 않았어요? 来得挺早嘛。没塞车吗?
>   나: 네, 걱정해 주신 **덕분에** 잘 도착했어요. 是啊，托您的福按时到了。

주의사항 注意事项

- '–**는 덕분이다**'의 형태로도 사용할 수 있다.
  用在句尾的时候可以 '–는 덕분이다' 的形态使用。

  > 例 네가 도와 준 덕분에 이번 시험에 합격했어. 多亏你帮助，我才能通过这次考试。
  >   = 이번 시험에 합격한 것은 네가 도와 준 **덕분이야**.

- 명령문이나 청유문과 같이 사용하지 않는다. 不与命令文和请求文一同使用。

unit **12**
이유

▶ '–는 덕분에'와 '–는 바람에'⁰⁶⁴의 문법 비교 (P. 196) '–는 덕분에' 和 '–는 바람에' 的语法比较

▶ 'N인 덕분에'와 'N 덕분에'의 문법 비교 'N인 덕분에' 和 'N 덕분에' 的语法比较

例 • 내가 한국어 선생님**인 덕분에** 많은 외국 학생들을 만날 수 있어요.
因为当韩国语老师的关系，经常能碰到很多外国学生。

(많은 외국 학생들을 만날 수 있는 이유는 나의 직업이 한국어 선생님이기 때문이다.)
(我能见到很多外国学生，因为我的职业是韩国语老师。)

• 내가 한국어 선생님 **덕분에** 한국어를 잘 할 수 있게 되었어요.
多亏韩国语老师教得好，我才能能把韩国语说的这么好。

(한국어를 잘 할 수 있게 된 이유는 한국어 선생님이 잘 가르쳐주셨기 때문이다.)
(我能把韩国语说的这么好的原因是韩国语老师教得好。)

3. 확인하기
확认练习

※ 빈칸에 들어갈 말로 알맞은 것을 고르십시오.

가: 민수 씨 출장은 잘 다녀오셨어요?
나: 네, _____.

① 걱정하는 탓에 힘들었습니다
② 걱정해 주는 대신에 잘 다녀왔습니다
③ 걱정해 주신 덕분에 잘 다녀왔습니다
④ 걱정하느라고 잘 다녀올 수 없었습니다

答案解释

对于出差情况的问候，需要找出积极肯定语义的答案。①和 ④为否定语义的句子，这与表示肯定的回答 '네' 不相符。②中的 '-는 대신에' 只有在前句和后句内容交换时才能使用。只有前句的铺垫引出后句的好结果 '-는 덕분에' ③为正确答案。

正确答案 ③

069 -는데 ★★

		-았/었는데	-는데	-(으)ㄹ 건데
동사 动词	먹다	먹었는데	먹는데	먹을 건데
	가다	갔는데	가는데	갈 건데

		-았/었는데	-(으)ㄴ데	-(으)ㄹ 건데
형용사 形容词	작다	작았는데	작은데	작을 건데
	예쁘다	예뻤는데	예쁜데	예쁠 건데

		이었/였는데	인데	일 건데
명사+이다 名词+이다	학생	학생이었는데	학생인데	학생일 건데
	친구	친구였는데	친구인데	친구일 건데

❶ 선행절이 후행절의 이유가 될 때 사용한다. 前句成后句的理由。

> 例 ▶ •오늘은 몸도 아픈데 집에 가서 쉬세요. 今天身体也不好，回去休息吧。

❷ 후행절의 내용이 선행절의 내용과 반대될 때 사용한다. 后句的内容与前句的内容相反时使用。

> 例 ▶ •열심히 공부했는데 시험을 못 봤어요. 虽然认真学习了，但是考试没考好。

❸ 선행절을 배경으로 후행절의 일을 할 때 사용한다. 以前句作为背景，做后句事情。

> 例 ▶ •오늘 명동에 가는데 같이 갈래요? 我去明洞，一起去吗？

unit **12**
이유

주의사항 注意事项

● 명령문이나 청유문과 같이 사용하지 않는다. 不与命令文和请求文一同使用。

※ 다음 ( )에 들어갈 가장 알맞은 것을 고르십시오.

친구와 내가 운동장에서 축구를 (   ) 선생님이 나를 부르셨다.

① 하거나
② 하는데
③ 하면서
④ 하든지

070 -는 탓에 ★★

		-(으)ㄴ 탓에	-는 탓에
동사 动词	먹다	먹은 탓에	먹는 탓에
	가다	간 탓에	가는 탓에

		-(으)ㄴ 탓에
형용사 形容词	작다	작은 탓에
	크다	큰 탓에

		인 탓에
명사+이다 名词+이다	학생	학생인 탓에
	교사	교사인 탓에

❶ 선행절 때문에 후행절에 안 좋은 결과가 올 때 사용한다. 前句原因造成后句不好的结果。

> 例 ・가: 왜 비행기가 아직 출발을 못 하지요? 飞机为什么还不起飞?
> 　　나: 눈이 많이 온 **탓에** 출발을 못 하고 있대요. 雪下得太大，无法起飞。
> ・회사 일이 바쁜 **탓에** 아이들과 놀아주지 못하는 아버지들이 많아요.
> 　有很多爸爸因为工作太忙无法陪孩子玩。

주의사항　注意事项

> ● '-는 탓이다'의 형태로 사용할 수 있다.
> 　在文章最后做结束语时可改成 '-는 탓이다' 形态。
>
> > 例 공부하지 않은 탓에 시험에서 떨어졌어요. 因为没有好好学习，考试落榜了。
> > ＝ 시험에서 떨어진 것은 공부하지 않은 탓이다.
>
> ● 명령문이나 청유문과 같이 사용하지 않는다. 考试落榜是因为没有好好学习的缘故。

unit 12
이유

▶ '-는 탓에'는 '-는 바람에'⁰⁶⁴, '-는 통에'⁰⁷¹와 바꾸어 사용할 수 있다.
'-는 탓에' 可与 '-는 바람에' 和 '-는 통에' 互换使用。

> 例 ・늦잠을 잔 **탓에** 학교에 늦었어요. 因为睡懒觉的关系，我迟到了。
> 　　＝ 늦잠을 자는 **바람에** 학교에 늦었어요.
> 　　＝ 늦잠을 자는 **통에** 학교에 늦었어요.

※ 다음 밑줄 친 말과 바꾸어 쓸 수 있는 말을 고르십시오.

> 엄마가 화가 난 것은 제가 <u>시험을 못 봤기 때문이에요</u>.

① 시험을 못 본 적이 없어요
② 시험을 못 본 셈이에요
③ 시험을 못 봤을 뿐이에요
④ 시험을 못 본 탓이에요

让妈妈发火的原因是因为我没有考好。①中'-은 적이 없다'表示没有那种经验。②中'-는 셈이다'表示前后句子陈述的状况。③中'-을 뿐이다'为了强调某件事情的时候使用。只有表示理由的'-는 탓이다'④为正确答案。

正确答案 ④

071 –는 통에 ★★

1. 알아두기 常见用法

		–는 통에
동사 动词	먹다	먹는 통에
	자다	자는 통에

❶ 선행절 때문에 후행절에 안 좋은 결과가 올 때 사용한다. 前句原因造成后句不好的结果。

> 例 · 도서관에서 옆 사람이 계속 왔다 갔다 하는 통에 집중을 할 수가 없었어요.
>   图书馆旁边好多人走来走去，使得我无法集中精神。
> · 룸메이트가 계속 떠드는 통에 잠을 잘 수가 없었다. 同屋不停的吵闹，使得我无法入睡。
> · 갑자기 비가 오는 통에 옷이 모두 젖었네요. 突然下雨，使得我全身都湿了。

주의사항 注意事项

● 명령문이나 청유문과 같이 사용하지 않는다. 不与命令文和请求文一同使用。

2. 더 알아두기 更多用法

▶ '–는 통에'는 '–는 바람에'⁰⁶⁴, '–는 탓에'⁰⁷⁰와 바꾸어 사용할 수 있다.
'–는 통에' 可与 '–는 바람에' 和 '–는 탓에' 互换使用。

> 例 · 늦잠을 자는 통에 학교에 늦었어요. 因为睡懒觉的关系，我迟到了。
>   = 늦잠을 자는 바람에 학교에 늦었어요.
>   = 늦잠을 잔 탓에 학교에 늦었어요.

unit 12
이유

※ 밑줄 친 부분과 바꾸어 쓸 수 있는 것을 고르십시오.

가: 어제 내가 부탁한 책 가지고 왔어요?
나: 미안해요. 아침에는 생각이 났는데, 애들이 하도 <u>시끄럽게 하는 바람</u>에 깜빡 잊어 버렸어요.

① 시끄럽게 하는 중에　　　　　　② 시끄럽게 하는 통에

③ 시끄럽게 하는 데에　　　　　　④ 시끄럽게 하는 김에

本题大意为，早上被孩子们烦得忘记把书带来的意思。①中'–는 중에'表示正在做某件事；③中的'–는 데에'表示
前句的完成需要后句的支持。所以，都不是答案。④中'–는 김에'趁着做某件事的机会的意思，也不能成为答案。
表示消极理由的 ②'–는 통에'为正确答案。

正确答案　②

-아/어서 그런지 ★★

常见用法

		-아/어서 그런지
동사 动词	받다	받아서 그런지
	싸우다	싸워서 그런지
형용사 形容词	적다	적어서 그런지
	비싸다	비싸서 그런지

		(이)라서 그런지
명사+이다 名词+이다	동생	동생이라서 그런지
	막내	막내라서 그런지

❶ 선행절이 후행절의 이유일 거라고 추측할 때 사용한다. 推测前句为后句发生的理由。

> 例 ▶ • 아이가 스트레스를 받아서 그런지 힘들어 보여요. 是不是因为压力太大了, 咱孩子看起来很累。
>
> • 날씨가 너무 추워서 그런지 길에 사람이 없어요. 可能是天气太冷, 路上没有行人。
>
> • 그 사람은 막내라서 그런지 정말 귀여워요. 可能是最小的孩子的缘故, 特别招人喜欢。

주의사항 注意事项

● 문장의 끝에서는 '-아/어서 그럴 거예요'의 형태로 사용한다.
文章最后做结束语时可改成 '-아/어서 그럴 거예요' 形态。

> 例 비가 많이 와서 그런지 백화점에 사람이 별로 없네요. 可能是雨下得太多, 百货商店里没什么人。
> = 백화점에 사람이 별로 없는데 비가 많이 와서 그럴 거예요.

● 명령문이나 청유문과 같이 사용하지 않는다. 不与命令文和请求文一同使用。

※ 밑줄 친 부분에 들어갈 말로 알맞은 것을 고르십시오.

_____ 바람이 서늘해서 참 좋아요.

① 깊은 산 속 같지만   ② 깊은 산 속일 수가 있어야

③ 깊은 산 속이라서 그런지   ④ 깊은 산 속이든지

答案解释

前句中要解释后句中刮凉爽的风的原因。①中'-지만'表示对照；②中'-아/어야'表示条件；④'-든지'表示选择，所以都不正确。只有表示理由的'-아/어서 그런지'③为正确答案。

正确答案 ③

073 으로 인해(서) ★★

I. 알아두기   常见用法

		(으)로 인해(서)
명사 名词	환경오염	환경오염으로 인해(서)
	스트레스	스트레스로 인해(서)

❶ 선행절 때문에 후행절의 결과가 나올 때 사용한다.   前句是导致后句结果的原因。

例 · 환경오염으로 인해서 여러 가지 문제가 생기고 있다.   环境污染导致了很多问题。

· 많은 초등학생들이 스트레스로 인해서 고통을 받는다고 한다.   压力使得很多小学生倍感痛苦。

· 어제 내린 비로 인해 교통사고가 난 지역이 많다.   昨天的雨导致很多地方发生交通事故。

주의사항   注意事项

● 명령문이나 청유문과 같이 사용하지 않는다.   不与命令文和请求文一同使用。

2. 확인하기   确认练习

※ 빈칸에 들어갈 말로 알맞은 것을 고르십시오.

가: 농촌에 있는 초등학교들이 문을 닫는 경우가 많아졌대요.
나: 네, 농촌의 인구 감소(   ) 학교 다닐 아이들이 많이 줄었거든요.

① 로 인해서   ② 를 비롯해서

③ 를 위해서   ④ 에도 불구하고

unit 12
이유

答案解释

明很多小学被迫关闭的理由。②中'-을 비롯해서'表示罗列；③中'-을 위해서'表示目的；④中'-아/어도 불구하고'表示谦让，这些都不是答案。只有表示理由的 ① '-으로 인해서'为正确答案。

正确答案 ①

-아/어 가지고 ★

		-아/어 가지고
동사 动词	먹다	먹어 가지고
	자다	자 가지고
형용사 形容词	작다	작아 가지고
	크다	커 가지고

		이어/여 가지고
명사+이다 名词+이다	학생	학생이어 가지고
	교사	교사여 가지고

❶ 선행절이 후행절의 이유가 될 때 사용한다. 前句为后句行为发生的理由。

> 例 • 동생이 화가 나 **가지고** 문을 세게 닫고 밖으로 나가 버렸어요. 弟弟生气了，于是摔门离去。
>
> • 새로 산 옷이 작아 **가지고** 바꾸러 가려고요. 新买的衣服太小了，正想去换呢。
>
> • 제가 아직 고등학생**이어 가지고** 그 영화는 볼 수 없어요. 因为我还是个高中生，所以不能观看那部电影。

주의사항 注意事项

- ‘-아/어 갖고’의 형태로 사용할 수 있다. 可以改成 ‘-아/어 갖고’ 的形态使用。

  > 例 우유가 상해 가지고 버렸어요. 牛奶变质了，所以扔了。
  > = 우유가 상해 갖고 버렸어요.

- 명령문이나 청유문과 같이 사용하지 않는다. 不与命令文和请求文一同使用。

※ 다음 글의 밑줄 친 부분과 바꿔 쓸 수 있는 말을 고르십시오.

가: 황사가 <u>심해 가지고</u> 외출하기가 힘들어요.
나: 맞아요. 갈수록 황사가 심해져서 큰일이에요.

① 심하기 때문에
② 심한 덕분에
③ 심하기 위해서
④ 심하느라고

答案解释

本题需要找到，句中前句为后句发生的理由的选项。②中'-는 덕분에'表示积极肯定的理由；③中'-기 위해서'表示目的；④中'-느라고'虽表示理由，但是不能用于形容词，所以都是错误的。只有表示理由的'-기 때문에'①为正确答案。

正确答案　①

075 하도 -아/어서 ★

I. 알아두기 常见用法

		하도 -아/어서
동사 动词	먹다	하도 먹어서
	자다	하도 자서
형용사 形容词	많다	하도 많아서
	적다	하도 적어서

❶ 어떤 행동이나 상태의 정도가 아주 심한 것이 후행절의 이유가 될 때 사용한다.
某种行为的状态或程度过分，而成为后句发生的理由。

> 例 · 가: 더 드세요. 多吃点儿吧。
> 나: 아니에요. **하도** 많이 먹**어서** 더 이상 못 먹겠어요. 不了。吃了太多，吃不下了。
>
> · 가: 과일을 많이 샀어요? 买了很多水果吗?
> 나: 아니요, 과일 값이 **하도** 비싸서 안 샀어요. 没有。水果价格太贵了，所以没买。

주의사항 注意事项

● 명령문이나 청유문과 같이 사용하지 않는다. 不与命令文和请求文一同使用。

2. 확인하기 确认练习

※ 다음 밑줄 친 부분과 의미가 비슷한 것을 고르십시오.

가: 왜 이렇게 늦게 왔어요?
나: 죄송해요. 차가 <u>하도 막혀서</u> 늦었어요.

① 많이 막혀도 ② 많이 막힌 덕분에
③ 많이 막힌다면 ④ 많이 막히는 바람에

答案解释

本题的情景为，迟到的原因是堵车造成的。① '-아/어도'表示谦让；② '-는 덕분에'表示积极肯定的理由；③ '-는 다면'表示条件，所以都不是答案。只有表示消极否定理由的 '-는 바람에'④为正确答案。

正确答案 ④

연습 문제 练习题

1 다음 중 밑줄 친 부분에 가장 알맞은 것을 고르십시오.

> 가: 요즘 왜 이렇게 바빠요?
> 나: _____.

❶ 바쁠락 말락해서 그래요　　　　　❷ 시험 공부를 하느라고 바빠요
❸ 여행을 갔더라면 좋았을 걸 그랬어요　❹ 바쁜 일이 모두 끝났거든요　　**063**

2 다음 밑줄 친 부분에 알맞은 말을 고르십시오.

> 가: 머리가 왜 이렇게 엉망이에요?
> 나: _____.

❶ 바람이 많이 불 테니까 조심하세요　　　❷ 이렇게 눈이 오다가는 집에 갈 수 없겠어요
❸ 갑자기 바람이 부는 바람에 이렇게 되었어요　❹ 막 비가 오려던 참이에요　　**064**

3 다음 빈칸에 알맞은 말을 고르십시오.

> 친구가 아파서 병문안을 다녀왔다.
> 가: 오늘 병원에 왜 다녀왔어요?
> 나: (　　　　　　　　　　) 병문안을 갔다 왔어요.

❶ 친구가 아프더라도　　　❷ 친구가 아프고도
❸ 친구가 아프기에　　　　❹ 친구가 아프거든　　**066**

4 밑줄 친 부분 중 틀린 것을 골라 바르게 고치십시오.

> 　오늘 같은 반 친구가 ①결석해서 오늘 숙제를 친구에게 ②전해 줘야 했지만 우리 집과 친구 집은 너무 멀었다. 마침 다른 친구가 그 친구 집에 간다고 ③했길래 그 친구에게 대신 ④전해 달라고 부탁했다.

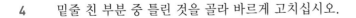

(　　　　　　　　　　　→　　　　　　　　　　　)　　　**067**

unit **12**
이유

5 빈칸에 들어갈 말로 알맞은 것을 고르십시오.

가: 이번 발표를 성공적으로 마치셨다면서요?
나: _____.

❶ 발표 주제가 하도 어려워서요 　　　❷ 친구가 도와 준 반면에 저는 열심히 준비했어요
❸ 열심히 하다 보면 잘 했어요 　　　❹ 친구가 도와 준 덕분에 잘 할 수 있었어요

068

6 다음 밑줄 친 말과 바꾸어 쓸 수 있는 말을 고르십시오.

가: 왜 이렇게 시험을 못 봤어?
나: 그 동안 아르바이트를 <u>하느라고</u> 공부할 시간이 없었어.

❶ 하길래 　　　❷ 한 탓에
❸ 한 데다가 　　　❹ 한 덕분에

070

7 밑줄 친 곳에 들어갈 표현으로 알맞은 것을 고르십시오.

가: 오늘 굉장히 피곤해 보이네요. 어제 별로 못 주무셨어요?
나: 네, _____.

❶ 불면증이 심한 반면에 못 잤어요 　　　❷ 아기가 우느니 차라리 잠을 자요
❸ 정말 잠을 잘 못 자는군요 　　　❹ 옆집 개가 짖는 통에 잠을 못 잤어요

071

8 밑줄 친 곳에 들어갈 표현으로 알맞은 것을 고르십시오.

가: 요즘에 아버지나 어머니가 없는 아이들이 많다고 들었어요.
나: 네, 부모의 이혼_____ 한 부모 가정이 많이 늘었거든요.

❶ 으로 인해서 　　　❷ 에도 불구하고
❸ 에 비해서 　　　❹ 을 비롯해서

073

9 밑줄 친 부분이 맞는 것을 고르십시오.

① 기분이 <u>안 좋아 가지고</u> 집에 갑시다.

② 친구가 <u>많다고 해도</u> 기분이 좋아요.

③ 요즘 운동을 <u>많이 해서 그런지</u> 건강해졌어요.

④ 작년에는 과일값이 <u>쌌더니</u> 올해는 비싸군요.

074

10 두 문장을 바르게 연결한 것을 고르십시오.

직장을 옮겼다 / 전에 비해 일이 많다

① 직장을 옮긴다는 것이 전에 비해 일이 많다.

② 직장을 옮기는 김에 전에 비해 일이 많다.

③ 직장을 옮겼는데 전에 비해 일이 많다.

④ 직장을 옮기고서야 전에 비해 일이 많다.

069

11 밑줄 친 부분을 같은 의미로 바꾸어 쓴 것을 고르십시오.

가: 아직도 집에 못 가고 일 하고 있어요?
나: 그러게요. <u>내일 있을 회의 준비하느라고</u> 집에 갈 수가 없네요.

① 내일 회의가 어려운 감이 있어서

② 내일 회의를 준비할 정도로

③ 내일 회의 준비 때문에

④ 내일 회의 준비하더라도

063

12 밑줄 친 두 문장을 대화에 맞게 연결한 것을 고르십시오.

가: 왜 어제 일을 다 못 끝냈어요?
나: <u>친구가 놀러 왔다. 일을 할 시간이 없었다.</u>

① 친구가 놀러 오는 만큼 일을 할 시간이 없었어요

② 친구가 놀러 온 김에 일을 할 시간이 없었어요

③ 친구가 놀러 오는 바람에 일을 할 시간이 없었어요

④ 친구가 놀러 온 반면 일을 할 시간이 없었어요

064

13 다음 빈칸에 알맞은 말을 고르십시오.

> 출퇴근 시간이라 (   ) 버스 대신 지하철을 타고 집에 왔다.

❶ 길이 막히고서 　　　　　　　　 ❷ 길이 막히기로

❸ 길이 막히다가는 　　　　　　　 ❹ 길이 막히기에

066

14 두 문장을 바르게 연결한 것을 고르십시오.

> 얼마나 피곤해요? / 점심때가 되도록 못 일어나요?

❶ 얼마나 피곤했으니까 점심때가 되도록 못 일어나요?

❷ 얼마나 피곤하다던데 점심때가 되도록 못 일어나요?

❸ 얼마나 피곤하냐면 점심때가 되도록 못 일어나요?

❹ 얼마나 피곤하길래 점심때가 되도록 못 일어나요?

067

15 두 문장을 바르게 연결한 것을 고르십시오.

> 좋은 음식을 먹다 / 건강해지다

❶ 좋은 음식을 먹는 대로 건강해졌다

❷ 좋은 음식을 먹은 덕분에 건강해졌다

❸ 좋은 음식을 먹은 척해서 건강해졌다

❹ 좋은 음식을 먹는 탓에 건강해졌다

068

16 다음 밑줄 친 표현 중 올바르게 사용된 것을 고르십시오.

❶ 그 사람이 나를 믿지 못하는 것은 <u>거짓말을 많이 했기 탓</u>이다.

❷ 열심히 <u>돈을 모은 탓에</u> 여행을 갈 수 있었다.

❸ <u>설날 탓에</u> 맛있는 음식을 많이 먹었다.

❹ 이번 시험에서 떨어진 것은 준비가 <u>부족했던 탓이다.</u>

070

17 밑줄 친 말과 바꾸어 사용할 수 있는 말을 고르십시오.

> 가: 제가 지난주에 빌려 준 책 가지고 왔어요?
> 나: 미안해요. 생각은 했는데 아침에 지각하지 않으려고 <u>서두르는 바람에</u> 깜빡했어요.

① 서두르는 덕분에 　　　　　　② 서두르는 통에

③ 서두르는 김에 　　　　　　　④ 서두르는 반면에 　　　**064** **071**

18 빈칸에 들어갈 말로 알맞은 것을 고르십시오.

> 올해는 강풍과 폭우(　　　　　　　　) 농사를 짓는 분들의 피해가 심각하다.

① 야말로 　　　　　　　　　② 에 비해

③ 로서 　　　　　　　　　　④ 로 인해 　　　　　　　**073**

19 밑줄 친 부분에 들어갈 말을 고르십시오.

> 가: 영수 씨는 ＿＿＿＿＿＿ 마음에 드는 사람이 별로 없어요.
> 나: 맞아요. 정말 이상형의 조건이 까다로운 것 같아요.

① 눈이 높아서 그런지 　　　　② 눈이 높기만 하면

③ 눈이 높아야지 　　　　　　④ 눈이 높은 셈치고 　　　**072**

20 다음 밑줄 친 말과 바꾸어 쓸 수 있는 말을 고르십시오.

> 가: 왜 언니랑 싸웠니?
> 나: 언니가 <u>하도 잔소리를 해서</u> 결국 싸우고 말았어.

① 잔소리를 한다는 것이 　　　　② 계속 잔소리를 해 대서

③ 잔소리를 많이 하다 보면 　　　④ 잔소리를 하게 하니까 　　**075**

21   다음 두 표현을 가장 알맞게 연결한 것을 고르십시오.

야구 경기를 보다 / 시간이 가는 줄 몰랐다

❶ 야구 경기를 볼수록 시간이 가는 줄 몰랐다.
❷ 야구 경기를 봤는데도 시간이 가는 줄 몰랐다.
❸ 야구 경기를 보자마자 시간이 가는 줄 몰랐다.
❹ 야구 경기를 보느라고 시간이 가는 줄 몰랐다.

22   밑줄 친 문장과 같은 의미의 문장을 고르십시오.

가: 왜 비행기를 놓쳤어요?
나: 시간을 잘못 봐서 늦었어요. 정말 속상해요.

❶ 시간을 잘못 보는 바람에 늦었어요
❷ 시간을 잘못 보는 반면에 늦었어요
❸ 시간을 잘못 보는 대로 늦었어요
❹ 시간을 잘못 보는 덕분에 늦었어요

UNIT 13

사동 使动

I. 알아두기　常见用法

① 어떤 사람이 다른 대상에게 무엇을 해 주거나 하게 하는 경우에 사용한다.
给某人做某事或使某人做某事。

· 엄마가 아기에게 밥을 먹여 주셨어요.
妈妈给孩子喂饭。

· 팔을 다친 친구의 머리를 감겨 주었어요.
给胳膊受伤的朋友洗头。

· 사동형은 '–이/히/리/기/우'를 사용하여 만든다. 动词加上 '–이/히/리/기/우' 表示使动态。

동사 动词	사동사 使动词	동사 动词	사동사 使动词	동사 动词	사동사 使动词	동사 动词	사동사 使动词	동사 动词	사동사 使动词
–다	–이다	–다	–히다	–다	–리다	–다	–기다	–다	–우다
끓다	끓이다	넓다	넓히다	날다	날리다	감다	감기다	깨다	깨우다
높다	높이다	눕다	눕히다	돌다	돌리다	남다	남기다	비다	비우다
먹다	먹이다	맞다	맞히다	살다	살리다	맡다	맡기다	서다	세우다
보다	보이다	앉다	앉히다	알다	알리다	벗다	벗기다	쓰다	씌우다
붙다	붙이다	읽다	읽히다	울다	울리다	숨다	숨기다	자다	재우다
속다	속이다	입다	입히다			신다	신기다	타다	태우다
죽다	죽이다					씻다	씻기다		
줄다	줄이다					웃다	웃기다		
끝나다	끝내다								

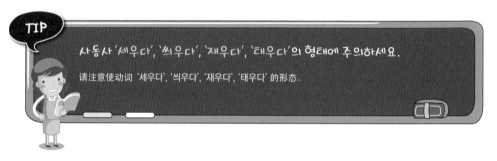

TIP

사동사 '세우다', '씌우다', '재우다', '태우다'의 형태에 주의하세요.

请注意使动词 '세우다', '씌우다', '재우다', '태우다' 的形态。

주의사항　注意事项

● '읽히다, 보이다, 날리다' 등은 사동과 피동[102]의 형태가 같다.
'읽히다, 보이다, 날리다' 的使动和被动形态相同。

- 선생님께서 학생에게 책을 읽혔어요. (사동)
  老师让学生读课文。（使动）

- 이 책은 인기가 많아서 사람들에게 많이 읽혀요. (피동)
  这本书很受欢迎，被很多人阅读。（被动）

2. 더 알아두기　　　更多用法

 ▶ 사동형 '-이/히/리/기/우'와 '-게 하다'[077]의 문법 비교　　使动形 '-이/히/리/기/우' 与 '-게 하다' 的语法比较

'-이/히/리/기/우'는 시키는 사람이 직접 행동을 하는 경우에 많이 사용하고 '-게 하다'는 시키는
사람이 직접 행동을 하지 않고 다른 대상에게 시키는 경우에 많이 쓰인다.

'-이/히/리/기/우' 常用于发话者即为行动的行使人。'-게 하다' 则常用于发话者祈使他人做某事。

- 엄마가 아파서 혼자 밥을 못 먹는 동생에게
  밥을 먹이고 계세요.
  妈妈给受伤的弟弟喂饭。

- 엄마가 밥을 안 먹고 텔레비전을 보고 있는
  동생에게 밥을 먹게 하셨어요.
  妈妈叫只看电视不吃饭的弟弟吃饭。

3. 확인하기　　　确认练习

※ 다음 밑줄 친 부분이 잘못된 것을 고르십시오.

① 엄마가 아기한테 밥을 먹이고 있어요.
② 바지가 너무 길어서 길이를 좀 줄이고 싶어요.
③ 거짓말로 친구를 속이는 것은 나쁜 행동이에요.
④ 도로가 좁아서 길을 넓이는 공사를 하고 있어요.

unit 13
사동

答案解释

本题关键在于掌握使动词的正确形态。④中 '넓이는' 是错误的表现方法应改成 '넓히는' 故正确答案为 ④。

正确答案 ④

077 -게 하다 ★★

1. 알아두기　常见用法

		-게 하다
동사 动词	먹다	먹게 하다
	가다	가게 하다

❶ 어떤 사람이 다른 대상에게 어떤 일을 하게 할 때 사용한다. 让某人做某事。

> 例 ・선생님이 학생들에게 책을 큰 소리로 읽게 했어요. 老师让学生大声朗读课文。
>
> ・화가 많이 나신 할아버지는 우리를 방에 들어오지 못하게 하셨어요. 爷爷很生气不让我们进房间。

2. 더 알아두기　更多用法

▶ '-게 하다'는 사동의 '-도록 하다'⁰⁷⁸와 바꾸어 사용할 수 있다.
'-게 하다' 可与表示使动意思的 '-도록 하다' 互换使用。

> 例 ・의사는 환자에게 짠 음식을 먹지 않게 했다. 医生不让病人吃太咸的食物。
>   = 의사는 환자에게 짠 음식을 먹지 않도록 했다.

▶ '-게 하다'와 사동형 '-이/히/리/기/우'⁰⁷⁶의 문법 비교 (P. 225)
'-게 하다' 와 使动形 '-이/히/리/기/우' 的语法比较

3. 확인하기　确认练习

※ 밑줄 친 부분과 바꾸어 쓸 수 있는 것을 고르십시오.

실험용 흰쥐에게 소금을 많이 먹게 했더니 이들의 수명이 다른 쥐들에 비해 짧아졌다고 한다.

① 먹도록 했더니　　　　　　　　② 먹게 시켰더니
③ 먹게 되었더니　　　　　　　　④ 먹도록 시켰더니

答案解释

本题要求找到可与 '-게 하다' 互换使用的含有使动意思的句子。③表示变化；② 和 ④ 中，人要求动物使它做特定的行为。从其意义上就能看出不可实现的。所以，不能成为答案。答案 ① 中，老鼠不是自愿想吃盐，而是由人喂盐给老鼠吃的意思。故 ① 为正确答案。

正确答案 ①

078

–도록 하다 ★

		–도록 하다
동사 动词	읽다	읽도록 하다
	가다	가도록 하다

❶ 어떤 사람이 다른 대상에게 어떤 일을 하게 할 때 사용한다. 让某人做某事。

例 · 선생님께서 학생들에게 청소를 하**도록 했**어요. 老师让同学们打扫卫生。

· 아버지는 제가 잠들기 전에 꼭 음악을 듣**도록 하**셨어요. 爸爸总能让我睡前听到音乐。

· 어머니는 제가 일찍 집에 들어오**도록 하**셨어요. 妈妈让我早点回家。

▶ '–도록 하다'는 사동의 '–게 하다'⁰⁷⁷와 바꾸어 사용할 수 있다.

'–도록 하다' 可与包含使动意思的 '–게 하다' 互换使用。

例 · 의사는 환자에게 짠 음식을 먹지 않**도록 했**다. 医生不让病人吃太咸的食物。

= 의사는 환자에게 짠 음식을 먹지 않게 **했**다.

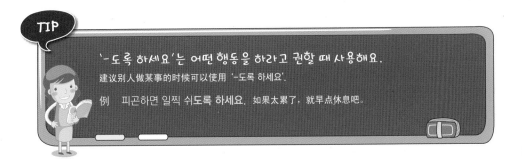

TIP

'–도록 하세요'는 어떤 행동을 하라고 권할 때 사용해요.

建议别人做某事的时候可以使用 '–도록 하세요'.

例 피곤하면 일찍 쉬**도록 하세요**. 如果太累了，就早点休息吧。

unit 13
사동

※ (　　　)에 들어갈 적당한 말을 고르십시오.

> 가: 내일부터는 정식으로 일이 시작된대요.
> 나: 그럼, 내일 이 대리가 (　　　　　　　　　　) 해야 하겠네요.

① 늦지 않는다면　　　　　　　　② 늦지 않도록

③ 늦지 않는 데다가　　　　　　　④ 늦지 않으니까

答案解释

表示不让李代理明天迟到的意思。① '–는다면' 表示假设不迟到；③表示叠加另一层意思，所以不能用。④ 中 '–으니까' 表示理由，也不能成为答案。 正确答案为 ②。因为，包含驱使某人怎么怎么样，正和本题要求。

正确答案　②

1 다음 밑줄 친 부분에 가장 알맞은 것을 고르십시오.

> 가: 이 식당은 2만 원만 내면 자기가 먹고 싶은 대로 다 먹을 수 있으니까 좋아요.
> 나: 맞아요. 하지만 만약 음식을 _____ 벌금을 내야 하니까 먹을 만큼만 가져 오세요.

❶ 남으면　　　　　　　　　　　❷ 담으면
❸ 남기면　　　　　　　　　　　❹ 담기면　　　　　　　　　076

2 다음 밑줄 친 부분과 바꾸어 쓸 수 있는 것을 고르십시오.

> 가: 아이가 많이 아픈데 학교에 보내야 할까요?
> 나: 아이가 아프면 집에서 <u>쉬도록 하고</u> 좋아지면 다시 보내세요.

❶ 쉬게 하고　　　　　　　　　　❷ 쉬면 안 되고
❸ 쉬게 되고　　　　　　　　　　❹ 쉰다기보다는　　　　077 078

3 다음 글을 읽고 밑줄 친 곳을 알맞게 고쳐 쓰십시오.

> 가: 어제 넘어져서 팔을 다쳤다면서요? 좀 어때요?
> 나: 팔을 못 움직여서 어머니가 밥을 <u>먹다</u> 주세요

(　　　　　　　　　　　)　　　　　　　　　　076

4 다음 밑줄 친 부분을 알맞게 고쳐 쓴 것을 고르십시오.

> 중요한 소식이 ㉠<u>적고</u> 있으니까 이 종이를 꼭 벽에 ㉡<u>붙어</u> 주세요.

	㉠	㉡		㉠	㉡
❶	적혀	붙여	❷	적혀	붙혀
❸	적여	붙여	❹	적여	붙혀

076

unit 13
사동

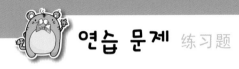

연습 문제 练习题

5 다음 중 밑줄 친 부분이 <u>틀린 것</u>을 고르십시오.

    ❶ 어머니가 우는 아이를 힘들게 <u>재운다</u>.

    ❷ 버스는 손님을 <u>태우고</u> 고속도로를 달렸다.

    ❸ 선생님은 그 소식을 학생들에게 <u>알렸다</u>.

    ❹ 의사는 죽어가는 환자를 <u>살었다</u>.

6 다음 중 밑줄 친 부분과 바꾸어 쓸 수 있는 것을 고르십시오.

    어떤 조사에 따르면 코미디언들이 우울증에 잘 걸린다고 한다. 그 기사를 보고 다른 사람을 <u>웃게 하는 것</u>이 직업인 코미디언들이 우울증을 앓는다는 것에 깜짝 놀랐다.

    ❶ 웃는 것   ❷ 웃기는 것

    ❸ 웃어 주는 것   ❹ 웃을 수 있는 것

UNIT 14

기회 机会

079 | -는 김에 ★★★

1. 알아두기   常见用法

		-(으)ㄴ 김에	-는 김에
동사 动词	입다	입은 김에	입는 김에
	가다	간 김에	가는 김에

❶ 어떤 행동을 하는 기회에 후행절의 일을 한다는 의미이다.   趁着做某件事情的机会，行使后句的内容。

> 例 ▶ · 가: 파리에 다녀왔다고 들었는데, 여행간 거야?   听说你最近去了巴黎，是去旅行吗?
> 　　 나: 사실 파리에 출장 갔는데, 출장 간 **김에** 주말에는 여행도 했어.
> 　　　 实际上我是去巴黎出差，趁着这次出差的机会，周末的时候顺便旅游了一下。
>
> · 내 옷을 사는 **김에** 네 옷도 하나 샀어.   当我买衣服的时候，趁机也给你挑了一件。

2. 더 알아두기   更多用法

 ▶ **'-는 김에'와 '-는 길에'** ⁰⁸⁰**의 문법 비교**   '-는 김에' 和 '-는 길에' 的语法比较

'어떤 곳에 가거나 오는 기회에'라는 뜻의 '-는 길에'는 '-는 김에'와 바꾸어 사용할 수 있다.
趁机来回某地方的时候，'-는 길에' 可与 '-는 김에' 互换使用。

> 例 ▶ · 우체국 가는 **김에** 내 편지도 좀 부쳐 줘.
> 　　 = 우체국에 가는 **길에** 내 편지도 좀 부쳐 줘.   趁你去邮局的时候，帮我寄一下信。

'어떤 곳에 가거나 오는 도중에'라는 뜻의 '-는 길에'는 '-는 김에'와 바꾸어 사용할 수 없다.
来回某地方的途中，'-는 길에' 不可与 '-는 김에' 互换使用。

> 例 ▶ · 대사관에 갔다 오는 **길에** 반 친구를 만났어요. (O)   在我去大使馆途中，碰见了我的同学。
> 　　 대사관에 갔다 오는 **김에** 반 친구를 만났어요. (X)

 ▶ **'-는 김에'와 '-을 겸 (-을 겸)'** ⁰³⁸**의 문법 비교**   '-는 김에' 和 '-을 겸 (-을 겸)' 的语法比较

'-는 김에'가 두 가지 목적을 나타내기 위해서인 것과 달리 '-을 겸 (-을 겸)'은 선행절의 행동을
하는 기회에 후행절의 행동을 같이 한다는 의미가 있다.
'-을 겸 (-을 겸)' 用于表示双重目的。'-는 김에' 用于表示趁做某件事的机会做另外一件事情。

> 例 ▶ · 유럽에 출장을 간 **김에** 거기서 유학 중인 친구를 만났다.
> 　　　 趁着去欧洲出差的机会，我见着了在那儿留学的一个朋友。
>
> · 숙제를 하는 **김에** 내 숙제도 해 주면 안 될까?   写作业的时候，能不能把我的作业也给做了?

※ 밑줄 친 부분을 같은 의미로 바꾸어 쓴 것을 고르십시오

가: 왜 이렇게 늦었어요?
나: <u>시내에 나간 김에 친구 좀 만나느라고요.</u>

① 시내에서 갑자기 친구를 만나게 되어서요

② 시내에서 볼 일도 보고 친구도 만나서요

③ 시내에서 일하는 친구가 갑자기 나오라고 해서요

④ 시내에서 볼 일을 보려면 친구를 만나야 되어서요

答案解释

整正在说明迟到的原因。趁在市内逛街的时候，顺便见个朋友。①是说，在市内突然碰见了一个朋友，显然不是答案。③是在说明，在市内工作的一位朋友突然把我叫出来。这也不是答案。④为了解决某件事情，需要见一个朋友。也不能成为答案。②表示逛街的时候既办了事儿，又见了朋友。所以   ②为正确答案。

正确答案   ②

080 -는 길에 ★★

1. 알아두기 常见用法

		-는 길에
동사 动词	가다	가는 길에
	오다	오는 길에

❶ '가거나 오는 도중에'의 의미이다. 去或者回来的途中的意思。

> 例 ▶ • 어제 학교에 가는 길에 친구를 만났다. 昨天上学的路上碰见了一个朋友。
> • 집에 오는 길에 편의점에 들러서 우유를 샀어요. 回家的路上，路过便利店时买了一盒牛奶。

❷ '가거나 오는 상황을 기회로 해서'의 의미이다. 把来回的机会当作一个机遇的意思。

> 例 ▶ • 집에 오는 길에 빵 좀 사다 줘요. 趁你回家的时候，给我买点儿面包吧。
> • 나가는 길에 쓰레기 좀 버려 줘요. 趁你出去的时候，顺便把垃圾扔一下。

주의사항 注意事项

- 이 문법 앞에는 '가다', '오다' 동사만 올 수 있다. 这个语法前面只能接 '가다', '오다' 动词。
- '-는 길이다'의 형태로도 사용할 수 있다. 以 '-는 길이다' 形态使用。
  例 나는 지금 은행에 가는 길이에요. 我正在去银行的路上呢。

2. 더 알아두기 更多用法

 ▶ '-는 길에'와 '-다가'⁰²⁶의 문법 비교 '-는 길에' 和 '-다가' 的语法比较

> 例 ▶ • 집에 가는 길에 선생님을 만났어요. 回家的路上碰见了老师。
> = 집에 가다가 선생님을 만났어요.

▶ '-는 길에'와 '-을 겸 (-을 겸)'⁰³⁸의 문법 비교 '-는 길에' 和 '-을 겸 (-을 겸)' 的语法比较

'-을 겸 (-을 겸)'이 두 가지 목적을 나타내기 위해서인 것과 달리 '-는 길에'는 가거나 오는 도 중이나 기회라는 의미이다. '-는 길에' 앞에는 '가는 길에', '오는 길에'의 형태로만 쓰인다.

与 '-을 겸 (-을 겸)' 表示双重目的不同，'-는 길에' 表示去往的途中趁机的意思。'-는 길에' 的用法为只有 '가는 길에' 和 '오는 길에' 两种形态。

3. 확인하기   确认练习

※ 밑줄 친 부분과 바꾸어 사용할 수 있는 것을 고르십시오.

가: 꽃이 참 예쁘네요. 누구한테서 받으셨어요?
나: 받은 게 아니에요. <u>오는 길에</u> 예뻐서 샀어요.

① 오기로
② 오다가
③ 오느라고
④ 오기 위해

1 다음 밑줄 친 부분과 바꾸어 쓸 수 있는 것을 고르십시오.

> 가: 어제 명동에 갔다면서요? 무슨 일로 갔어요?
> 나: 일 때문에 갔어요. 그런데 <u>명동에 간 김에 쇼핑도 좀 했어요.</u>

❶ 일을 하고 쇼핑도 했어요   ❷ 일 하다가 쇼핑을 했어요

❸ 일을 하면 쇼핑을 하곤 했어요   ❹ 일 하는 중에 쇼핑하기 마련이에요 **079**

2 밑줄 친 부분과 바꿔 쓸 수 있는 것을 고르십시오.

> 가: 다리를 다친 것 같은데 괜찮아요? 어떻게 다치신 거예요?
> 나: 괜찮아요. 학교 <u>가는 길에</u> 미끄러워 넘어졌어요.

❶ 가더니   ❷ 가다가

❸ 가느라고   ❹ 가면서도 **080**

3 다음 ( )에 알맞은 말을 고르십시오.

> 가: 혜경 씨에게 이 책을 빌려 주기로 했는데 시간이 없어서 갖다 주기가 어렵네요.
> 나: 그래요? 오늘 혜경 씨 집에 가기로 했는데, ( ) 내가 갖다 줄게요.

❶ 가는 김에   ❷ 가기 때문에

❸ 가는 바람에   ❹ 가기 위해 **079**

4 다음 밑줄 친 부분 중 <u>틀린 것</u>을 찾아 바르게 고쳐 쓰십시오.

> 비자를 ①<u>연장하기 위해</u> 대사관에 갔다. ②<u>오는 김에</u> 지영 씨를 만났다. 처음 한국에 왔을 때 지영 씨 ③<u>덕분에</u> 한국 생활에 빨리 적응할 수 있었다. 지영 씨가 ④<u>없었더라면</u> 정말 어떻게 그 시간을 참아냈을까 생각한다.

(→   ) **080**

5 밑줄 친 곳에 들어갈 알맞은 것을 고르십시오.

가: _____ 뭘 사 올까요?
나: 수박을 사 가지고 오세요.

❶ 지금 시장에 가는 사이에   ❷ 지금 시장에 가는 길인데
❸ 지금 시장에 가는 대신에   ❹ 지금 시장에 가는 반면에

TOPIK试题中常见的韩国文化

天空公园

　　大家知道'天空公园'吗？'天空公园'是为了纪念2002年韩日世界杯，将原先的垃圾填埋场复原建成的。因为城市生活垃圾污染了生态环境，所以这里利用3年的时间才得以复原完成。'天空公园'是以恢复生态环境为目标建成的，所以园内基本上没有人工便利设施，也没有商店，饮料和零食都要提前准备。因为不管怎么样，便利设施和商店都会产生一定数量的垃圾，那么自然环境又会遭到破坏。那么，洗手间也没有吗？不是的。在'天空公园'里设置有简易的卫生间，还设置了残疾人专用卫生间。'天空公园'和其他公园明显的区别还在于'天空公园'使用的是自然能源。这里使用5个巨大的风车生产100kw的电力提供自身设施的所需的电量。还有垃圾堆里产生的沼气全部处理用于提供世界杯竞技场和周边地区的天然气燃料。

관형 冠型

081 -던 ★★★

알아두기   常见用法

		-던
동사 动词	먹다	먹던
	가다	가던
형용사 形容词	작다	작던
	예쁘다	예쁜던

		(이)던
명사+이다 名词+이다	학생	학생이던
	친구	친구던

❶ 뒤에 오는 명사를 꾸며 주며 회상을 나타낸다. 修饰紧跟其后的名词表示回忆。

> 例 ▸ • 부모님과 헤어져 유학을 가던 날 비행기 안에서 많이 울었어요.
> 离开父母去国外留学的那天，在飞机里我哭了许久。
>
> • 태어났을 때 그렇게 작던 아이가 벌써 고등학생이 되었다. 刚出生时的那个小不点儿已经变成高中生了。

❷ 뒤에 오는 명사를 꾸며 주며 상태가 계속되어 아직 끝나지 않은 일을 나타낸다.
修饰紧跟其后的名词，表示状态的持续还未结束。

> 例 ▸ • 가: 내가 마시던 커피가 어디 갔지? 我没喝完的咖啡在哪里？
> 나: 미안해. 모르고 아까 버렸어. 对不起，我把它扔了。
>
> • 가: 아, 배고프다. 뭐 먹을 게 없나? 好饿阿！没有吃的吗？
> 나: 내가 먹던 빵이라도 먹을래? 有我吃剩下的面包，你吃吗？

❸ 과거에 자주 한 일을 회상해서 말할 때 사용한다. 表示回忆过去经常做的事情。

> 例 ▸ • 저 노래방은 내가 대학생 때 자주 가던 곳이에요. 那个练歌厅是我在大学时代经常去的地方。
>
> • 그 식당은 제가 예전에 주말마다 가던 곳이에요. 那个饭店是我以前周末必去得地方。

더 알아두기   更多用法

 ▸ **'-던'과 '-았/었던'⁰⁸³의 문법 비교** '-던' 和 '-았/었던' 的语法比较

과거에 한 번만 한 일에 대해서는 '-았/었던'만 사용할 수 있다.
表示过去只做过一次的事情只能使用 '-았/었던'。

> 例 ▸ • 우리가 처음 데이트할 때 만났던 곳이에요. (O) 这里是我们第一次约会的地方。
>
> • 우리가 처음 데이트할 때 만나던 곳이에요. (X)

▶ '-던'과 '-(으)ㄴ('-는'의 과거형)'[082]의 문법 비교 '-던' 和 '-(으)ㄴ('-는' 的过去式)' 的语法比较

'-던'은 상태가 계속되어 아직 끝나지 않은 일을 말하고 '-(으)ㄴ'은 과거에 이미 끝난 행동을 말할 때 사용한다.

'-던' 表示状态持续还未结束的事情；'-(으)ㄴ' 表示过去已经结束的行动时使用。

 · 그것은 어제 내가 먹던 빵이야. 那个是我昨天吃剩下的面包。
（그 빵은 어제 내가 다 먹지 않고 남겨 놓은 빵이라는 뜻이다.）
（那个面包是我昨天没吃完留下的面包的意思。）

· 그것은 어제 내가 먹은 빵이야. 那个是我昨天吃过的面包。
（그 빵은 어제 내가 다 먹은 빵과 같은 종류의 빵이라는 뜻이다.）
（那个面包和我昨天吃过的面包是同一种类的意思。）

3. 확인하기 확认练习

※ 밑줄 친 것 중에서 틀린 것을 고르십시오.

① 내가 타던 자동차를 친구에게 팔았다.
② 며칠 전에 가던 집인데 도무지 찾을 수 없다.
③ 언니가 결혼식 때 입었던 드레스를 내게 주었다.
④ 이 사진을 찍었던 장소가 어디인지 기억나지 않는다

答案解释

过去只做过一次的事情不能使用 '-던' 只能使用 '-았/었던'。所以 ②中需把 '가던' 改写成 '갔던'。其余 ①, ③, ④
用法正确。答案为 ②。

正确答案 ②

I. 알아두기 常见用法

		-(으)ㄴ	-는	-(으)ㄹ
동사 动词	먹다	먹은	먹는	먹을
	가다	간	가는	갈

		-(으)ㄴ		인
형용사 形容词	작다	작은	명사+이다 名词+이다	학생	학생인
	크다	큰		친구	친구인

❶ 뒤에 오는 명사를 꾸며 주는 표현이다. 修饰紧跟其后的名词。

例 · 가: 저기 가는 사람이 이 선생님이신가요? 往那个方向走的人是李老师吗?
　　나: 네, 그리고 옆에 있는 사람은 김 선생님이신 것 같아요. 是的。走在旁边的人看起来像金老师。
· 어제 간 식당에 다시 찾아 갈 수 있겠어요? 昨天那个饭店你自己能找着吗?
· 저는 작고 귀여운 자동차를 사고 싶어요. 我想买小点儿的可爱的汽车。
· 여행을 가서는 배탈이 나지 않도록 항상 먹는 것을 조심해야 해요. 旅行时需格外注意饮食以免拉肚子。

2. 더 알아두기 更多用法

 ▶ '-(으)ㄴ'('-는'의 과거형)'과 '-던'[081]의 문법 비교 (P. 241) '-(으)ㄴ'('-는'의 과거형) 和 '-던' 的语法比较

※ 다음 밑줄 친 것 중에 틀린 것을 찾아 고치십시오.

<u>10년 만에</u> <u>만날</u> 친구와 <u>이야기하느라고</u> 약속 시간에 못 나갔어요.

(→   )

答案解释

答案解释 – 和朋友见面是已经发生的事件。所以需要使用过去式'만난'。

正确答案   만날 → 만난

083 -았/었던 ★

I. 알아두기   常见用法

		-았/었던			이었/였던
동사 动词	먹다	먹**었던**	**명사+이다** 名词+이다	학생	학생**이었던**
	가다	갔**던**		친구	친구**였던**
형용사 形容词	작다	작**았던**			
	예쁘다	예**뻤던**			

❶ 뒤에 오는 명사를 꾸며 주며 어떤 일에 대한 회상을 나타낸다.
　　修饰紧跟其后的名词表示对某件事情的回忆。

　　例 ▶ ・초등학교 때 친구들과 먹**었던** 아이스크림 맛은 잊을 수가 없어요.
　　　　　我无法忘记上小学时和同学们一起吃过的冰淇淋的味道。

　　　　・제가 어릴 때 가장 좋아**했던** 동화가 영화로 만들어진대요. 我小时候最喜欢的动画片要拍成电影了。

❷ 뒤에 오는 명사를 꾸며 주며 어떤 일의 상태가 끝난 일을 나타낸다.
　　修饰紧跟其后的名词表示某件事情的状态已经结束。

　　例 ▶ ・가: 최근에 읽**었던** 책 중에서 재미있는 책 있어요? 最近读过的书当中有有意思的书吗?
　　　　　나: 네, 이 책이 재미있어요. 한번 읽어 보세요. 有啊, 这本书很有意思. 值得一读。

❸ 과거에 한 번만 한 일을 회상할 때 사용한다. 回忆过去只做过一次的事情时使用

　　例 ▶ ・가: 우리가 처음 만**났던** 장소가 생각나요? 你还记得我们第一次见面的地方吗?
　　　　　나: 그럼요. 当然。

2. 더 알아두기   更多用法

▶ '-았/었던'과 '-던'⁰⁸¹의 문법 비교 (P. 240) '-았/었던' 和 '-던' 的语法比较

토픽에서는 '-던'과 '-았/었던'을 구별하는 문제가 자주 나와요.

TOPIK考试中经常出现辨别 '-던' 和 '-았/었던' 用法的题。

이때 우리는 그 일이 과거에 한 번 일어난 일인지, 여러 번 일어난 일인지 생각해 봐야 해요. 만약 그 일이 과거에 한 번 일어났다면 '-았/었던'이 정답이고 그 일이 여러 번 일어났다면 '-던'과 '-았/었던'이 둘 다 가능하지요.

这个时候我们就要考虑这件事情在过去发生过一次还是多次。如果，这件事情在过去只发生过一次的话 '-았/었던' 为正确答案。而如果这件事情发生过多次，则 '-던' 和 '-았/었던' 两个都可以使用。

토픽에는 주로 과거에 한 번 일어났던 일에 대해서 묻는 질문이 나와요.

TOPIK考试中经常出现的是对于过去发生过一次的事情进行提问的题型。

例   여기가 우리가 처음 만났던 장소예요. (O) 这里是我们第一次见面的地方。

3. 확인하기   确认练习

※ 괄호 안에 알맞은 것을 고르십시오.

가: 어디에서 점심 먹을까?
나: 어제 (   ) 데에서 또 먹자.

① 가는   ② 가던
③ 갔을   ④ 갔던

答案解释

需要找到表示想在昨天吃午饭的那个地方吃饭的意思的语句。①'-는'表示现在。②的'-던'表示过去，但是不能用于只发生过一次的行动。③的'-았/었을'对过去发生的事情表示推测。④中的'-았/었던'表示过去。不同于 ②的是，④可用于过去只发生过一次的行动。故答案为④。

正确答案 ④

unit 15
관형

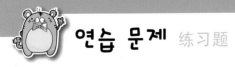

1   빈칸에 알맞은 것을 고르십시오

가: 상훈 씨, 어디에서 만날까요?
나: 지난 주에 _____ 식당 알죠? 거기에서 만나요.

❶ 만나는   ❷ 만나던
❸ 만났을   ❹ 만났던   **081**

2   다음 밑줄 친 것 중에 <u>틀린 것</u>을 찾아 고치십시오.

물건을 사기 전에 ①<u>미리</u> ②<u>산</u> 물건들을 ③<u>정리해서</u> ④<u>쇼핑하면</u> 과소비를 줄일 수 있다.

(→   )   **082**

3   다음 중 바른 문장을 고르십시오.

❶ 공항에 <u>내리는가</u> 하면 전화할게요.
❷ 오늘 아침에 늦게 <u>일어나느라고</u> 버스를 놓쳤다.
❸ 먹어 <u>보더니</u> 소금 대신 설탕을 넣은 것 같았다.
❹ 여기는 내가 처음 그 사람의 선물을 <u>샀던</u> 곳이에요.   **083**

4   다음 밑줄 친 것 중에 <u>틀린 것</u>을 찾아 고치십시오.

그 동안 ①<u>준비하는</u> 시험에 떨어졌다. 이번에 시험에 떨어지면 고향에 ②<u>돌아갈까</u> 했었다. 그
런데 시험에 떨어지고 나서 ③<u>생각해 보니까</u> 이번 시험 준비는 열심히 하지 않은 것 같았다.
그래서 내년에 한번 더 시험을 ④<u>보기로</u> 했다.

(→   )   **082**

5   (   ) 안에 들어갈 알맞은 것을 고르십시오.

아버지께서는 매일 (   ) 건강을 다시 찾으셨습니다.

❶ 운동하시던 끝에   ❷ 운동하시던 탓에
❸ 운동하시는 대신에   ❹ 운동하시는 반면에   **081**

UNIT 16

반복 反復

084 -곤 하다 ★★

		-곤 하다
동사 动词	먹다	먹곤 하다
	만나다	만나곤 하다

❶ 어떤 행동이나 상황이 반복적으로 일어나는 것을 나타낸다. 某种行动或状况反复出现。

> 例 ・초등학교 때 친구들과 함께 공원에 가곤 했어요. 在我上小学的时候，经常和朋友们一起去公园。
>
> ・고향 음식을 먹을 때는 어머니가 생각나곤 해요. 每当吃家乡菜的时候，经常想起妈妈。
>
> ・대학 때는 친구들과 자주 만나곤 했는데 요즘은 바빠서 잘 못 만나고 있어요.
> 上大学那会儿，经常和朋友们聚在一起，但是最近因为忙没能见面。

2. 더 알아두기   更多用法

▶ '-곤 하다'는 '-기 일쑤이다'⁰⁸⁵와 바꾸어 사용할 수 있다. '-곤 하다' 可与 '-기 일쑤이다' 互换使用。

> 例 ・어렸을 때 항상 뛰어다녀서 넘어지곤 했다. 小时候喜欢跳来跳去，经常摔跟头。
> = 어렸을 때 항상 뛰어다녀서 넘어지기 일쑤였다.

3. 확인하기   确认练习

※ 밑줄 친 부분이 틀린 문장을 고르십시오.

① 이번 방학에 고향에 돌아가기로 했어요.
② 어렸을 때 엄마가 만들어 주신 빵을 먹었곤 했어요.
③ 맛이 없을 줄 알았는데 생각보다 먹을만 하네요.
④ 동생이 숙제는 안하고 게임을 하기만 해요.

答案解释

选择语法使用错误的选项。②中 '-곤 하다' 常用于现在形，在这里这是病句。应改写成 '먹곤 했다'。所以，正确答案是②。

正确答案 ②

085 –기 일쑤이다 ★

I. 알아두기 常见用法

		–기 일쑤이다
동사 动词	먹다	먹기 일쑤이다
	가다	가기 일쑤이다

❶ 어떤 일이 자주 일어날 때 사용한다. 某件事情经常发生时使用。

例
- 나는 자주 늦잠을 자서 학교에 지각하기 일쑤이다. 因为睡懒觉的关系，经常迟到。
- 사람들 앞에서 발표를 할 때는 너무 긴장돼서 할 말을 잊어버리기 일쑤예요.
  在很多人面前发表的时候，因为太紧张，经常忘记要说什么了。
- 그 친구와 나는 성격이 많이 달라서, 어렸을 때 만나기만 하면 싸우기 일쑤였다.
  我和那个朋友性格不合，小时候只要见面就吵架。

주의사항 注意事项

● 주로 부정적인 의미로 사용한다. 通常用于表否定意思的文章。

例 그 사람은 성실해서 다른 사람들에게 칭찬받기 일쑤이다. (X)
(긍정적인 의미) (肯定的意思)

2. 더 알아두기 更多用法

▶ '–기 일쑤이다'는 '–곤 하다'(084)와 바꾸어 사용할 수 있다. '–기 일쑤이다' 可与 '–곤 하다' 互换使用。

例
- 어렸을 때 항상 뛰어다녀서 넘어지기 일쑤였다. 小时候喜欢跳来跳去，经常摔跟头。
  = 어렸을 때 항상 뛰어다녀서 넘어지곤 했다.

※ 밑줄 친 문장과 의미가 같은 것을 고르십시오.

> 가: 요즘에는 한국 생활에 불편함이 없으신 것 같아요.
> 나: 네. <u>처음에는 실수하기 일쑤였지요.</u>

① 처음에는 늘 실수하곤 했어요
② 처음에는 실수를 해도 됐어요
③ 처음에는 실수를 하면 안 되지요
④ 처음에는 전혀 실수하지 않았어요

需要找出表示一开始经常犯错的意思的选项。②是说，就算犯错也没关系的意思。③表示不能犯错的意思。④表示没有犯错。只有表示过去经常犯错的意思的选项 ①为正确答案。

正确答案 ①

086 -아/어 대다 ★

		-아/어 대다
동사 动词	먹다	먹어 대다
	사다	사 대다

❶ 어떤 행동을 계속 반복할 때 사용한다. 重复某种特定行为。

例 • 어젯밤에 옆집 아기가 계속 울어 대서 잠을 하나도 못 잤어요.
昨天隔壁家的小孩不停地哭闹, 使得我没睡好觉。

• 학생들이 너무 떠들어 대서 다른 사람과 이야기도 할 수 없을 정도예요.
学生们太吵了, 使得我我无法和别人说话。

• 그 남자가 하루에도 몇 번씩 전화해 대서 전화번호를 바꿀까 해요.
那个男人不停地给我打骚扰电话, 所以我想换电话号码。

주의사항 注意事项

● 보통 말하는 사람의 부정적인 느낌을 전달할 때 사용한다. 通常传达说话者的消极情绪。

2. 확인하기   确认练习

※ 다음 밑줄 친 부분과 의미가 비슷한 것을 고르십시오

친구가 하도 같이 가자고 졸라 대서 거절할 수가 없었다.

① 한 번 졸라서   ② 큰 소리로 조르니까
③ 계속 조르는 바람에   ④ 갑자기 조르기 때문에

答案解释

本题的情景是, 对于朋友的不断哀求无法拒绝。①中表示只哀求一次。②表示大声哀求。④表示突然哀求。只有 ③ 包含重复的意思, 故为正确答案。

正确答案 ③

1 다음 밑줄 친 부분에 들어갈 알맞은 것을 고르십시오.

옛날에는 놀이 공원에 자주 _____.

❶ 가기로 했어요   ❷ 가곤 했어요

❸ 갈 뻔 했어요   ❹ 갈 지경이었어요   **084**

2 다음 밑줄 친 부분에 들어갈 알맞은 것을 고르십시오.

기차에서 옆 사람이 너무 _____ 정말 화가 났어요.

❶ 떠든다 해도   ❷ 떠들까 봐서

❸ 떠들어 대서   ❹ 떠드는 덕분에   **086**

3 다음 밑줄 친 부분이 <u>잘못된 것</u>을 고르십시오.

❶ 선생님들은 학생들을 성적만으로 <u>평가했곤 한다</u>.

❷ 내가 어렸을 때 엄마가 빵을 만들어 <u>주시곤 했다</u>.

❸ 고향에 있을 때는 주말에 가족들과 산책을 <u>하곤 했다</u>.

❹ 사람들은 결과를 가지고 모든 것을 <u>판단하곤 한다</u>.   **084**

4 밑줄 친 두 문장을 대화에 맞게 연결한 것을 고르십시오.

가: 동생이랑 잘 안 싸우는 편이지요?
나: 어렸을 때는 사소한 일로 <u>싸우곤 했는데</u> 지금은 잘 안 싸우는 편이에요.

❶ 싸우기 일쑤였는데   ❷ 싸운 적이 없는데

❸ 싸운다면 했는데   ❹ 싸우기를 원했는데   **084 085**

완료 完了

-고 말다 ★★★

1. 알아두기　常见用法

		-고 말다
동사 动词	알다	알고 **말다**
	가다	가고 **말다**

❶ 어떤 일이 결국 일어났다는 것을 나타낸다. 表示某件事情最终还是发生了。

> 例 ▶ ·어제 그 사람과 헤어지고 **말았어요**. 昨天终于还是和那个人分手了。
>
> ·뛰어갔는데도 지각하고 **말았어**. 跑步过来的，可最终还是迟到了。
>
> ·서두르다가 넘어지고 **말았어요**. 一着急，最后跌倒了。

2. 더 알아두기　更多用法

▶ '-고 말다'는 '-아/어 버리다'088와 바꾸어 사용할 수 있다. '-고 말다' 可与 '-아/어 버리다' 互换使用。

> 例 ▶ ·어제 그 사람과 헤어지고 **말았어요**. 昨天终于还是和那个人分手了。
>
> = 어제 그 사람과 헤어져 **버렸어요**.

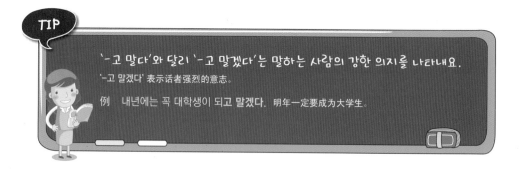

TIP

'-고 말다'와 달리 '-고 말겠다'는 말하는 사람의 강한 의지를 나타내요. '-고 말겠다' 表示话者强烈的意志。

例 　내년에는 꼭 대학생이 되고 **말겠다**. 明年一定要成为大学生。

※ 다음 빈칸에 들어갈 말로 알맞은 것을 고르십시오.

가: 숙제는 다 했어요?
나: 아니요, 어제 숙제를 하다가 _____.

① 잠이 들고 말았어요

② 잠이 들 뻔 했어요

③ 잠이 들었어야 했어요

④ 잠이 든 셈이에요

O88 | –아/어 버리다 ★★

I. 알아두기　常见用法

		–아/어 버리다
동사 动词	먹다	먹어 버리다
	가다	가 **버리다**

❶ 어떤 일이 모두 끝난 것을 강조할 때 사용한다.　强调某件事情全部结束。

> 例 　• 음식이 많이 있었는데 너무 배가 고파서 혼자 다 먹**어 버렸**어요.　吃的东西很多，但是因为太饿就全吃光了。
>
> 　• 약속 시간에 늦게 갔더니 친구가 더 기다리지 않고 가 **버렸**어요.
> 　比约定的时间晚了，结果朋友连等都没等就离开了。
>
> 　• 어젯밤에 텔레비전을 보다가 씻지도 못하고 자 **버렸**어요.　昨天看着电视，结果澡都没洗就睡着了。

2. 더 알아두기　更多用法

▶ '–아/어 버리다'는 '–고 말다'⁰⁸⁷와 바꾸어 사용할 수 있다.　'–아/어 버리다' 可与 '–고 말다' 互换使用。

> 例 　• 어제 그 사람과 헤어져 **버렸**어요.　昨天终于还是和那个人分手了。
> 　 = 어제 그 사람과 헤어지고 **말았**어요.

3. 확인하기　确认练习

※ 다음 밑줄 친 부분과 같은 의미를 가진 말을 고르십시오.

> 가: 그 일을 맡기로 했어요?
> 나: 네. 안 하겠다는 말을 못하고 그만 약속을 <u>해 버렸어요</u>.

① 해 냈어요　　　　　　　　② 해 뒀어요
③ 하고 말았어요　　　　　　④ 했으면 했어요

답案解释

对不该陈诺的事情做出陈诺。①中的'–아/어 내다'表示实现某种结果。②中'–아/어 두다'表示提前做了准备的意思。④中的'–았/었으면 해요'表示希望实现某件事情。所以以上都不是答案。　只有表示做了不该做的陈诺却已经做了的意思的 ③为正确答案。

正确答案　③

089 −아/어 내다 ★

1. 알아두기
常见用法

		−아/어 내다
동사 动词	이기다	이겨 **내다**
	생각하다	생각해 **내다**

❶ 어떤 일이 어떤 과정을 거쳐 이룬 결과임을 나타낸다. 经过某些过程实现的结果。

> 例 • 어렵고 힘들지만 그 사람은 잘 참아 **냈어요.** 虽然艰难，但是终于熬过了。
>
> • 일주일 동안 고생한 덕분에 그 일을 드디어 완성해 **냈어요.** 经过一个星期的艰苦努力，终于完成了。
>
> • 그 문제의 해결 방법을 찾아 **냈어요.** 终于找到了解决方案。

2. 확인하기
确认练习

※ 다음 밑줄 친 것 중 틀린 것을 고르십시오.

① 우리 사장님은 많은 어려움을 <u>이겼어 냈어요.</u>
② 동생에게 줄 케이크까지 다 <u>먹어 버렸어요.</u>
③ 친구의 비밀을 다른 사람에게 <u>이야기하고 말았어요.</u>
④ 그 사람은 자기가 부자인 것처럼 돈을 <u>써 대요.</u>

答案解释

需要找出语法错误的句子。①中'−아/어 내다'不能和过去形态搭配使用，应该以'이겨 냈어요'形态使用。
所以 ①为正确答案。

正确答案 ①

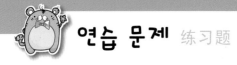

연습 문제 练习题

1 다음 밑줄 친 부분 중 <u>틀린</u> 것을 고르십시오.

❶ 사람들은 흔히 외모를 보고 다른 사람을 <u>평가하곤 한다</u>.

❷ 아무리 힘들어도 <u>포기하지 않았으면 한다</u>.

❸ 여러 가지 가능성을 고려하지 않으면 <u>실수할 게 뻔하다</u>.

❹ 친구와 노느라고 시험 준비를 잘 하지 않았더니 <u>실패하고 말겠다</u>.

2 밑줄 친 부분과 의미가 같은 말을 고르십시오.

가: 왜 어제 여자 친구를 안 만났어요?

나: 약속 시간보다 늦게 갔더니 여자 친구가 집에 <u>가 버렸어요</u>.

❶ 가나 봤어요

❷ 가 뒀어요

❸ 가 냈어요

❹ 가고 말았어요

3 밑줄 친 부분에 들어갈 알맞은 말을 고르십시오.

가: 왜 영수 씨가 화가 났어요?

나: _____.

❶ 제가 영수 씨의 비밀을 말해 버렸어요

❷ 영수 씨가 밖에 나가지 않고 집에만 있어요

❸ 제가 영수 씨 덕분에 시험을 못 봤어요

❹ 영수 씨야말로 좋은 친구예요

4 다음 밑줄 친 부분이 맞는 것을 고르십시오.

❶ 미리 준비하지 않았으면 <u>성공해 놓을</u> 수 없었을 겁니다.

❷ 최선을 다 <u>할까 말까 하다</u> 보니 좋은 결과가 나왔습니다.

❸ 그 친구는 반드시 1등하고 <u>말겠다고</u> 말했습니다.

❹ 일을 다 마치고 <u>봐서</u> 벌써 저녁이 되었습니다.

087

5 밑줄 친 부분에 들어갈 가장 알맞은 것을 고르십시오.

가: 하는 일마다 자꾸 실패를 해서 걱정이에요.

나: 걱정하지 마세요. 언젠가는 결국 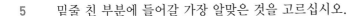.

❶ 잘 할 셈이에요

❷ 잘 해 댈 거예요

❸ 잘 할 뻔했어요

❹ 잘 해 낼 거예요

089

TOPIK试题中常见的韩国文化

「美丽的商店」

　　大家现在回头看看自己的家吧。打开衣橱看看吧？怎么样？看到不知道从什么时候不穿的衣服，不戴的帽子，不用的领带吧？那么现在来看看书桌吧？书桌上的书中有没有不用的书？再看一下客厅或厨房。有没有因为新买的家用电器而不用的物品？大家通常怎么处理你们已经不需要的物品呢？是分类回收后丢掉吗？现在请不要丢掉捐赠给「美丽的商店」吧。「美丽的商店」会把我们捐赠的物品修理后以非常便宜的价格卖给需要的人。在这个地方工作的人大多数是自愿者，贩卖收益金用于社会上困难的人。从今天开始大家也使用「美丽的商店」吧。因为不需要的物品可以用来做好事，而我需要的东西也可以用很便宜的价格买到。

정보확인 信息确认

090

-는 줄 알았다/몰랐다 ★★★

| 常见用法

		-(으)ㄴ 줄 알았다/몰랐다	-는 줄 알았다/몰랐다	-(으)ㄹ 줄 알았다/몰랐다
동사 动词	먹다	먹은 줄 알았다/몰랐다	먹는 줄 알았다/몰랐다	먹을 줄 알았다/몰랐다
	가다	간 줄 알았다/몰랐다	가는 줄 알았다/몰랐다	갈 줄 알았다/몰랐다

		-(으)ㄴ 줄 알았다/몰랐다	-(으)ㄹ 줄 알았다/몰랐다
형용사 形容词	좋다	좋은 줄 알았다/몰랐다	좋을 줄 알았다/몰랐다
	바쁘다	바쁜 줄 알았다/몰랐다	바쁠 줄 알았다/몰랐다

		이었/였을 줄 알았다/몰랐다	인 줄 알았다/몰랐다	일 줄 알았다/몰랐다
명사+이다 名词+이다	선생님	선생님이었을 줄 알았다/몰랐다	선생님인 줄 알았다/몰랐다	선생님일 줄 알았다/몰랐다
	친구	친구였을 줄 알았다/몰랐다	친구인 줄 알았다/몰랐다	친구일 줄 알았다/몰랐다

❶ 어떤 사실에 대한 정보가 예상과 다를 때 사용한다. 对某个事实的信息，与事先预测的有出入。

例 · 가: 기숙사 방이 생각보다 작네요. 宿舍的房间比想象的要小。
　　나: 그러게요. 방이 클 줄 알았어요. 就是阿。还以为房间会很大呢。
· 그 사람이 선생님**인 줄 알았**어요. 原以为那个人就是老师呢。

주의사항 注意事项

● '-는 줄 알았다'와 '-는 줄 몰랐다'의 비교 '-는 줄 알았다' 和 '-는 줄 몰랐다' 的语法比较

例 혜경이가 공부를 잘할 줄 몰랐어요. 没想到慧景学习这么好。
= 혜경이가 공부를 못할 줄 알았어요.
(말하는 사람은 혜경이가 공부를 못할 거라고 예상했으나 실제로는 잘한다는 것을 알았다.)
(说话者以为慧景学习不好，但实际上了解到慧景学习很好。)

例 승준이가 공부를 잘할 줄 알았어요. 原以为承俊学习很好呢。
= 승준이가 공부를 못할 줄 몰랐어요.
(말하는 사람은 승준이가 공부를 잘할 거라고 예상했으나 실제로는 못한다는 것을 알았다.)
(说话者原来以为承俊学习很好，但实际上了解到他学习不好。)

▶ '-는 줄 알았다/몰랐다'는 '-는다고 생각하다', '-으려니 생각하다'와 바꾸어 사용할 수 있다.
表示对事实的信息了解与否时使用的语法 '-는 줄 알았다/몰랐다' 可与 '-는다고 생각하다', '-으려니 생각하다' 互换使用。

例 ▶ • 나는 그렇게 말해도 되**는 줄 알았**어. 我以为那样说话没问题呢。
= 나는 그렇게 말해도 된**다고 생각했**어.
= 나는 그렇게 말해도 되**려니 생각했**어.

3. 확인하기
确认练习

※ 밑줄 친 부분이 다른 의미로 사용된 것을 고르십시오.

① 요즘 <u>운전할 줄 모르는</u> 사람이 어디 있어요?
② 미영 씨가 하도 안 보여서 어디 <u>아픈 줄 알았어요.</u>
③ 여름 날씨가 이렇게 <u>더운 줄 몰랐어요.</u>
④ 그 사람이 <u>도둑일 줄</u> 아무도 몰랐을 거예요.

答案解释

①表示了解开车的方法，剩下的②, ③, ④表示了解对某件实事的信息。所以答案是 ①。

正确答案 ①

TIP

형태가 비슷하지만 구별해야 하는 초급 문법이 있어요. '-을 줄 알다/모르다'
는 어떤 일을 하는 방법을 알거나 모를 때 사용하는 문법이지요.

'-을 줄 알다/모르다'表示能力的语法。

例　저는 수영할 줄 알아요. 我会游泳。

　　그 사람은 운전할 줄 몰라요. 那个人不会开车。

091 -잖아(요) ★★

I. 알아두기   常见用法

		-았/었잖아(요)	-잖아(요)	-(으)ㄹ 거잖아(요)
동사 动词	가다	갔잖아(요)	가잖아(요)	갈 거잖아(요)
	먹다	먹었잖아(요)	먹잖아(요)	먹을 거잖아(요)

		-았/었잖아(요)	-잖아(요)
형용사 形容词	작다	작았잖아(요)	작잖아(요)
	크다	컸잖아(요)	크잖아(요)

		이었/였잖아(요)	(이)잖아(요)
명사+이다 名词+이다	선생님	선생님이었잖아(요)	선생님이잖아(요)
	의사	의사였잖아(요)	의사잖아(요)

❶ 서로 알고 있는 어떤 사실에 대해서 말할 때 사용한다.   谈论双方都了解的事实。

> 例 • 가: 오늘 마이클 씨가 안 왔네요. 今天迈克尔没来。
>   나: 고향에 **갔잖아요**. 他不是回了老家了。
> • 가: 맞다. 들었는데 깜빡했어요. 对，我也听说了。

❷ 듣는 사람에게 자신의 말이 옳다는 것을 강조하여 말할 때 사용한다.   向听者强调自己的主张是对的。

> 例 • 가: 이번 시험도 망쳤어. 这次考试完了。
>   나: 그러니까 내가 미리 공부하라고 **했잖아**. 我早就提醒你要好好学习的。

※ 밑줄 친 부분을 같은 의미로 바꿔 쓴 것을 고르십시오

가: 경찰에 신고라도 해야 되는 거 아니에요?
나: 잘 알아보지도 않고 신고부터 해요? 창피를 당할 수도 있잖아요.

① 잘 알아보지도 않고 신고부터 했다가 창피를 당하면 어떻게 해요?

② 잘 알아보지 않고 신고부터 하더라도 창피를 당하는 것은 아니에요.

③ 잘 알아보지도 않고 신고부터 했다고 해서 창피를 당할 수는 없어요.

④ 잘 알아보지도 않고 신고부터 할 건지 창피를 당할 건지 결정해야지요.

092 −는지 알다/모르다 ★

1. 알아두기 常见用法

		−았/었는지 알다/모르다	−는지 알다/모르다	−(으)ㄹ지 알다/모르다
동사 动词	먹다	먹었는지 알다/모르다	먹는지 알다/모르다	먹을지 알다/모르다
	시작하다	시작했는지 알다/모르다	시작하는지 알다/모르다	시작할지 알다/모르다

		−았/었는지 알다/모르다	−(으)ㄴ지 알다/모르다
형용사 形容词	작다	작았는지 알다/모르다	작은지 알다/모르다
	크다	컸는지 알다/모르다	큰지 알다/모르다

		이었/였는지 알다/모르다	인지 알다/모르다
명사+이다 名词+이다	학생	학생이었는지 알다/모르다	학생인지 알다/모르다
	친구	친구였는지 알다/모르다	친구인지 알다/모르다

❶ 어떤 사실에 대해 알고 있는지 질문하거나 대답할 때 사용한다 询问是否了解某些事实。

> 例 • 가: 그 친구가 무슨 음식을 좋아하는지 알아요? 知道他喜欢吃什么食物吗?
>   나: 네, 불고기를 제일 좋아해요. 知道，他喜欢吃烤肉。
> • 가: 우체국이 어디예요? 邮局在哪里?
>   나: 죄송해요. 저도 어디인지 몰라요. 对不起，我也不知道在哪里。

unit 18
정보
확인

※ 다음 밑줄 친 부분에 알맞은 것을 고르십시오.

> 가: 이 문법을 어떻게 _____.
> 나: 그래요? 제가 가르쳐 드릴게요.

① 사용하게 됐어요

② 사용하는지 모르겠어요

③ 사용한다고 들었어요

④ 사용하는 것 같아요

在说明不知道语法怎么用。①表示已经运用了那个语法；③表示已经对语法运用进行了说明；④表示对语法运用方法进行推测。说明不知道怎样运用语法的②为正确答案。

正确答案　②

연습 문제 练习题

1 밑줄 친 부분과 의미가 같은 말을 고르십시오.

가: 미정 씨가 결혼해서 아이도 있대요.

나: 정말요? <u>결혼한 줄 몰랐어요.</u> 아가씨 같았는데…….

❶ 결혼한 줄 알았어요

❷ 결혼했을 줄 알았어요

❸ 결혼 안 했다고 생각했어요

❹ 결혼 안 할 거라고 생각했어요

2 빈칸에 들어갈 말로 알맞은 것을 고르십시오.

가: 엄마, 이번 시험에서는 실수를 많이 했어요.

나: 그러니까 내가 마지막에 _____.

❶ 확인할 뻔 했잖아

❷ 확인하는 척했잖아

❸ 다시 한 번 확인하라고 했잖아

❹ 통 모르면 확인할 수조차 없잖아

3 밑줄 친 부분에 들어갈 가장 알맞은 말을 고르십시오.

가: 노래를 정말 잘하지요?

나: 네, _____.

❶ 잘 하는 줄 알았지만 노래를 잘 몰랐어요

❷ 잘 하는 줄 몰랐는데 잘 하는 줄 알았어요

❸ 잘 하는 줄 몰랐는데 이 정도일 줄 알았어요

❹ 잘 하는 줄 알았지만 이 정도일 줄 몰랐어요

연습 문제 练习题

4 밑줄 친 부분을 같은 의미로 바꾸어 쓴 것을 고르십시오.

가: 우리 엄마는 나를 이해하실 생각은 안 하시고 항상 잔소리만 하셔.
나: <u>세대 차이가 나잖아.</u> 그래도 부모님이 너를 제일 사랑하실 거야.

❶ 나이 차이가 겨우 나잖아
❷ 나이 차이가 나야 하잖아
❸ 나이 차이가 나는 셈이잖아
❹ 나이 차이가 나니까 그렇잖아

5 다음 빈칸에 들어갈 알맞은 것을 고르십시오

상황 – 화산 폭발 때문에 비행기가 다닐 수 없어서 사람들이 며칠 동안 다른 나라의 공항에 있어야 했다. 그런데 다시 비행기가 다닐 수 있게 되어 자기 나라에 돌아왔다.

가: 화산 폭발 때문에 비행기가 안 다녀서 고생 많이 하셨지요?
나: 네, 다시는 고향에 _____.

❶ 간 줄 몰랐어요
❷ 올 줄 알았어요
❸ 안 가는 줄 몰랐어요
❹ 못 오는 줄 알았어요

UNIT 19

대조 対照

초급 문법 확인하기! 初级语法回顾

-지만

例 혜경이는 키가 크지만 혜경이 동생은 키가 작아요. 慧京个子很高，但是慧京的妹妹却很矮。

093 −는 반면(에) ★★★

unit 19
대조

1. 알아두기　常见用法

		−(으)ㄴ 반면(에)	−는 반면(에)
동사 动词	먹다	먹은 반면(에)	먹는 반면(에)
	가다	간 반면(에)	가는 반면(에)

		−(으)ㄴ 반면(에)			인 반면(에)
형용사 形容词	좋다	좋은 반면(에)	명사+이다 名词+이다	학생	학생인 반면(에)
	예쁘다	예쁜 반면(에)		교사	교사인 반면(에)

❶ 선행절의 내용이 후행절의 내용과 상반될 때 사용한다. 前句的内容和后句的内容相反时使用。

> 例 ・가: 이번에 들어간 회사는 어때요? 新公司怎么样?
> 　　나: 월급은 많이 주는 **반면에** 일이 많아서 힘들어요. 虽然工资很高，但是工作量很大很累。
> ・저 배우는 얼굴은 예쁜 **반면에** 연기력은 별로야. 那个演员虽漂亮，但演技不怎么样。
> ・백화점은 품질이 좋은 **반면** 가격이 비싸요. 百货商店的东西品质虽好，但价格很贵。

2. 더 알아두기　更多用法

▶ '−는 반면(에)'는 '−는 데 반해', '−지만'과 바꾸어 사용할 수 있다.
'−는 반면(에)' 可与 '−는 데 반해', '−지만' 互换使用。

> 例 ・동생은 키가 큰 **반면에** 형은 키가 작다. 弟弟个子很高，但哥哥却很矮。
> 　 = 동생은 키가 큰데 **반해** 형은 키가 작다.
> 　 = 동생은 키가 크**지만** 형은 키가 작다.

※ 다음 밑줄 친 부분을 알맞게 연결한 것을 고르십시오

가: 학생들을 가르치는 일이 힘들지 않으세요?
나: 남을 가르친다는 것이 <u>힘들지요. 보람도 있어요</u>.

① 힘든 데다가 보람도 있어요
② 힘든 반면에 보람도 있어요
③ 힘들도록 보람도 있어요
④ 힘들면 보람도 있어요

答案解释

本提考察是否能正确区别使用 '힘들다' 和 '보람있다'。①不仅累还很有成就感的意思，显然不能成为答案。③在语法上是错误的表达方式。④如果累，就有成就感。②表示虽然很累，但是很有成就感。故正确答案是 ②。

正确答案　②

-더니 ★★

		-더니			(이)더니
동사 动词	먹다	먹더니	명사+이다 名词+이다	시골	시골이더니
	가다	가더니		아이	아이더니
형용사 形容词	덥다	덥더니			
	빠르다	빠르더니			

❶ 선행절과 후행절의 내용이 상반될 때 사용한다. 前句和后句内容相反时使用。

　例 • 지난 겨울에는 눈이 별로 안 오더니 이번에는 많이 오네요. 去年冬天没怎么下雪，今年却下了很多。

　　 • 예전에는 뚱뚱하더니 지금은 날씬해졌어요. 以前很胖，但现在很苗条。

❷ 다른 사람이 한 일과 그로 인해 생긴 결과를 나타낸다. 某人做的某件事导致相应后果。

　例 • 친구가 많이 먹더니 배탈이 났어. 我朋友吃太多，结果拉肚子了。

　　 • 내 친구는 남자 친구와 자주 싸우더니 결국 헤어졌다. 我朋友经常和男朋友吵架，结果分手了。

주의사항 注意事项

● 말하는 사람이 주어가 될 수 없다. 说话者不成能为主语。

　例 친구가 열심히 공부하더니 시험을 잘 봤다. (O) 我朋友认真学习，结果考出了好成绩。
　　 (주어) (主语)
　　 내가 열심히 공부하더니 시험을 잘 봤다. (X)
　　 (주어) (主语)

● 선행절과 후행절의 주어가 같아야 한다. 前句和后句的主语必须一致。

　例 동생이 텔레비전을 많이 보더니 (동생이) 눈이 나빠졌다. (O) 弟弟电视看得太多结果视力下降了。
　　 (주어) (主语)　　　　　　　 (주어) (主语)
　　 동생이 텔레비전을 많이 보더니 엄마가 화가 났다. (X)
　　 (주어) (主语)　　　　　　　 (주어) (主语)

● 시제와 상관없이 항상 현재형을 사용한다. 与时态无关，总是使用进行时态。

　例 지난 주말에는 춥더니 이번 주는 따뜻해요. (O) 上周末很冷，这周却很暖和。
　　 (과거) (过去)
　　 요즘 계속 춥더니 오늘 따뜻해졌어요. (O) 最近一直都很冷，今天却很暖和。
　　 (현재) (现在)

unit 19
대조

2. 더 알아두기　　더多用法

▶ **'-더니'와 '-았/었더니'**⁰²⁷**의 문법 비교**　'-더니'和 '-았/었더니'的语法比较

-더니	-았/었더니
동사, 형용사와 연결된다. 与动词、形容词连接。	동사와 연결된다. 与动词连接。
선행절의 주어로 보통 말하는 사람이 오지 않는다. 前句的主语一般不是话者。	선행절의 주어로 보통 말하는 사람이 온다. 前句的主语通常为话者本人。

例 ▶ ・아침에 날씨가 **춥더니** 오후에 비가 왔다. (O) 早上天气就很冷，等到下午的时候就下雨了。
　　・아침에 날씨가 추**웠더니** 오후에 비가 왔다. (X)
　　・내가 공부를 열심히 **하더니** 성적이 올랐다. (X)
　　・내가 공부를 열심히 **했더니** 성적이 올랐다. (O) 我学习学得很认真，结果成绩上去了。

▶ **다른 문법과의 결합형**　与其他语法的结合型

• -는다고 하더니(-는다더니): 간접화법 '-는다고 하다'⁰⁴¹와 '-더니'가 결합된 형태이다.
　'는다고 하더니(-는다더니)'是由间接语法 '-는다고 하다' 和 '-더니' 相结合的形态。

例 ▶ ・오늘 여행을 간**다고 하더니** 왜 안 갔어? 不是说今天要去旅行吗？怎么没去呀？
　　　= 오늘 여행을 간**다더니** 왜 안 갔어?

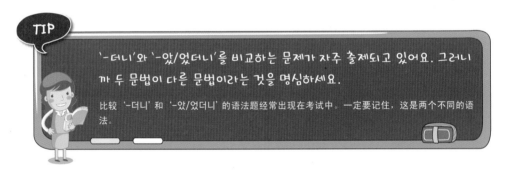

TIP

'-더니'와 '-았/었더니'를 비교하는 문제가 자주 출제되고 있어요. 그러니까 두 문법이 다른 문법이라는 것을 명심하세요.

比较 '-더니' 和 '-았/었더니' 的语法题经常出现在考试中。一定要记住，这是两个不同的语法。

※ 빈칸에 들어갈 말로 알맞은 것을 고르십시오.

> 가: 작년 여름과 달리 올해는 비가 안 와서 큰일이에요.
> 나: _____.

① 올해는 작년에 비해 비가 많이 오려나 봐요

② 올해는 비가 많이 와서 작년보다 더 더워요

③ 작년에는 그렇게 비가 오더니 올해는 별로 안 오네요

④ 작년에는 더웠는데 올해 비가 오지 않았더라면 좋았을걸

答案解释

整个句子表示的是大家都在担心干旱来袭。①表示看起来要下大雨的意思，所以不能成为答案。②④表示，已经下了太多雨希望雨能赶快停下来。也不能成为答案。对比去年和今年的雨量的 ③为正确答案。

正确答案 ③

095 **–으면서도** ★★

		–았/었으면서도	–(으)면서도	–(으)ㄹ 거면서도
동사 动词	먹다	먹었으면서도	먹으면서도	먹을 거면서도
	가다	갔으면서도	가면서도	갈 거면서도

		–(으)면서도
형용사 形容词	좋다	좋으면서도
	바쁘다	바쁘면서도

❶ 선행절의 행동이나 상태와 상반되는 내용이 후행절에 올 때 사용한다.
后句中表示的意思与前句中的行为和状态相反时使用。

例 • 저 가게 옷은 품질이 안 **좋으면서도** 가격은 비싸요. 那个小店的衣服品质不怎么样，价格却很贵。

• 친구는 잘못을 **했으면서도** 끝까지 사과하지 않았어요. 朋友虽做错了事，却始终不道歉。

• 동생은 여행을 갈 **거면서도** 가족들하고 가는 여행이 싫다고 안 간대요.
弟弟表面上表示不想和家人一起去旅行，不过最终他会去的。

2. 더 알아두기   更多用法

▶ '–으면서도'는 '–지만'과 바꾸어 사용할 수 있다. '–으면서도' 可与 '–지만' 互换使用。

例 • 지영이는 민수를 속으로는 좋아하**면서도** 겉으로는 싫어하는 척한다.
智英很喜欢敏秀, 但表面上却装得讨厌人家。
= 지영이는 민수를 속으로는 좋아하**지만** 겉으로는 싫어하는 척한다.

※ (   ) 안에 들어갈 말로 알맞은 것을 고르십시오.

> 가: 수미 씨는 이 대리를 (   ) 싫어하는 척해요.
> 나: 여자들 마음은 정말 잘 모르겠어요.

① 좋아한다면
② 좋아한다거나
③ 좋아하기에는
④ 좋아하면서도

答案解释

本题大意为，含秀美喜欢李代理，但表面上却装得讨厌人家的意思。①中'-는다면'表示假定。②中的'-는다거나'表示选择，显然不恰当。③中，如果使用'-기에는'的话与本题中需要表示的"假装如何如何"语义上不相符。故表示内心很喜欢表面上却表现的讨厌对方的语句④中的'-으면서도'为正确答案。

正确答案　④

		-았/었건만	-건만
동사 动词	먹다	먹었건만	먹건만
	가다	갔건만	가건만
형용사 形容词	좋다	좋았건만	좋건만
	나쁘다	나빴건만	나쁘건만

		이었/였건만	(이)건만
명사+이다 名词+이다	어른	어른이었건만	어른이건만
	아이	아이였건만	아이건만

❶ 후행절에 선행절의 사실과 상반되는 내용이 올 때 사용한다. 后句表示与前句事实相反内容。

例 ▶ • 민호는 열심히 공부를 **했건만** 시험을 잘 못 봤다. 敏浩虽然学习学得很认真，但是考试考的不好。

　　• 그 집은 부모님은 키가 크**건만** 아이는 키가 작아요. 那家的人父母个子都很高，可孩子却很矮。

　　• 그 사람은 어른**이건만** 유치한 행동을 해요. 那个人虽然已经是个成人了可还是经常做一些幼稚的行为。

주의사항 注意事项

● 의지나 추측을 나타낼 때는 '-겠건만'의 형태를 사용해서 말한다.
表示意志或推测的时候其形态要改成 '-겠건만'后再用。

例 그렇게 넘어졌으면 아프겠건만 친구는 아프지 않은 척 했다. (추측)
摔成那样应该会很疼，但是朋友却别表现的一点儿不疼。(推测)

음식이 짜지만 않으면 다 먹겠건만 너무 짜서 못 먹겠어요. (의지)
我实在吃不了,太咸了，如果不咸的话估计早就吃没了。(意志)

2. 더 알아두기　　更多用法

▶ **다른 문법과의 결합형**　与其他语法的结合型

• –는다고 하건만: 간접화법 '–는다고 하다'⁰⁴¹와 '–건만'이 결합된 형태이다.

'–는다고 하건만' 是间接语句 '–는다고 하다' 和 '–건만' 结合而成的。

例 ▶ • 부모님이 매일 공부하**라고 하건만** 동생이 말을 안 들어요. 父母每天督促弟弟好好学习，但是他听不进去。

3. 확인하기　　确认练习

※ 다음 밑줄 친 부분과 비슷한 의미를 가진 것을 고르십시오.

　내가 동생에게 공부하라고 했건만 동생은 말을 듣지 않았다.

　① 내가 동생에게 공부하라고 한 덕분에
　② 내가 동생에게 공부하라고 할 뿐만 아니라
　③ 내가 동생에게 공부하라고 해서
　④ 내가 동생에게 공부하라고 했지만

答案解释

连接词 '–건만' 用于连接前句内容和后句结果相反的时候使用。①中的 '–덕분에' 表示积极意义上的理由；②中的 '–을 뿐만 아니라' 表示弟弟学习的意思。故不能成为答案。③中 '–으라고 해서' 表示的是后句中弟弟不学习的理由。所以是错误的。④为正确答案。

正确答案　④

연습 문제 练习题

1 다음 밑줄 친 부분과 바꾸어 쓸 수 있는 것을 고르십시오.

가: 제주도에서 자전거 여행을 했다고 들었는데 어땠어요?
나: <u>힘들었어요. 하지만 즐거웠어요.</u>

① 힘들지 않고 즐거웠어요　　　　　② 힘든 반면에 즐거웠어요
③ 힘들기는 커녕 즐거웠어요　　　　④ 힘들지 않고 즐겁기만 했어요　

2 밑줄 친 부분에 알맞은 것을 고르십시오.

가: 집 근처에 이렇게 예쁜 공원이 있어서 좋겠어요. 자주 와요?
나: _____.

① 가까운 곳에 살기 위해서 자주 와요　　② 가까운 곳에 사려고 보니 자주 와요
③ 가까운 곳에 사는 덕분에 자주 못 와요　④ 가까운 곳에 살면서도 바빠서 자주 못 와요

3 다음 밑줄 친 부분을 알맞게 연결한 것을 고르십시오.

가: 유학 생활이 힘들지 않아요?
나: <u>힘들죠. 그렇지만 한국어 공부는 재미있어요.</u>

① 힘들면 한국어 공부는 재미있어요　　　② 힘들도록 한국어 공부는 재미있어요
③ 힘든 탓에 한국어 공부는 재미있어요　　④ 힘든 반면에 한국어 공부는 재미있어요

4 밑줄 친 두 문장을 대화에 맞게 연결한 것을 고르십시오.

가: 봄인데도 날씨가 추워요.
나: <u>작년 봄은 따뜻했어요. 그런데 올해 봄은 춥네요.</u>

① 작년 봄은 따뜻했더니 올해 봄은 춥네요
② 작년 봄은 따뜻하더니 올해 봄은 춥네요
③ 작년 봄은 따뜻했더라면 올해 봄은 춥네요
④ 작년 봄은 따뜻하나마나 올해 봄은 춥네요

5   다음 ( )에 들어갈 말로 알맞은 것을 고르십시오.

올해는 작년에 비해 과일 값은 (   ) 기름 값은 떨어졌습니다.

① 오르나 마나   ② 오르면 해서
③ 오른 데다가   ④ 오른 반면에   093

unit 19
대조

6   다음 밑줄 친 부분이 틀린 것을 고르십시오.

① 방학 때 자주 <u>가던</u> 공원 이름이 뭐지?
② 시장 <u>가는 길에</u> 먹을 것 좀 사다 줄래?
③ 아침에 날씨가 <u>추웠더니</u> 오후에 비가 왔다.
④ 무엇이든 노력하면 잘 하게 <u>되는 법이에요</u>.   094

7   다음 밑줄 친 부분이 알맞은 것을 고르십시오.

① 백화점은 <u>비싼 반면에</u> 서비스가 아주 좋습니다.
② 우리 오랜만에 처음 <u>만나던</u> 커피숍에 가 볼까요?
③ 성공하려면 최선을 다 <u>하면서도</u> 성공할 수 있어요.
④ 피아노 연습을 열심히 <u>한 탓에</u> 아주 잘 치게 되었습니다.   093

8   ( ) 안에 들어갈 말로 알맞은 것을 고르십시오.

가: 혜경 씨가 승준 씨와 결혼한다면서요? 전 두 사람이 만나는지도 몰랐네요.
나: 네, 전 사실 (   ) 모르는 척했어요.

① 안다면   ② 알든지
③ 아니까   ④ 알면서도   095

TOPIK试题中常见的韩国文化

韩国传统节日 '설'

　　韩国的 '설' 是指阴历的1月1日。新年开始的阳历1月1日被称作"新正"，

阴历的1月1日被称为"旧正"一般韩国人所说的설就是指"旧正"。

　　韩国人在설这天所有的家人都聚集在一起给祖先祭祀，穿着韩服的孩子

给长辈们作揖行礼。一边说着"新年多幅"一边向长辈们行礼，同时长辈们

也会将准备好的零用钱给小孩，一边说"新年多福"

　　虽然每个地方都会有一定差异但是韩国人在설这天都会吃年糕汤。韩国

有着这样一句话："吃了年糕汤才算是又长大了一岁"，所以在韩国年糕汤

是新年必不可少的食物。

계획(결심 · 약속 · 의도)

计划 （决心 · 约定 · 意图）

여기서
잠깐~

초급 문법 확인하기! 初级语法回顾

-겠-

例 방학에는 제주도로 여행을 가겠어요. 放假了去济州岛旅行。

-아/어야겠다

例 지금부터 숙제를 해야겠어요. 现在开始得做作业了。

-을 거예요

例 주말에 명동에서 쇼핑할 거예요. 周末打算去明洞逛街。

-을게요

例 가: 혜경아, 밥 먹어. 慧京，吃饭了。

나: 엄마, 나는 이따가 먹을게요. 妈妈，我待会儿再吃。

-으려던 참이다 ★★★

Ⅰ. 알아두기　　常见用法

		-(으)려던 참이다
동사 动词	먹다	먹으려던 참이다
	가다	가려던 참이다

❶ 가까운 미래의 일을 계획할 때 사용한다.　表达马上将要进行的计划。

例 ▶ ・가: 지금 출발하지 않으면 늦을 것 같아요.　现在不出发的话会迟到的。
　　 나: 그렇지 않아도 지금 막 출발하**려던 참이었어요.**　我正要出发呢。

　　・가: 우체국에 가야 하는데 일이 너무 많아서 못 가겠네요.　我想去邮局，但是事情太多走不开。
　　 나: 정말요? 그럼 제가 대신 부쳐 드릴게요. 지금 우체국에 가**려던 참이**거든요.
　　　　真的吗？要不我帮你寄吧。我正要去邮局呢。

주의사항　注意事项

● 주어의 의도를 나타내기 때문에 명령형, 청유형으로 쓸 수 없다.
　此类语法通常表现的是主语的意图，所以此类语法不能用在命令形和请求形句子中。

2. 확인하기　　确认练习

※ 다음 (　　　) 안에 알맞은 것을 고르십시오.

가: 얼굴색이 안 좋은 것 같네요. 어디 아프세요?
나: 네. 안 그래도 감기 기운이 있어서 약을 (　　　　　　　　　).

① 먹고 말겠어요　　　　　　　　　② 먹을 게 뻔해요
③ 먹을 모양이에요　　　　　　　　④ 먹으려던 참이에요

答案解释

因为有轻度的感冒症状，所以要选择说话者将有吃药打算的语句。①表示说话者的意愿；② 和 ③表示推测。所以，选择 ④表示近期计划。

正确答案 ④

I. 알아두기　常见用法

		-(느)ㄴ다는 것이
동사 动词	먹다	먹는다는 것이
	가다	간다는 것이

❶ 어떤 일을 하려고 했는데 원래 의도와 다른 결과가 나왔을 때 사용한다.
打算做某事，但事与愿违导致另一种结果。

例 ・조금만 먹는다는 것이 너무 맛있어서 다 먹어 버렸어요. 本打算吃一口，但是味道太好就吃光了。

・친구에게 전화한다는 것이 번호를 잘못 눌러서 모르는 사람에게 전화했네.
本打算给朋友打电话，却拨缺了号码打给了陌生人。

・오늘까지 등록금을 낸다는 것이 바빠서 잊어버리고 말았다. 本打算今天交学费的，但是太忙给忘记了。

주의사항 注意事项

● 주어의 의도를 나타내기 때문에 명령형, 청유형으로 쓸 수 없다.
此类语法通常表现的是主语的意图，所以此类语法不能用在命令形和请求形句子中。

2. 확인하기　确认练习

※ 다음 밑줄 친 부분과 바꾸어 사용할 수 있는 말을 고르십시오.

가: 왜 이렇게 음식이 짜요?
나: 간장을 조금 더 넣는다는 것이 그만 쏟고 말았어요.

① 넣어 가면서　　　　　　② 넣고자 하면
③ 넣어 버려서　　　　　　④ 넣으려고 하다가

答案解释

本打算放点酱油，却误把酱油弄撒了的意思。 ①的 '-으면서'表示两件事情同时进行。②的 '-으면'是假定句。③的
'-아/어 버리다'表示完成某件事。故答案是④。

正确答案 ④

099 –으려고 하다 ★★

		–(으)려고 하다
동사 动词	먹다	먹으려고 하다
	주다	주려고 하다

❶ 미래의 계획을 말할 때 사용한다. 表达未来计划。

> 例 • 가: 이번 방학에 뭐 할 거야? 假期打算做什么?
> 나: 친구와 같이 배낭여행을 가**려고 해**. 打算和朋友一起背包旅行。
>
> • 가: 오늘 점심에 뭐 먹을 거예요? 中午打算吃什么?
> 나: 비가 오니까 따뜻한 삼계탕을 먹**으려고 해**요. 因为下了雨，我打算吃参鸡汤。

❷ 어떤 일이 일어날 것 같을 때 사용한다. 察觉某件事情即将要发生时。

> 例 • 가: 저 버스를 타야 하지요? 我们得坐那辆公交车对吗?
> 나: 맞아요. 서둘러야겠어요. 버스가 떠나**려고 해**요. 是的。赶紧，车要出发了。
>
> • 비가 오**려고 하**네요. 우산을 가지고 가세요. 看来要下雨了，别忘了带雨伞。

주의사항 注意事项

● 주어의 의도를 나타내기 때문에 명령형, 청유형으로 쓸 수 없다.
  此类语法通常表现的是主语的意图，所以此类语法不能用在命令形和请求形句子中。

▶ 다른 문법과의 결합형   与别的语法的结合形态

- –으려고 해도: '–으려고 하다'에 양보의 '–아/어도'[004]가 결합된 형태이다.

  '–으려고 해도'是由原型 '–으려고 하다' 加上表示谦让的连接词 '–아/어도' 组成的形态。

  例 • 운동을 하**려고 해도** 시간이 없어서 못 해요. 我想运动，就是没时间。

- –으려고 해서: '–으려고 하다'에 이유의 '–아/어서'가 결합된 형태이다.

  '–으려고 해서'是由原型 '–으려고 하다' 加上表示理由的连接词 '–아/어서' 组成的形态。

  例 • 아이가 울**려고 해서** 사탕을 주었어요. 孩子要哭，我只得给了糖吃。

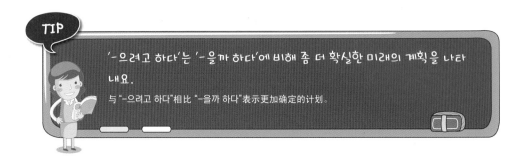

TIP

'–으려고 하다'는 '–을까 하다'에 비해 좀 더 확실한 미래의 계획을 나타내요.

与 "–으려고 하다" 相比 "–을까 하다" 表示更加确定的计划。

※ 다음 밑줄 친 부분과 의미가 비슷한 것을 고르십시오

식사 조절만으로 체중을 줄<u>이고자</u> 하는 것은 위험할 수도 있다.

① 줄이곤
② 줄이라고
③ 줄이려고
④ 줄이기로

答案解释

此句子表示打算以控制饮食的方式减少体重。①中的 '–곤 하다' 表示过去经常做的事。②中的 '–으라고 하다' 表示间接传达命令。④中的 '–기로 하다' 表示已经确定下来的计划在不久的将来会实现。故 ③ '–으려고 하다' 是正确答案。

正确答案 ③

100 −을까 하다 ★★

1. 알아두기   常见用法

		−(으)ㄹ까 하다
동사 动词	먹다	먹을까 하다
	가다	갈까 하다

❶ 말하는 사람의 약한 의도나 쉽게 바꿀 수 있는 막연한 계획을 말할 때 사용한다.
用于表达说话者不够强烈的意愿和可能改变的计划。

例 ▶
- 가: 이번 주말에 무엇을 할 계획이에요? 周末打算做什么?
  나: 특별한 계획은 없고 친구들이랑 영화나 **볼까 해**요. 没有特别的计划，可能和朋友们看看电影什么的。
- 남자 친구 생일 선물로 시계를 **살까 해**요. 我想送手表什么的，给男朋友做生日礼物。
- 날씨가 좋아서 소풍을 **갈까 하**는데 같이 갈래요? 最近天气不错，我想去踏青，一起去吗?

주의사항 注意事项

● 주어의 의도를 나타내기 때문에 명령형, 청유형으로 쓸 수 없다.
此类语法通常表现的是主语的意图，所以此类语法不能用在命令形和请求形句子中。

2. 더 알아두기   更多用法

▶ '−을까 하다'는 '−을까 보다'와 바꾸어 사용할 수 있다. '−을까 하다' 和 '−을까 보다' 可以互换使用。

例 ▶
- 학교를 졸업하고 어학연수를 **갈까 해**요. 等毕业了想去国外语言研修什么的。
  = 학교를 졸업하고 어학연수를 **갈까 봐**요.

※ (　　)에 들어갈 말로 알맞은 것을 고르십시오.

아직 확실하지 않지만 이번 연휴에는 고향에 (　　　　　　).

① 갈까 해요　　　　　　　　　② 가게 해요

③ 가고 있어요　　　　　　　　④ 갈 걸 그랬어요

答案解释

本题考查是否掌握了对表示不确定的计划的表述方法。②是使动句。使别人做某事。③表示现在正在进行中的意思。④表示过去没有去而懊悔。表示说话者的意愿不是很强烈，故①为正确答案。

正确答案　①

101 -기로 하다 ★

1. 알아두기　常见用法

		-기로 하다
동사 动词	먹다	먹**기로 하다**
	만나다	만나**기로 하다**

❶ 어떤 일에 대한 계획, 결심, 약속을 나타낸다. 表示对于某件事情的计划、决心、约定等。

> 例
> - 가: 방학 때 뭐 할 거예요? 假期打算做什么?
>   나: 아르바이트를 하**기로 했**어요. 打算做一些兼职。
>
> - 가: 어디로 유학 갈지 결정했어요? 决定去哪儿留学了吗?
>   나: 네, 미국으로 유학가**기로 했**어요. 我决定去美国留学。
>
> - 가: 내일 약속 있어요? 明天有约会吗?
>   나: 네네, 친구랑 영화 보**기로 했**어요. 有阿! 明天和朋友约好一起去看电影。

주의사항 注意事项

- '-기로 하다'는 상황에 따라 '-기로 계획하다', '-기로 결심하다', '-기로 약속하다'로 바꾸어 사용할 수 있다.
  '-기로 하다' 可根据情况与 '-기로 계획하다', '-기로 결심하다', '-기로 약속하다' 替换使用。

  > 例 이번 여름에는 친구들과 제주도로 놀러 가**기로 했**어요. 假期我们计划去济州岛旅行。
  > = 이번 여름에는 친구들과 제주도로 놀러 가**기로 계획했**어요.
  >
  > 미국으로 유학가**기로 했**어요. 我决定去美国留学。
  > = 미국으로 유학가**기로 결심했**어요.
  >
  > 그 사람과 내년에 결혼하**기로 했**어요. 我们约定明年结婚。
  > = 그 사람과 내년에 결혼하**기로 약속했**어요.

- '-기로 하다'는 주로 '-기로 했다'의 형태로 사용한다. '-기로 하다' 通常以 '-기로 했다' 形态使用。

- 계획을 나타내는 문법들은 주어의 의도를 나타내기 때문에 명령형, 청유형으로 쓸 수 없다.
  表示计划的语法通常表现的是主语的意图, 所以此类语法不能用在命令形和请求形句子中。

unit 20
계획

※ 빈칸에 가장 알맞은 것을 고르십시오.

가: 오늘 뭐 할 거예요?
나: 수업 후에 _____.

① 친구를 만나기는 했어요
② 친구를 만나려고 했어요
③ 친구를 만나기로 했어요
④ 친구를 만나기만 했어요

询问别人今天的计划。①和 ④表示过去见过朋友；②过去曾经打算和朋友见面；③在不久的将来打算和朋友见面。
所以，③是正确答案。

正确答案 ③

연습 문제 练习题

1 다음 밑줄 친 부분에 가장 알맞은 것을 고르십시오.

가: 누가 지영 씨에게 이 서류를 갖다 줄 수 있어요?
나: 마침 지영 씨에게 _____ 제가 갖다 줄게요.

❶ 가면 큰일인데　　　　　　　❷ 가려던 참인데
❸ 가지 않으려고 하는데　　　　❹ 가려고도 하지 않았는데　　**097**

2 밑줄 친 부분과 의미가 같은 것을 고르십시오.

가: 오후에 시험이죠? 공부 많이 했어요?
나: 아니요. 어제 저녁에 잠깐 <u>잔다는 것이</u> 오늘 아침까지 자 버렸어요.

❶ 자기도 했지만　　　　　　　❷ 자든지 말든지
❸ 자려고 하다가　　　　　　　❹ 자는 줄 모르고　　**098** **099**

3 다음 두 문장을 가장 알맞게 연결한 것을 고르십시오

일 하는 데 방해가 되다 / 전화조차 못 하다.

❶ 일 하는 데 방해가 될까 봐서 전화조차 못 했어요.
❷ 일 하는 데 방해가 되려고 전화조차 못 했어요.
❸ 일 하는 데 방해가 돼 봤자 전화조차 못 했어요.
❹ 일 하는 데 방해가 되는 덕에 전화조차 못 했어요　　**100**

4 다음 밑줄 친 부분에 가장 알맞은 것을 고르십시오.

가: 왜 이렇게 늦었어요?
나: 미안해요. 12번 버스를 _____ 그만 21번 버스를 탔어요.

❶ 타 가지고　　　　　　　　　❷ 탄다 해도
❸ 타 줬으면　　　　　　　　　❹ 탄다는 게　　**098**

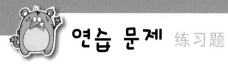

연습 문제 练习题

5 빈칸에 가장 알맞은 것을 고르십시오.

> 가: 혜경 씨, 길이 막히는 시간이니까 지하철을 타고 오세요.
> 나: 네, 그렇지 않아도 지하철을 _____.

❶ 탈 뻔했네요 ❷ 탈 모양이에요

❸ 타려던 참이에요 ❹ 타려다 말았어요 **097**

6 다음 밑줄 친 부분과 의미가 비슷한 것을 고르십시오.

> 지금부터 이번 여름에 나온 신제품에 대해서 <u>발표하고자 합니다</u>.

❶ 발표하곤 합니다 ❷ 발표하라고 합니다

❸ 발표하려고 합니다 ❹ 발표하기로 합니다 **099**

7 밑줄 친 부분과 의미가 같은 것을 고르십시오.

> 가: 매일 아침마다 <u>운동하기로 했는데</u> 생각처럼 쉽지 않네.
> 나: 그럼, 운동도 습관이기 때문에 처음에는 어려운 게 당연해.

❶ 운동하자마자 ❷ 운동하기는커녕

❸ 운동하는 반면에 ❹ 운동하려고 했는데 **101**

8 (   )에 들어갈 말로 알맞은 것을 고르십시오.

> 아직 확실하진 않지만 내년에는 인터넷 사업을 (   ).

❶ 할까 해요 ❷ 하고 있어요

❸ 하기도 해요 ❹ 할 걸 그랬어요 **100**

9 밑줄 친 부분과 의미가 같은 것을 고르십시오.

> 가: 여보세요? 일이 끝나려면 많이 남았어요?
> 나: 기다리게 해서 미안해요. <u>지금 끝내려던 참이었어요</u>.

❶ 지금 끝내려고 했어요 ❷ 지금 끝낸다고 했어요

❸ 지금 시작해도 끝나요 ❹ 지금 시작해서 끝나요 **097**

UNIT 21

피동 被动

102 -이/히/리/기 ★★★

I. 알아두기 常见用法

❶ 어떤 대상이 직접 한 것이 아니라 다른 대상에 의해 그렇게 됐을 때 사용한다.
某一对象不直接执行该动作，而是通过另一对象执行该动作而产生的动作。

例▶

· 도둑이 경찰에게 쫓**기**고 있어요.
小偷正被警察追赶。

· 지하철에 사람이 많아서 발을 밟혔어요.
地铁里人太多，我被踩到脚了。

· 피동형은 '-이/히/리/기'를 사용하여 만든다. 韩国语中被动态是由 'V-이/히/리/기' 方式构成的。

동사 动词	피동사 被动词	동사 动词	피동사 被动词	동사 动词	피동사 被动词	동사 动词	피동사 被动词
-다	-이다	-다	-히다	-다	-리다	-다	기다
놓다	놓이다	닫다	닫히다	걸다	걸리다	끊다	끊기다
바꾸다	바뀌다	막다	막히다	날다	날리다	담다	담기다
보다	보이다	먹다	먹히다	듣다	들리다	빼앗다	빼앗기다
쌓다	쌓이다	밟다	밟히다	묻다	물리다	안다	안기다
쓰다	쓰이다	업다	업히다	열다	열리다	쫓다	쫓기다
잠그다	잠기다	읽다	읽히다	팔다	팔리다		
담그다	담기다	잡다	잡히다	풀다	풀리다		

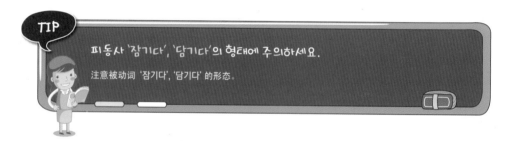

TIP

피동사 '잠기다', '담기다'의 형태에 주의하세요.

注意被动词 '잠기다', '담기다' 的形态。

● '읽히다, 보이다, 날리다'등은 피동과 사동⁰⁷⁶의 형태가 같다.

'읽히다, 보이다, 날리다' 使动态和被动态的形态相同。

2. 확인하기　　確认练习

※ 다음 중 밑줄 친 부분이 맞는 것을 고르십시오.

① 오후 다섯 시에 가니까 은행 문이 <u>닫았다</u>.

② 어디선가 내 이름을 부르는 소리가 <u>들렸다</u>.

③ 책상마다 급히 처리해야 할 서류들이 <u>놓았다</u>.

④ 수 년간의 노력으로 농촌 경제가 많이 <u>바꿨다</u>.

答案解释

本题要求正确地了解被动词的形态变化。①需要改成 '닫혔다'；③需要改成 '놓여 있다'；④需要改成 '바뀌었다'。正确答案为②。

正确答案　②

–아/어지다 1 ★

동사 动词		–아/어졌다	–아/어지다
	찾다	찾아졌다	찾아지다
	주다	주어졌다	주어지다
	지키다	지켜졌다	지켜지다
	깨다	깨졌다	깨지다

❶ 주어가 직접 행동을 한 것이 아니라 다른 것에 의해서 그런 상황이 될 때 사용한다.
不是由文中主语直接为之而是诱使他人为之。

例 ・이 볼펜은 글씨가 잘 써져요. 这支笔很好用。

・이번에 한 약속이 꼭 지켜져야 한다. 这个约定一定要实现。

・약속 장소가 정해지면 연락해 주세요. 约会地点一定下来，就联系我吧。

・친구와 전화하는 중에 갑자기 전화가 끊어졌어요. 和朋友通电话的时候，电话断线了。

주의사항 注意事项

● 피동을 표현할 때 피동의 '–이/히/리/기'[102]를 사용하는 동사 이외의 동사는 '–아/어지다'
를 사용해서 말한다.
表示被动的时候，除了只能以 '–이/히/리/기' 表被动意思的 情况以外，其他状况可用 '–아/어지다' 表被动。

● '–아/어지다'는 '아/어 있다'와 함께 사용하는 경우가 많다. '–아/어지다' 可与 '아/어 있다' 通用。

例 ・집에 돌아오니 창문이 깨져 있었다. 回家发现窗户被砸了。

・길거리에는 쓰레기가 많이 버려져 있어요. 路边有很多被丢掉的垃圾。

・집에 불이 꺼져 있는 걸 보니까 아무도 없나 봐요. 房间的灯关着呢，估计没人。

TIP

피동의 'V-아/어지다 I'과 변화의 'A-아/어지다 2'[108]는 형태는 같지만 다른 표현이에요.

被动的 'V-아/어지다1' 和变化的 'A-아/어지다2' 虽然形态一样可是表现不同。

例 피동의 'V-아/어지다': 요리가 다 만들어졌어요. 어서 드세요.
被动的 'V-아/어지다': 饭菜已经做好了, 请用餐。

상태 변화의 'A-아/어지다': 날씨가 추워졌어요.
情况变化的 'A-아/어지다': 天变冷了。

2. 확인하기

确认练习

※ ( ) 안에 알맞은 것 고르십시오.

가: 수진 씨는 등산을 좋아하는 것 같아요.
나: 네. 그런데 산 여기저기에 쓰레기가 ( ) 있는 걸 보면 기분이 좀 안 좋아요.

① 버려져
② 버리고
③ 버리려고
④ 버렸는데도

答案解释

文中的主语是'쓰레기', 所以其谓语动词需要改成被动形。故②, ③, ④都不能成为答案。只有使用被动语态谓语动词的①为正确答案。

正确答案 ①

1 다음 중 밑줄 친 부분이 맞는 것을 고르십시오.

 ❶ 배가 아파서 약국에 갔는데 벌써 문이 <u>닫았다</u>.
 ❷ 누가 크게 노래를 부르는 소리가 <u>들었다</u>.
 ❸ 동생의 책상 위에 여러 권의 소설책이 <u>놓았다</u>.
 ❹ 머리가 마음에 안 들어서 미용실에 가서 <u>바꿨다</u>. **102**

2 다음 중 밑줄 친 부분이 맞는 것을 고르십시오.

 ❶ 12시가 넘었으니까 지하철이 <u>끊였어요</u>.
 ❷ 서울 타워에 올라가면 서울 시내가 잘 <u>보여진다</u>.
 ❸ 요즘 날씨가 더워져서 아이스크림이 잘 <u>팔린다</u>.
 ❹ 이 핸드폰으로는 상대방의 목소리가 잘 <u>들어진다</u>. **102 103**

3 다음 중 밑줄 친 부분이 <u>틀린 것</u>을 고르십시오.

 ❶ 집 앞에 쓰레기가 많이 <u>쌓아</u> 있다.
 ❷ 교통사고가 나서 길이 <u>막히는</u> 것 같다.
 ❸ 10분 전에 갔었는데 도서관 문이 <u>닫혀</u> 있었어요.
 ❹ 친구의 책이랑 내 책이 <u>바뀐</u> 것 같다. **102**

4 ( ) 안에 알맞은 것을 고르십시오.

 가: 민호야, 내가 창문을 깬 거야?
 나: 아니에요. 집에 오니까 벌써 창문이 ( ) 있었어요.

 ❶ 깨고 ❷ 깨져
 ❸ 깨려고 ❹ 깼는데도 **103**

UNIT 22

기준 基准

에 달려 있다 ★★

		에 달려 있다
명사 名词	습관	습관에 달려 있다
	태도	태도에 달려 있다

❶ 어떤 것을 결정하는 데에 이것이 가장 중요하다는 것을 나타낸다.
做某种决定的时候，有个最重要的衡量基准。

例 • 아이의 미래는 교육에 **달려 있다.** 孩子的未来在于教育。

• 인생의 행복은 마음에 **달려 있어요.** 人生的幸福在于心态。

• 그 회사의 성공 여부는 제품의 품질에 **달려 있습니다.** 那个公司能否成功关键在于产品的品质。

주의사항 注意事项

● 동사의 경우에는 명사형 '-기', '-는 것' 으로 바꾸어 사용할 수 있다.
动词可改写成 '-기', '-는 것' 的形态。

例 모든 것은 마음먹기에 달려 있어요. 所有一切其关键在于心态。

다이어트의 성공은 열심히 운동하는 것에 달려 있다. 减肥能否成功关键在于努力运动。

● '언제, 누구, 어디, 무엇, 얼마나' 등과 같은 의문사와 함께 사용할 때는 '-느냐에 달려 있다'의 형태로 사용한다.
与 "何时，谁，哪里，什么，多少" 等疑问词搭配使用的时候，要以 '-느냐에 달려 있다' 形态使用。

例 여행의 즐거움은 같이 가는 사람이 <u>누구</u>냐에 달려 있어요. 旅行快乐与否关键在于和谁一起去。
　　　　　　　　　　　　　　(의문사) (疑问词)

회사의 성공은 제품의 품질이 <u>얼마나</u> 좋으냐에 달려 있어요. 公司成功的关键在于产品品质的好坏程度。
　　　　　　　　　　　　　(의문사) (疑问词)

※ 다음 밑줄 친 부분과 의미가 비슷한 것을 고르십시오

가: 영수 씬 고민이 하나도 없는 사람 같아요. 어떻게 하면 그렇게 신나고 즐겁고 그래요?
나: 전 뭐든지 좋게 생각하려고 하거든요. 세상사가 <u>다 마음먹기에 달려 있는 거 아니겠어요?</u>

① 마음만 먹으면 안 되는 일이 없어요
② 세상 일이 사람의 마음을 자주 바꿔 놓아요
③ 살다보면 좋은 일도 있고 나쁜 일도 있어요
④ 모든 게 생각하기에 따라서 달라질 수 있어요

答案解释

心态决定一切的意思。①只要下定决心就能实现一切的意思。②世上的事可以改变人的心态，不能成答案。③有好事，也有坏事。这也不是答案。④所有一切都按照人的心态的变化而变化。④为正确答案。

正确答案 ④

에 따라 다르다 ★

		에 따라 다르다
명사 名词	사람	사람에 따라 다르다
	문화	문화에 따라 다르다

❶ 어떤 것 때문에 결과가 달라진다는 것을 나타낸다. 某些因素的变化导致不同结果。

> 例 · 물건의 품질은 가격에 **따라 달라요**. 物品随价格呈现不同品质。
>
> · 그 사람 기분은 날씨에 **따라 달라요**. 那个人的心情取决于天气的变化。
>
> · 이번 일에 대한 평가는 사람에 **따라 달랐다**. 对这件事情的评价仁者见仁智者见智。

주의사항 注意事项

● '언제, 누구, 어디, 무엇, 얼마나' 등과 같은 의문사와 함께 사용할 때는 '-느냐에 따라 다르다'의 형태로 사용한다.
  与 "何时，谁，哪里，什么，多少" 等疑问词搭配使用的时候，要以 '-느냐에 따라 다르다' 形态使用。

> 例 건강은 어떤 습관을 갖고 있**느냐에 따라** 달라져요. 你的健康状态取决于持有什么样的习惯。
>   (의문사) (疑问词)
>
>   **어디**에 취직하**느냐에 따라** 미래가 달라집니다. 你的未来取决于在什么地方谋职。
>   (의문사) (疑问词)

● 또한 '-느냐에 따라 다르다'는 '-느냐에 달려 있다'와 바꾸어 사용할 수 있다.
  '-느냐에 따라 다르다' 可与 '-느냐에 달려 있다' 互换使用。

> 例 어디에 취직하**느냐에 따라** 미래가 달라집니다. 你的未来取决于在什么地方谋职。
>   = 미래는 어디에 취직하**느냐에 달려** 있어요.

※ 밑줄 친 부분을 같은 의미로 바꿔 쓴 것을 고르십시오.

가: 외국으로 여행가면 돈이 아주 많이 들겠지요?
나: <u>어디로 가느냐에 따라 다르지요</u>. 물가가 비싼 나라도 있고 싼 나라도 있잖아요.

① 어디로 가더라도 비쌀 거예요

② 가는 곳이 어디든 마찬가지예요

③ 가는 곳이 어디냐에 달려 있어요

④ 어디를 가든지 적게 들지 않아요

意思是说，花销的多少取决于去什么地方旅游。①是说，去哪儿都很贵。②是说，不管去哪儿都一样贵。④是说，去哪儿都要花掉不少的钱。说明某些因素的变化导致不同结果的③为正确答案。

正确答案 ③

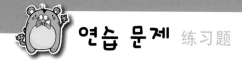

연습 문제 练习题

1 밑줄 친 부분을 같은 의미로 바꿔 쓴 것을 고르십시오.

> 가: 1년 정도 공부하면 한국어를 잘 할 수 있겠지요?
> 나: <u>어떻게 공부하느냐에 따라 다르지요</u>.

① 어떻게 공부해도 잘 할 수 있어요
② 어떻게 공부해도 마찬가지예요
③ 어떻게 공부하느냐에 달려 있어요
④ 어떻게 공부하든지 상관없어요

2 다음 (   )에 알맞은 것을 고르십시오.

　성공하는 사람에게는 성공을 위한 특별한 방법이 있습니다. 그것은 바로 매일 자신의 시간을 어떻게 보냈는지 써 보는 것입니다. 이렇게 하면 시간을 효율적으로 쓰는 법을 알게 된다고 합니다. 성공하는 사람들은 '(   )'라고 강조합니다.

① 성공에는 특별한 방법이 없다.
② 성공은 습관에 달려 있는 것이다.
③ 성공이 무엇인지 가르쳐 주는 것이다.
④ 성공은 누구든지 하고 싶어하는 것이다.

UNIT **23**

바람 · 희망 所求 希望

초급 문법 확인하기! 初级语法回顾

-고 싶다

例 더워서 아이스크림을 먹고 싶어요. 天太热了真想吃冰淇淋。

–았/었으면 (싶다/하다/좋겠다) ★★

常见用法

동사 动词	읽다	읽었으면
	사다	샀으면
형용사 形容词	많다	많았으면
	싸다	쌌으면

위 표의 헤더: –았/었으면

명사+이다 名词+이다	이웃	이웃이었으면
	친구	친구였으면

위 표의 헤더: 이었/였으면

❶ 바람이나 희망을 나타낼 때 사용한다. 表示希望或索求。

> 例 · 미국에 한번 **갔으면** 싶어요. 能去美国看看就好了。
>
> · 날씨가 빨리 따뜻해졌**으면** 해요. 天气能暖和一点就好了。
>
> · 저 사람이 내 친구였**으면** 좋겠다. 如果他是我的朋友就好了。

更多用法

▶ '-았/었으면(싶다/하다/좋겠다)'는 '-는다면 좋겠다', '-으면 좋겠다'와 바꾸어 사용할 수 있다.
'-았/었으면(싶다/하다/좋겠다)' 可与 '-는다면 좋겠다', '-으면 좋겠다' 互换使用。

> 例 · 나도 복권에 당첨됐**으면** 좋겠어요. 我也能中彩票就好了。
>
> = 나도 복권에 당첨된**다면** 좋겠어요.
>
> = 나도 복권에 당첨되**면** 좋겠어요.

unit 23
바람
희망

※ 빈칸에 알맞은 것을 고르십시오.

가: 민정 씨, 이번 생일 선물로 뭘 받고 싶어요?
나: 음, _____.

① 가방을 받으려고 해요
② 가방을 받으면 좋았어요
③ 가방을 받을 거라고 봐요
④ 가방을 받았으면 좋겠어요

答案解释

本题是询问对方想得到什么礼物的题。表示希望的语句可成为答案。①中 '-으려고 하다' 表示计划。②中 '-으면 좋았다' 谈论过去的状况，不能成为答案。③中 '-을 거라고 보다' 表示猜测。只有表示希望的 ④ '-았/었으면 좋겠다' 为正确答案。

正确答案 ④

–기(를) 바라다 ★

1. 알아두기　　常见用法

		–기(를) 바라다
동사 动词	살다	살기(를) 바라다
	만나다	만나기(를) 바라다

❶ 바람이나 희망을 나타낼 때 사용한다.　表示希望、所求。

例
- 행복하게 살**기를 바랄**게요.　希望你能幸福。
- 좋은 사람 만나**기를 바란**다.　希望你能遇上不错的对象。
- 건강하게 생활하시**기를 바랍**니다.　希望你能活得健康。

2. 확인하기　　确认练习

※ 빈칸에 알맞은 것을 고르십시오.

가: 바쁘실 텐데 이렇게 병문안을 와 주셔서 고맙습니다.
나: 별 말씀을요. 빨리 ＿＿＿＿＿＿＿＿＿＿＿＿＿.

① 나을 뻔 했어요
② 나을까 해요
③ 낫기가 힘들어요
④ 낫기를 바랄게요

答案解释

本题内容为希望病人早日康复。①中 '–을 뻔 하다' 表示某件事过去差一点就发生了的意思。②中 '–을까 하다' 表示说话者的计划。③中的 '–기가 힘들다' 表达的是很难康复的意思。故表示希望对方早日康复的语句 ④为正确答案。

正确答案　④

1   빈칸에 알맞은 것을 고르십시오.

　가: 대학 졸업 후에는 뭐 하고 싶어요?
　나: 글쎄요. ＿＿＿＿＿＿＿＿＿＿＿＿＿＿＿.

　❶ 한국 회사에 취직할 뻔했어요
　❷ 한국 회사에 취직할 정도예요
　❸ 한국 회사에 취직했으면 해요
　❹ 한국 회사에 취직했는 줄 알아요

⦿106

2   빈칸에 알맞은 것을 고르십시오.

　가: 다음 주에 입학 시험이라면서요? ＿＿＿＿＿＿＿＿＿＿＿＿＿＿.
　나: 고맙습니다.

　❶ 합격할 뻔 했어요
　❷ 합격할 지경이에요
　❸ 합격하는 줄 알아요
　❹ 합격하기를 바랄게요

⦿107

3   밑줄 친 부분에 들어갈 말로 알맞은 것을 고르십시오.

　가: 지난 번에 갔던 커피숍이 괜찮았던 것 같은데, 오늘 거기서 만날까?
　나: 글쎄, 난 ＿＿＿＿＿＿＿＿＿＿＿＿＿＿＿.

　❶ 다른 데에 갔으면 좋겠어
　❷ 그 커피숍에 가면 좋았을텐데
　❸ 다른 데 간 게 좋았던 것 같아
　❹ 그 커피숍에 가는 게 더 나았을 거야

⦿106

변화 変化

108 −아/어지다 2 ★★

1. 알아두기
常见用法

		아/어지다
형용사 形容词	많다	많아지다
	예쁘다	예뻐지다

❶ 상태의 변화를 나타낸다. 表示状态变化。

例 ▸ • 요즘 일이 많**아져서** 늦게 퇴근해요. 最近工作太多，所以下班很晚。

• 매일 운동하면 건강**해질** 거예요. 如果每天运动，身体会变得健康。

• 날씨가 많이 추**워졌**어요. 天气变冷了。

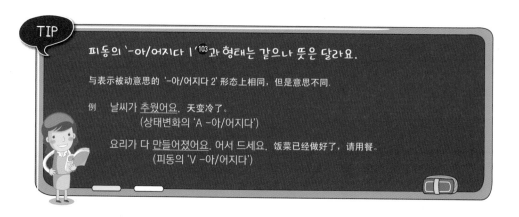

TIP

피동의 '−아/어지다 1'[103]과 형태는 같으나 뜻은 달라요.

与表示被动意思的 '−아/어지다 2' 形态上相同，但是意思不同。

例 날씨가 <u>추웠어요</u>. 天变冷了。
　　　 (상태변화의 'A −아/어지다')

요리가 다 <u>만들어졌어요</u>. 어서 드세요. 饭菜已经做好了，请用餐。
　　　 (피동의 'V −아/어지다')

※ 다음 상황에 맞는 대화가 되도록 밑줄 친 곳에 알맞은 말을 고르십시오.

환경 파괴의 심각성을 걱정하고 있다.

가: 쓰레기를 강이나 바다에 함부로 버리는 사람들이 있어요.
나: 그렇게 강과 바다를 오염시키면 _____.

① 자동차 사용을 줄여야 할 거예요

② 일회용품을 사용하지 않아야 해요

③ 곧 마실 물이 부족해질지도 몰라요

④ 자연이 얼마나 심하게 파괴됐는데요

答案解释

需要找到污染有可能导致的后果。① 和 ②为了防止污染需采取的行动；④表示已发生的结果，所以不能成为答案。
故表示环境污染导致的环境变化的意思的 ③为正确答案。

正确答案　③

109

-게 되다 ★

		-게 되다
동사 动词	먹다	먹게 되다
	가다	가게 되다
형용사 形容词	빨갛다	빨갛게 되다
	깨끗하다	깨끗하게 되다

❶ 처음과 다르게 변하거나 어떤 이유 때문에 새로운 일이 일어났을 때 사용한다.
   表示状态的变化或某种原因导致新的事情发生。

> 例 ▶ • 그 사람이 노래 부르는 모습을 보고 그 사람을 좋아하게 되었어요.
>   自从看了他唱歌的模样，我开始喜欢他了。
>
> • 처음에 한국에 왔을 때는 김치를 못 먹었지만 이제는 김치를 잘 먹게 되었어.
>   第一次来韩国的时候我不习惯吃泡菜，但是现在已开始习惯吃泡菜了。
>
> • 운동을 시작하고 나서 건강하게 되었어요. 自从开始了运动，人变得健康了。

> ※ 다음 ( )에 알맞은 것을 고르십시오.
>
> 가: 왜 이사를 가려고 해요?
> 나: 다음달부터 ( ) 된 회사가 너무 멀어서요.
>
> ① 일하게   ② 일해서
> ③ 일하면서   ④ 일하니까

    答案解释

本题想要表达的意思是话者本人下个月开始在新的公司工作，但是新公司离得很远。②中 '-아/어서' 和 ③中 '-으면서' 还有 ④中的 '-으니까' 都与之相接的 '되다' 不符。①表示的是新的事情，故 ①为正确答案。

正确答案 ①

연습 문제 练习题

1 상황에 맞는 대화가 되도록 밑줄 친 부분에 가장 알맞은 것을 고르십시오.

상황 – 산업화 때문에 숲이 자꾸 없어지고, 사막도 많아진다는 뉴스를 들었다.

가: 요즘엔 산업화 때문에 숲이 자꾸 없어진대.
나: 맞아. _____.

① 숲과 사막의 기준이 없어진다면 좋을 것 같아
② 숲을 사막으로 바꾸기 위해서 노력해야 하지
③ 이렇게 가다가는 사막이 없어질지도 모르겠어
④ 원래 숲이었던 곳도 점점 사막으로 변하게 된다잖아

2 다음 밑줄 친 부분이 <u>알맞지 않은</u> 것을 고르십시오.

① 다음 주가 <u>되어지면</u> 여행을 갈 거예요.
② 무엇이든지 <u>알게 되면</u> 꼭 나에게 알려 주세요.
③ 운동을 열심히 해서 <u>건강해졌어요</u>.
④ 바쁘면 실수를 <u>하게 되니까</u> 조심하세요.

unit 24
변화

3 다음 밑줄 친 부분에 들어갈 알맞은 것을 고르십시오.

가: 열도 나고, 기침도 나는 게 감기에 걸린 것 같아요.
나: 그래요? 갑자기 날씨가 _____ 요즘 감기에 걸린 사람이 많아요.

① 춥다고 해서
② 추워져서
③ 춥기는 해도
④ 추우면

TOPIK试题中常见的韩国文化

韩国传统格斗跆拳道

跆拳道在2000年悉尼奥运会首次作为竞技比赛项目，也是韩国的代表项目之一。作为受到对方攻击时保护自己使用的武术，跆拳道利用手和脚的配合攻击对方。

跆拳道还是学生锻炼自己身心一种代表性的运动，所以它既是韩国的传统武术，同时也是许多现代人喜爱的运动。在韩国，有许多为小学生开设的跆拳道班。学生们在这不仅可以学习到防身之术，并通过跆拳道学习韩国传统礼节。

후회 后悔

-을 걸 (그랬다) ★★

常见用法

		-(으)ㄹ 걸 (그랬다)
동사 动词	먹다	먹을 걸 (그랬다)
	가다	갈 걸 (그랬다)

❶ 어떤 일에 대해 후회하거나 아쉬워할 때 사용한다. 对某件事感到后悔或者惋惜。

例 · 가: 어제 생일 파티에 왜 안 왔어요? 정말 재미있었는데요. 昨天的生日派对怎么没来呢? 过的非常有趣。
　　나: 정말요? 몸이 조금 피곤해서 안 갔는데 나도 갈 **걸 그랬**네요.
　　　　是吗? 身体不舒服才没去的, 本应该去的。

· 가: 방학 숙제 다 했어? 곧 방학이 끝나는데 나는 하나도 못 했어.
　　　　假期的作业写完了吗? 假期马上就结束了, 可是一点也没有做。
　　나: 나도 그래. 방학 때 놀지만 말고 숙제도 할 **걸 그랬**어요.
　　　　我也是。咱不该只顾着玩儿, 本应该写作业的。

주의사항 注意事项

● '그랬다'는 '그렇다(그래요)' 형태로 쓸 수 없고 항상 과거형인 '그랬다(그랬어요)'의 형태로 써야 한다. '그랬다'不能用以 '그렇다(그래요)' 形态, 应该用以过去式 '그랬다(그랬어요)' 形态。

例 열심히 공부할 걸 그래요.(X)

● 문장의 끝에서는 '-을 걸'의 형태로 사용되기도 한다. 通常以 '-을 걸' 形态, 用在句尾。

例 이렇게 힘들 줄 알았으면 시작하지 말 걸. 早知道这么累, 就不该开始。

▶ '-을 걸 (그랬다)'는 '-았/었어야 했는데'⑩와 바꾸어 사용할 수 있다.

'-을 걸 (그랬다)' 可与 '-았/었어야 했는데' 互换使用。

例 ▶ · 은행에서 미리 돈을 찾**을 걸 그랬**어요.   早知道就去银行取钱了。
    = 은행에서 미리 돈을 찾**았어야 했는데** 안 찾았어요.

3. 확인하기   确认练习

※ 다음 밑줄 친 부분에 들어갈 말로 알맞은 것을 고르십시오.

가: 어제 진수 씨가 고향으로 돌아갔어요.
나: 그래요? 그럴 줄 알았으면 _____ .

① 전화 한번 한 것 같아요

② 얘기 정도는 할 걸 그래요

③ 얘기 정도는 한 것 같았어요

④ 전화 한번 할 걸 그랬어요

unit 25
후회

原来不知道珍秀回老家，所以没给他打电话，对此表示惋惜。①和 ③表明对过去事实的推测；②中，用 '-을 걸 그랬다'语法的时候，总是要以过去形态 '그랬어요'使用。只有对，因没打电话而感到惋惜的 ④为正确答案。

正确答案   ④

111 −았/었어야 했는데 ★

1. 알아두기　常见用法

		−았/었어야 했는데
동사 动词	먹다	먹었어야 했는데
	가다	갔어야 했는데
형용사 形容词	작다	작았어야 했는데
	크다	컸어야 했는데

		이었/였어야 했는데
명사+이다 名词+이다	남자	남자**였어야 했는데**
	동생	동생**이었어야 했는데**

❶ 어떤 일에 대해 후회하거나 아쉬워할 때 사용한다.　对某件事感到后悔或者惋惜。

> 例 · 가: 결국 비행기를 놓치고 말았어!　终于还是没赶上飞机。
> 　　나: 우리가 조금 더 일찍 나**왔어야 했는데**.　本应该早点出来的。
>
> · 다이어트 중이라 많이 먹지 말**았어야 했는데** 또 많이 먹어버렸어요.
> 因为在减肥，原本不该吃这么多的，可还是吃了。

2. 더 알아두기　更多用法

▶ '−았/었어야 했는데'는 '−을 걸 (그랬다)'⑩와 바꾸어 사용할 수 있다.
'−았/었어야 했는데'可与 '−을 걸 (그랬다)'互换使用。

> 例 · 은행에서 미리 돈을 찾**았어야 했는데** 안 찾았어요.　早知道就去银行取钱了。
> 　= 은행에서 미리 돈을 찾**을 걸 그랬**어요.

※ 빈칸에 들어갈 말로 가장 알맞은 것을 고르십시오.

> 가: 이번 시험을 잘 봤어요?
> 나: 아니요, 못 봤어요. 시간이 있을 때 열심히 _____.

① 공부했다고 했어요

② 공부했어야 했어요

③ 공부했다고 봐요

④ 공부했다는 말이에요

unit 25
후회

答案解释

考试没考好，所以对于没认真学习感到懊悔。①中 '–았/었다고 했다' 是对过去的事件的间接语句；③中 '–았/었다고 보다' 推测过去可能很努力学习了的事实；④中 '–았/었다는 말이에요' 再次确认过去有过认真学习的事实。所以，只有对已经过去的事实表示感到后悔的 ②为正确答案。

正确答案 ②

연습 문제 练习题

1   다음 밑줄 친 부분에 들어갈 말로 가장 알맞은 것을 고르십시오.

> 가: 제가 말하지 말라고 했잖아요.
> 나: 그러게요. 그렇게 화를 낼 줄 알았으면 _____.

① 말하지 말 걸 그랬어요
② 말하지 말아야 하던데요
③ 말했어야 했는데 그랬어요
④ 말할 수 있을지 걱정이에요   **110**

2   다음 밑줄 친 부분에 들어갈 말로 알맞은 것을 고르십시오.

> 가: 우리 옆 집 오빠가 유명한 가수가 됐대.
> 나: 정말? 그럴 줄 알았으면 _____.

① 만난 셈 칠 걸
② 만나지도 날 걸
③ 사인이라도 받아 둘 걸
④ 사인이라도 받게 될 걸   **110**

시간 时间

초급 문법 확인하기! 初级语法回顾

-을 때

例 공부할 때 음악을 들어도 돼요? 学习的时候听音乐可以吗?

-는 동안(에) ★

常见用法

		-는 동안(에)
동사 动词	먹다	먹는 동안(에)
	가다	가는 동안(에)

❶ 어떤 행동이나 상태가 계속되는 시간을 나타낸다. 表示某种行为或状态持续的时间。

> 例 ▶ ・아이가 자는 **동안에** 청소를 했어요. 趁孩子睡觉的时候，打扫了卫生。
>
> ・영화를 보는 **동안** 계속 다른 생각만 했어요. 看电影的那段时间，一直都在想别的事情。
>
> ・한국에 사는 **동안** 특별한 경험을 많이 하고 싶어요. 在韩国生活的时候，想经历一些特别的事情。

주의사항 注意事项

● '가다, 오다, 떠나다' 등과 같은 동사의 경우는 과거형인 '-(으)ㄴ 동안에'로 사용할 수 있다.
'가다, 오다, 떠나다' 等动词可以过去式 '-(으)ㄴ 동안에' 使用。

> 例 내가 학교에 간 **동안**에 친구가 우리 집에 왔어요. 我在学校的时候，有朋友来我家找过我。

● 'N 동안(에)'는 '방학, 휴가, 시험 기간, 일주일, 한 달, 일 년' 등과 같이 시간을 나타내는 명사와 같이 사용한다.
'N 동안(에)' 可与 '방학, 휴가, 시험 기간, 일주일, 한 달, 일 년' 等表示时间的名词一同使用。

> 例 방학 **동안**에 아르바이트를 했어요. 放假的时候打工了。

2. 더 알아두기 更多用法

💡 ▶ **'-는 동안(에)'는 '-는 사이에'⑪의 문법 비교** '-는 동안(에)' 与 '-는 사이에' 的语法比较。

'-는 동안(에)'는 '-는 사이(에)'와 바꾸어 사용할 수 있다. 하지만 선행절과 후행절의 주어가 같을 때는 '-는 동안(에)'만 사용할 수 있다.

'-는 동안(에)는' 可以与 '-는 사이(에)' 互换使用。但，前句和后句主语相同时只能使用 '-는 동안(에)'。

例 ▶ • <u>내가</u> 요리를 하는 **동안에** <u>친구는</u> 청소를 했다. (O) 在我做菜的时候，朋友打扫卫生了。
　　　주어(主语)　　　　　　　　　주어(主语)

　　= <u>내가</u> 요리를 하는 **사이에** <u>친구는</u> 청소를 했다.
　　　주어(主语)　　　　　　　주어(主语)

• <u>나는</u> 공부하는 **동안에** <u>(나는)</u> 음악을 들어요. (O) 我一边用电脑一边听音乐。
　주어(主语)　　　　　　주어(主语)

　= <u>나는</u> 공부하는 **사이에** <u>(나는)</u> 음악을 들어요 (X)
　　주어(主语)　　　　　　주어(主语)

3. 확인하기 确认练习

※ 다음 밑줄 친 부분과 바꾸어 쓸 수 있는 것을 고르십시오.

가: 오래 기다렸지요? 정말 미안해요.
나: 괜찮아요. <u>기다리는 동안</u> 책을 읽고 있었어요.

① 기다리기가 무섭게
② 기다리는 사이에
③ 기다리는 길에
④ 기다리는 대로

答案解释

等待的期间继续的意思。①表示 '做某种动作以后马上' 的意思；③表示，'做某种动作的过程中' 的意思；④表示，'某种行动发生后马上' 的意思，所以这些都不是答案。只有表示 '某件事情发生的期间' 的意思的 ②为正确答案。

正确答案　②

113 -는 사이(에) ★

1. 알아두기 常见用法

		-는 사이(에)
동사 动词	먹다	먹는 사이(에)
	자다	자는 사이(에)

❶ 어떤 행동이나 상태가 계속되는 시간을 나타낸다. 表示某种行动或状态持续的时间。

> 例 • 가: 내가 나갔다 온 **사이에** 집에 누가 왔어? 我离开的那会儿谁来过我们家？
> 　　나: 응, 내 친구가 책을 갖다 주러 잠깐 왔었어. 是我的一位朋友为了还书来访过。
> • 네가 샤워하는 **사이에** 전화가 왔었어. 你洗澡的时候有电话找过你。

주의사항 注意事项

● 선행절과 후행절의 주어가 반드시 달라야 한다. 前句和后句主语不能一致。

> 例 내가 숙제하는 **사이에** 친구는 커피를 마셨다.(O) 在我做作业的时候，朋友喝咖啡。
> 　(주어) (主语) 　　(주어) (主语)
> 　내가 숙제하는 사이에 (내가) 커피를 마셨다.(X)
> 　(주어) (主语) 　　(주어) (主语)

● '가다, 오다, 떠나다' 등과 같은 동사의 경우는 과거형인 '-(으)ㄴ 사이(에)'로 사용할 수 있다.
'가다, 오다, 떠나다' 等动词可以过去式 '-(으)ㄴ 사이(에)' 形态使用。

> 例 내가 학교에 간 사이에 친구가 우리 집에 왔어요. 我去学校那会儿，有朋友来我家拜访。

unit 26
시간

2. 더 알아두기 更多用法

 ▶ '-는 사이(에)'와 '-는 동안(에)'⑪⑫의 문법 비교 (P. 330) '-는 사이(에)' 与 '-는 동안(에)' 的语法比较。

※ 밑줄 친 부분과 바꾸어 사용할 수 있는 표현을 고르십시오.

가: 이게 무슨 냄새야? 음식이 타는 것 같은데.
나: 내가 아까 잠깐 전화를 <u>받는 동안에</u> 음식이 타 버렸어.

① 받는 길에

② 받는 사이에

③ 받는 대신에

④ 받는 대로

文章大意为，接电话的期间，菜糊了。①中'-는 길에'表示去某地或从某地回来的过程中的意思。③中'-는 대신에'不表示接电话的动作，而表示做其它动作。④中'-는 대로'表示只要接电话，吃的东西就烤糊。只有表示前句行动进行时，后句事件同时发意思的 ②为正确答案。

正确答案 ②

-는 중에 ★

I. 알아두기 常见用法

		-는 중에
동사 动词	먹다	먹는 중에
	기다리다	기다리는 중에

❶ 어떤 일이 진행되고 있는 과정을 나타낸다. 表示某件事情进行的过程。

> 例
> • 아침을 먹는 중에 친구한테서 전화가 왔어요. 吃饭的时候接到朋友打来的电话。
> • 친구를 기다리는 중에 선생님을 만났어요. 等朋友的时候碰见了老师。
> • 나는 일하는 중에 전화를 꺼 두는 습관이 있다. 工作的时候我习惯把手机关掉。

주의사항 注意事项

● '-는 중이다'의 형태로 사용할 수 있다. 可以 '-는 중이다' 形态使用。

> 例 민호는 지금 공부하는 중이다. 敏浩正在做功课。

2. 확인하기 确认练习

※ 다음 밑줄 친 부분과 바꾸어 쓸 수 있는 것을 고르십시오.

지하철을 타고 집에 <u>가는 중에</u> 선생님을 만났어요.

① 가다니 ② 가다가
③ 가도록 ④ 가고자

答案解释

选择可替代 '가는 중에' 使用的表现。①中 '-다니' 无法相信前面的内容是使用的表现。③中 '-도록' 和 ④ 中 '-고자' 表示目的，所以不是答案。只有表示去的过程中的意思的 ② 为正确答案。

正确答案 ②

unit 26
시간

115

–은 지 N이/가 되다/넘다/지나다 ★

		–(으)ㄴ 지
동사 动词	먹다	먹은 **지**
	가다	간 **지**

❶ 어떤 일을 한 후 시간이 얼마나 지났는지 말할 때 사용한다.
自从开始做某件事情以后，表示时间经过的程度。

> 例 • 이 일을 시작한 **지** 벌써 8년**이** 됐어요. 自开始做这件事起，已经过去8年了。
>
> • 그 친구를 못 만난 **지** 20년**이** 넘었어요. 我们已经20年没有见面了。
>
> • 한국어를 배운 **지** 반 년**이** 지났어요. 已经学了半年的韩国语了。

주의사항 注意事项

● '–은 지 오래 되다', '–은 지 얼마 안 되다' 등의 형태로 사용하는 경우가 많다.
使用 '–은 지 오래 되다', '–은 지 얼마 안 되다' 的情况很常见。

> 例 담배를 끊은 지 오래 됐어요. 戒烟已经很久了。
> 직장을 옮긴 **지** 얼마 안 됐어요. 换工作没多长时间。

> ※ 다음 밑줄 친 부분 중 틀린 것을 찾아 바르게 고쳐 쓰십시오.
>
> 지방의 작은 도시로 이사 ①<u>오는 지</u> 벌써 십년이 넘었다. 그곳의 조용한 생활에 익숙해져 ②<u>있던</u> 나는 얼마 전 서울에 ③<u>갔다가</u> 아주 당황했다. 복잡한 교통과 많은 사람들 때문에 제대로 걸어 ④<u>다닐 수</u>도 없었기 때문이다.
>
> (→   )

答案解释

①表示时间过去多久的程度，经常用以过去式 '–(으)ㄴ 지'。所以，①为正确答案。

正确答案 ① 오는 지 → 온 지

연습 문제 练习题

1 빈칸에 들어갈 말로 알맞은 것을 고르십시오.

제가 청소를 ( ) 친구는 요리를 했어요.

① 하는 동안에   ② 하는 데다가

③ 하는 대로   ④ 하는 채로   **112**

2 다음 두 표현을 가장 알맞게 연결한 것을 고르십시오.

수영을 배우다 / 10년이 되다

① 수영을 배운 지 10년이 되었다.

② 수영을 배우다 보면 10년이 되었다.

③ 수영을 배우기 위해 10년이 되었다.

④ 수영을 배우려면 10년이 되었다.   **115**

3 밑줄 친 부분과 의미가 같은 말을 고르십시오.

<u>운전하는 중에</u> 전화를 받으면 사고 나기가 쉽다.

① 운전하도록   ② 운전하면서

③ 운전하느라고   ④ 운전하다가는   **114**

unit **26**
시간

4 다음 밑줄 친 부분과 의미가 비슷한 것을 고르십시오.

가: 언제 나갔다 왔어요? 나간 줄도 몰랐어요.
나: 아까 <u>자는 사이에</u> 깰까 봐 살짝 나갔다 왔어요.

① 잔다는 것이   ② 잘 뿐만 아니라

③ 자는 대신에   ④ 자는 동안에   **112** **113**

TOPIK试题中常见的韩国文化

安东国际面具舞节

　　你去过庆尚北道的安东吗？作为具有代表性的韩国景观和文化城市之一，其中安东河回村，河回面具最负盛名。被洛东江水环绕的河回村保存了韩国的古时风貌，传说第一个制作出河回面具的人就来自这里。1999年英国女王也曾造访过这里，从而使和回村成为了世界著名的观光胜地。在安东，每年的10月都会举行世界面具舞庆典，庆典上主要有面具舞表演，清唱表演，世界面具展等一系列活动。大家随我一起去安东参观一次世界各国的面具，怎么样？

선택 · 비교 选择 · 比较

-느니 ★★

		-느니
동사 动词	먹다	먹느니
	일하다	일하느니

❶ 후행절의 상황도 마음에 들지 않지만 선행절보다 낫다고 판단해서 선택할 때 사용한다.
前后两句选项都不尽如人意，但是比起前句更倾向于后句的选项。

> 例 ·민호 씨 같은 사람과 결혼하느니 평생 혼자 살 거예요. 与其和敏秀这样的人结婚，还不如洁身一辈子。
>
> ·이런 맛없는 음식을 먹느니 굶겠다. 太难吃了，不如饿死算了。
>
> ·이렇게 월급이 적은 회사에서 일하느니 집에서 쉬는 게 낫겠어.
> 与其在薪水这么少的公司工作，还不如在家呆着什么都不干呢。

주의사항 注意事项

● '-느니' 뒤에는 '차라리'가 자주 온다. '-느니' 后面习惯接 '차라리'.

> 例 이렇게 불행하게 사느니 차라리 죽는 게 낫겠다. 与其活得这么不幸，还不如死掉。

※ 다음 (   ) 안에 알맞은 것을 고르십시오.

가: 라디오가 고장 났네. 수리점에 맡기고 올게.
나: 벌써 몇 번째야? 또 (   ) 차라리 새로 사는 게 어때?

① 수리하느니 　　　　　　　　　② 수리하다시피
③ 수리하기로는 　　　　　　　　④ 수리하기는커녕

答案解释

本题文章大意为，与其修理还不如买个新的。②与进行修理意思相同；③表示修理的方法；④不仅不进行修理，也不采取其他补救措施。所以，都不正确。①表示，比起前句更倾向于后句的选项。故，正确答案为①。

正确答案 ①

117 -는다기보다(는) ★★

I. 알아두기 常见用法

		-았/었다기보다(는)	-(느)ㄴ다기보다(는)
동사 动词	읽다	읽었다기보다(는)	읽는다기보다(는)
	자다	잤다기보다(는)	잔다기보다(는)

		-았/었다기보다(는)	-다기보다(는)
형용사 形容词	좋다	좋았다기보다(는)	좋다기보다(는)
	예쁘다	예뻤다기보다는	예쁘다기보다(는)

		이었/였다기보다(는)	(이)라기보다(는)
명사+이다 名词+이다	선생님	선생님이었다기보다(는)	선생님이라기보다(는)
	친구	친구였다기보다(는)	친구라기보다(는)

❶ 선행절이라고 말하는 것보다 후행절이라고 말하는 것이 더 적당하다는 것을 나타낸다.
表示比起前句，后句更为贴切。

例
- 가: 오늘도 라면을 드시네요? 라면을 정말 좋아하나 봐요. 今天也吃拉面吗？看来你真的非常喜欢吃拉面阿。
  나: 좋아해서 먹는다기보다는 편해서 먹는 거예요. 与其说是喜欢，还不如说是图个方便才吃的。

- 가: 저 연예인은 얼굴이 참 예쁘지요? 那个明星长得真漂亮，不是吗？
  나: 글쎄요. 예쁘다기보다는 귀여워 보이는 얼굴이지요. 是吗？与其说是漂亮，还不如说长得可爱呢。

※ 빈칸에 들어갈 말로 알맞은 것을 고르십시오

가: 오래간만에 고향에 돌아오니까 기분이 좋죠?
나: 그냥 기분이 (　　　　　　　) 마음이 편안해지는 느낌이에요.

① 좋을 뿐
② 좋기는커녕
③ 좋다기보다는
④ 좋든지 말든지

答案解释

本题文章大意为，隔了好久终于回到老家了，感觉很亲切。①除了前句中说明的事实以外没别的；②前后两句都为否定的意思。④不管后句怎样都无所谓。③为正确答案。表达现在此时的心情时，比起前句更倾向于后句的选择。

正确答案　③

118 -든지 ★★

I. 알아두기   常见用法

		-든지
동사 动词	읽다	읽**든지**
	보내다	보내**든지**

❶ 어떤 것을 선택하는데 무엇을 선택해도 괜찮을 때 사용한다.
需要做出选择的时候，不管选哪个都可以的时候使用。

> 例 ▸ 가: 이력서는 어떻게 내는 거예요? 简历怎么递交？
> 나: 메일로 보내시**든지** 우편으로 보내시면 됩니다. 用电子邮件或者邮递过来都可以。
>
> ▸ 가: 명절인데 고향에도 못가고 너무 심심해요. 过节了不能回家，感觉很寂寞。
> 나: 책을 읽**든지** 영화를 보세요. 你可以看看书或看看电影。

주의사항 注意事项

- 선행절은 의문사 '언제든지, 어디든지, 어떤 N(이)든지, 어떻게 A/V-든지, 누구든지, 뭐든지'의 형태로 자주 쓰인다. 前句通常与 '언제, 어디, 어떤 N, 어떻게 A/V, 누구, 뭐' 等疑问代词结合构成 '언제든지, 어디든지, 어떤 N(이)든지, 어떻게 A/V-든지, 누구든지, 뭐든지' 等形式与中文的 '不论' 相对应。

  > 例 가: 몇 시에 만날까요? 什么时候见面？
  > 나: **언제든지** 괜찮아요. 随便什么时候都可以。

- '-든지'는 '-든지 -든지 하다'의 형태로 사용할 수 있다.
  '-든지' 可成 '-든지 -든지 하다' 形态使用。

  > 例 책을 읽든지 영화를 보세요. 你可以看看书或看看电影。
  > = 책을 읽든지 영화를 보든지 하세요.

▶ '-든지'는 '-거나'[120]와 바꾸어 사용할 수 있다.　'-든지' 可与 '-거나' 互换使用。

例 ·내년에는 대학교에 가**든지** 취직을 할 거예요.　明年要么上大学要么就工作。
= 내년에는 대학교에 가**거나** 취직을 할 거예요.

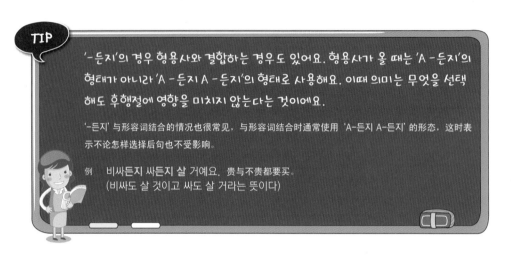

TIP

'-든지'의 경우 형용사와 결합하는 경우도 있어요. 형용사가 올 때는 'A-든지'의 형태가 아니라 'A-든지 A-든지'의 형태로 사용해요. 이때 의미는 무엇을 선택해도 후행절에 영향을 미치지 않는다는 것이에요.

'-든지'与形容词结合的情况也很常见，与形容词结合时通常使用 'A-든지 A-든지' 的形态，这时表示不论怎样选择后句也不受影响。

例　비싸든지 싸든지 살 거예요.　贵与不贵都要买。
(비싸도 살 것이고 싸도 살 거라는 뜻이다)

※ 다음 (　　)에 알맞은 것을 고르십시오.

가: 유학 생활을 잘 할 수 있을지 걱정이에요.
나: 어디에 (　　　　) 지금처럼 열심히 하면 돼요.

① 가든지
② 가거든
③ 가도록
④ 가던데

答案解释

本题的文章大意为不管留学与否，或在哪儿都能做好。②中的 '-거든' 表示条件和假设；③ '-도록' 表示目的；④ 中 '-는데' 表示预示过去的状况。所以，都不能成为答案。①为正确答案。它表示不管去哪儿都可以的意思。

正确答案　①

만 하다 ★★

만 하다

1. 알아두기　常见用法

		만 하다
명사+이다 名词+이다	거실	거실만 하다
	친구	친구만 하다

❶ 정도가 같은 것을 비교할 때 사용한다.　用于比较其程度相似的状况。

> 例 ▶ • 민호 씨의 키는 나**만 해**요.　敏浩的个子和我差不多高。
>
> • 교실 크기는 우리 집 거실**만 해**요.　教室的大小和我家的客厅差不多大。
>
> • 우리 언니 발은 어머니 발**만 해**요.　我姐姐的脚和我妈的脚一样大。

2. 더 알아두기　更多用法

▶ 'N만 못하다'는 주어가 N보다 정도가 덜 하다는 것을 나타낼 때 사용한다.
'N만 못하다' 用于主语程度逊色于 'N' 的时候使用。

> 例 ▶ • 영어는 동생이 언니**만 못해**요.　弟弟的英语不如姐姐。
> (동생이 언니보다 영어를 잘하지 못한다는 의미이다.)　（表示弟弟的英语没有姐姐好。）

3. 확인하기　确认练习

> ※ 밑줄 친 부분 중 맞는 것을 고르십시오.
>
> ① 내 방도 아마 이 방만 할 거예요.
> ② 이제 그 사람의 수영 실력도 나보다 된다.
> ③ 마이클 씨의 한국 요리는 한국 사람 요리만큼이다.
> ④ 이 세상에 엄마정도 나를 사랑하는 사람이 없을 것이다.

答案解释

选择语法使用正确的选项。②试图说明那个人的游泳实力胜过我。所以，在这里不能用 '나보다 된다' 而是应该用 '나보다 낫다'。句子③想表达，迈克尔做的韩国料理和韩国人做的韩国料理相比较味道相似。所以，在这里不能用 '요리만큼이다' 而是应该用 '요리 같다'。④意思是说，这世上除了妈妈以外没有更爱我的人。所以，不能用 '엄마정도' 而是应该用 '엄마 보다'。比较同等情况时，语法表达正确的①为正确答案。

正确答案　①

120 −거나 (−거나) ★

1. 알아두기　　常见用法

		−았/었거나	−거나
동사 动词	먹다	먹었거나	먹거나
	자다	잤거나	자거나
형용사 形容词	작다	작았거나	작거나
	크다	컸거나	크거나

		이었/였거나	(이)거나
명사+이다 名词+이다	학생	학생이었거나	학생이거나
	교사	교사였거나	교사거나

❶ 둘 중에 하나를 선택해서 할 때 사용한다.　选择两者其一。

> 例 ▶ • 가: 주말에는 보통 무엇을 해요?　周末通常做什么?
> 　　　나: 집에서 쉬**거나** 빨래를 해요.　在家休息或者洗衣服。
>
> 　　• 잠이 안 올 때는 우유를 마시**거나** 책을 읽습니다.　在我睡不着的时候喝牛奶或者看书。
>
> 　　• 밥을 먹**거나** 차를 마시거나 합시다.　吃饭或者喝茶。

2. 더 알아두기　　更多用法

▶ '−거나'는 '−든지'⑪⑨와 바꾸어 사용할 수 있다.　'−거나' 可与 '−든지' 互换使用。

> 例 ▶ • 내년에는 대학교에 가**거나** 취직을 할 거예요.　明年要么上大学要么就工作。
> 　　　= 내년에는 대학교에 가**든지** 취직을 할 거예요.

※ 밑줄 친 부분과 바꾸어 쓸 수 있는 것을 고르십시오.

> 가: 이 식당은 뭐가 맛있어요?
> 나: 저는 여기 오면 칼국수를 <u>먹든지</u> 만두를 먹어요.

① 먹거나

② 먹어도

③ 먹던데

④ 먹거든

unit 27
선택
비교

答案解释

本题的大意为，选择刀削面和饺子当中选择其一。②中的‘-아/어도’表示谦让；③‘-던데’对过去发生的事情的回顾。④‘-거든’表示条件。表示选择的 ① 为正确答案。

正确答案　①

–는 대신(에) ★

		-(으)ㄴ 대신(에)	-는 대신(에)
동사 动词	먹다	먹은 대신(에)	먹는 대신(에)
	가다	간 대신(에)	가는 대신(에)

		-(으)ㄴ 대신(에)			대신(에)
형용사 形容词	좋다	좋은 대신(에)	명사 名词	학생	학생대신(에)
	예쁘다	예쁜 대신(에)		친구	친구대신(에)

❶ 선행절의 일을 후행절의 일로 바꿀 때 사용한다. 后句替代前句。

> 例 ▶ • 시간이 없어서 밥을 먹는 대신에 간단하게 빵을 먹었어요. 时间的关系，我们代替米饭吃了面包。
> • 오늘 친구가 바빠서 친구대신 제가 왔어요. 朋友太忙，我替他来的。

❷ 선행절의 일 때문에 후행절의 일을 보상으로 받을 때 사용한다. 前句成为补偿后句的理由。

> 例 ▶ • 친구가 공부하는 것을 도와주는 대신에 친구는 나에게 저녁을 사 줬어요.
> 我帮朋友补习功课，他请我吃晚饭。
> • 오늘 쉬는 대신 내일 열심히 일 하겠습니다. 今天休息了，明天就得更要努力工作。

※ 빈칸에 가장 알맞은 것을 고르십시오.

가: 아저씨, 너무 비싸니까 좀 깎아 주세요.
나: _____ 하나 더 드릴게요.

① 깎아 주는 대로　　　　　　② 깎아 주는 대신에
③ 깎아 줄까 하다가　　　　　④ 깎아 주기는 하지만

答案解释

不能给你打折，但是可以多送一个给你。①和做某件事情效果一样；③打算做某件事结果却没做。④前句的行动可为之，后句的行动却不能为之。后句的内容替换前句的内容的 ②为正确答案。

正确答案 ②

-을 게 아니라 ★

		-(으)ㄹ 게 아니라
동사 动词	먹다	먹을 게 아니라
	가다	갈 게 아니라

❶ 선행절의 행동을 하지 않고 후행절의 행동을 하려고 할 때 사용한다.
不采取前句的行为而采取后句的行为。

例　· 가: 우리 오랜만에 만났는데 차나 한잔 할까? 难得见上一面，咱们去喝点儿茶吧。

나: 좋아. 그런데 곧 점심시간이 되니까 차를 마실 **게 아니라** 밥을 먹으러 가자.

好啊。但是午饭时间快到了，就别去喝茶了索性去吃饭吧。

· 가: 갑자기 손님들이 오신다는데 뭐부터 해야 할지 모르겠어요. 요리부터 해야겠지요?

有客人突然来访，手忙脚乱的不知道何从下手。得先做点好吃得饭菜吧?

나: 요리부터 할 **게 아니라** 우선 청소부터 해야 할 것 같아요.

我想比起准备饭菜，更要紧的事是打扫卫生。

· 궁금한 것이 있으면 우리끼리 이야기할 **게 아니라** 선생님께 직접 가서 여쭤보자.

有什么疑问最好还是直接去问老师，不要自个儿讨论。

주의사항 注意事项

● '-을 게 아니라'는 '-을 것이 아니라'의 형태로 사용할 수 있다.

'-을 게 아니라' 可以改写成 '-을 것이 아니라' 的形态。

例 전화로 이야기할 **게 아니라** 만나서 이야기해야겠어요. 咱们不要在电话里讲，见面再谈吧。

= 전화로 이야기할 **것이 아니라** 만나서 이야기해야겠어요.

unit 27
**선택
비교**

▶ '-을 게 아니라'는 '-지 말고'와 바꾸어 사용할 수 있다. '-을 게 아니라' 可与 '-지 말고' 互换使用。

例　· 계속 싸울 **게 아니라** 이야기를 하면서 오해를 푸세요.

不要再吵了，好好谈谈化解误会吧。

= 계속 싸우**지 말고** 이야기를 하면서 오해를 푸세요.

※ 다음 두 문장을 알맞게 연결한 것을 고르십시오.

계속 지도만 보다 / 직접 그곳에 가 보다

① 계속 지도만 보더라도 직접 그곳에 가 봅시다.
② 계속 지도만 볼 뿐만 아니라 직접 그곳에 가 봅시다.
③ 계속 지도만 볼 게 아니라 직접 그곳에 가 봅시다.
④ 계속 지도만 보아도 직접 그곳에 가 봅시다.

연습 문제 练习题

1 다음 밑줄 친 부분과 바꾸어 써도 의미가 같은 것을 고르십시오.

> 가: 혼자 살면 매일 요리를 해서 먹기가 힘들 것 같아요.
> 나: 맞아요. 그래서 밖에서 <u>외식을 하거나</u> 배달을 시켜 먹을 때가 많아요.

❶ 외식을 하건만   ❷ 외식을 하든지

❸ 외식을 하듯이   ❹ 외식을 하거든   **118 120**

2 제시된 상황에 맞는 대화가 되도록 밑줄 친 부분에 가장 알맞은 것을 고르십시오.

> 상황 – 이 영화는 코미디 영화라고 알려졌지만 내가 봤을 때 액션 영화인 것 같다.

> 가: 이 영화 봤어? 재미있는 코미디영화라면서?
> 나: 어제 봤는데 나는 ＿＿＿＿＿＿＿＿＿＿＿＿＿＿.

❶ 코미디 영화라기보다는 액션 영화 같았어

❷ 코미디 영화라면 모를까 액션 영화는 아니야

❸ 액션 영화라고 생각했는데 코미디 영화였어

❹ 코미디와 액션 영화는 비슷한 영화인 것 같아   **117**

3 다음 밑줄 친 부분에 들어갈 말로 알맞은 것을 고르십시오.

> 가: 선생님, 이번 중간 시험을 보지 않는다는 것이 사실인가요?
> 나: 네, 하지만 시험을 ＿＿＿＿＿＿＿＿＿＿ 보고서를 써야 합니다.

❶ 보는 대신에   ❷ 볼 게 아니라

❸ 볼 테니까   ❹ 보느니 차라리   **121**

unit 27
**선택
비교**

4 다음 밑줄 친 부분에 들어갈 말로 알맞은 것을 고르십시오.

> 가: 저 두 사람은 항상 싸우는 것 같아.
> 나: 그래서 다른 친구들은 두 사람이 ＿＿＿＿＿＿＿＿＿＿.

❶ 싸우든지 말든지 신경을 안 써   ❷ 싸우든지 말든지 신경을 쓰려고 해

❸ 싸우든지 말든지 신경을 쓰지 마   ❹ 싸우든지 말든지 항상 신경을 써   **118**

5 다음 밑줄 친 부분 중 <u>맞지 않은</u> 것을 고르십시오.

① 중요한 내용이니까 <u>전화로 할 게 아니라</u> 만나서 이야기합시다.

② <u>화만 낼 게 아니라</u> 무슨 일이 있었는지 설명해 봐.

③ 그 여자는 얼굴이 <u>예쁠 게 아니라</u> 마음이 예뻐요.

④ 마음에 든다고 <u>무조건 살 게 아니라</u> 꼼꼼하게 따져야지요.

122

6 다음 밑줄 친 부분 중 <u>맞지 않은</u> 것을 고르십시오.

① 이런 음식을 <u>먹느니</u> 안 먹는 것이 낫겠다.

② 남자친구랑 계속 <u>싸우느니</u> 차라리 헤어지는 것이 좋겠어.

③ 아는 사람이 아무도 없는 곳에 <u>갔느니</u> 안 가는 것이 좋아.

④ 이 일을 다시 새로 <u>하느니</u> 포기하는 게 나을 거야.

116

7 다음 빈칸에 들어갈 알맞은 것을 고르십시오

사람들은 스트레스를 받으면 여러 가지 방법으로 스트레스를 푼다.
운동을 _____ 집을 청소하면서 마음에 있는 스트레스를 긍정적으로 푸는 사람이 있고
반면에 취할 때까지 술을 마시고, 지나치게 쇼핑을 하는 등 부정적인 방법으로 스트레스를 푸
는 사람도 있다.

① 하더니   ② 하는 등

③ 하거나   ④ 하면

120

8 다음 밑줄 친 부분과 바꾸어 쓸 수 있는 말로 알맞은 것을 고르십시오.

가: 어머니가 정말 젊어 보이시네요.

나: 그렇지요? 사람들이 <u>엄마가 아니라 언니인 것 같다고</u> 할 때도 있어요.

① 엄마라면 좋을 것 같다고   ② 엄마보다 언니 같다고

③ 엄마와 언니가 닮았다고   ④ 엄마라기보다는 언니 같다고

117

9 다음에 제시된 상황에 맞는 문장이 되도록 밑줄 친 부분에 가장 알맞은 것을 고르십시오.

> 상황 – 마이클 씨는 외국어를 잘한다. 한국어도 잘하고 중국어도 잘한다.
> 　　　 그런데 한국어 보다는 중국어를 더 잘 한다.

마이클 씨는 _____.

❶ 중국어 실력이 한국어 실력처럼 좋다
❷ 중국어 실력이 한국어 실력과 비슷하다
❸ 한국어 실력이 중국어 실력보다 낫다
❹ 한국어 실력이 중국어 실력만 못하다　　　　　　　　　　　　　　⑲

10 다음 밑줄 친 부분에 들어갈 말로 알맞은 것을 고르십시오.

> 가: 배가 고프지 않아? 우리 맛있는 요리를 만들어 먹을까?
> 나: 글쎄. 배는 고픈데 지금 시간이 없으니까 요리를 하느니 _____.

❶ 맛이 없을 것 같아
❷ 별로 배가 안 고픈 것 같아
❸ 음식을 싫어하는 사람도 있어
❹ 간단하게 라면을 끓여먹는 것이 좋겠어　　　　　　　　　　　　　⑯

11 다음 밑줄 친 부분의 의미가 나머지 셋과 <u>다른 것</u>을 고르십시오.

❶ 우리 동생은 벌써 키가 아빠<u>만 해요</u>.
❷ 이 방은 고향에 있는 제 방<u>만 해요</u>.
❸ 그 연예인은 연기는 못하고 예쁘기<u>만 해요</u>.
❹ 컴퓨터가 작아서 지갑크기<u>만 해요</u>.　　　　　　　　　　　　　⑲

unit 27
**선택
비교**

TOPIK试题中常见的韩国文化

韩国美丽之岛济州岛

韩国最大最美丽的岛屿是哪呢？那就是济州岛。去了济州岛就会听别人和你说:'혼저옵서예'这时你也不用慌张他是在告诉你:'欢迎光临'。济州岛因岛上石头多，风多，女人多，故也被称作'三多岛'。又因岛上无小偷，无大门，无乞丐故也称之为'三无岛'。

岛中心位置的突起的汉拿山向四周延伸，以自然景观优美而著称。著名的观光胜地还有牛岛，涉地高地，天地渊瀑布，龙头海岸等。最近受到追捧的步行环济州岛路线便是让你顺着羊肠小道步行环岛游。这样可以使游客充分休息的同时，尽情享受济州岛的美景。올레길便是指通向家中的羊肠小道。不论是谁在这样的小路上走上一会，不论什么烦心的事情都会烟消云散的。步行之后前外别忘了去尝一下济州岛的'黑猪肉'哦！

UNIT **28**

조사 助词

초급 문법 확인하기! 初级语法回顾

까지 例 학교에서 우리집까지 30분 정도 걸려요. 从学校到我们家大概需要30分钟。

도 例 우리 언니는 쇼핑을 좋아해요. 나도 마찬가지예요. 我姐姐喜欢逛街。我也是。

마다 例 아침마다 공원에서 운동을 해요. 每天早上去公园运动。

만 例 친구들은 모두 MP3가 있는데 나만 없어요. 朋友都有MP3，只有我没有。

보다 例 나는 친구보다 발이 더 커요. 我的脚比朋友的大。

부터 例 1시부터 3시까지 수업이 있어요. 从一点到三点有课。

에 例 나는 지금 공항에 가요. 我正在去机场。

에게 例 친구가 나에게 선물을 줬어요. 朋友送了我一件礼物。

에서 例 저는 집에서 청소를 해요. 我在家里打扫卫生。

와/과 例 나는 아침에 빵과 우유를 먹어요. 我早上吃面包和牛奶。

으로 例 오른쪽으로 가면 편의점이 있어요. 往右走就有便利店。

은/는 例 제 이름은 전혜경입니다. 我的名字是全慧京。

을/를 例 동생은 채소를 먹지 않아요. 妹妹不吃蔬菜。

의 例 이것은 친구의 가방입니다. 这是朋友的包。

이/가 例 여기가 도서관이에요. 这里就是图书馆。

이나 例 같이 차나 한 잔 할까요? 一起喝杯茶吧？

123 만큼 ★★★

1. 알아두기 常见用法

		만큼
명사 名词	선생님	선생님**만큼**
	친구	친구**만큼**

❶ 정도가 비슷함을 나타낸다. 表示程度相似。

例 ·가: 기말 시험은 어땠어요? 期末考试怎么样?
　　나: 중간 고사**만큼** 어려웠어요. 和期中考试一样难。

·도나 씨는 한국 사람**만큼** 한국어를 잘해요. 道娜韩国语说得和韩国人一样好。

TIP

'N만큼도'는 어떤 사실을 과장 되게 강조할 때 사용해요.
'N 만큼도'对某件事过分夸张强调。

例 그 친구는 잘못을 하고도 손톱**만큼도** 미안해하지 않아요.
朋友犯了错，可他手指甲大小的歉意都没有。

나는 월급을 쥐꼬리**만큼도** 못 받아요. 我连老鼠尾巴大小的月薪都拿不到。

2. 확인하기 确认练习

※ (　　)에 맞는 것을 고르십시오.

가: 영미 씨가 노래를 잘 불러요?
나: 네, 영미 씨도 수진 씨(　　　　　) 노래를 잘 불러요.

① 조차 　　　　　　　　　　② 마저
③ 만큼 　　　　　　　　　　④ 부터

答案解释

英美的唱歌实力和秀珍差不多。所以，使用表示某种程度相似的 '만큼' 的 ③为正确答案。

正确答案 ③

unit 28
조사

은커녕 ★★★

常见用法

		은/는커녕
명사 名词	돈	돈**은커녕**
	친구	친구**는커녕**

❶ 앞의 상황뿐만 아니라 그보다 실현 가능한 뒤의 상황조차 일어나기 어려울 때 사용한다.
前句肯定不可能实现，连做到后句都很困难。

例 ▶ ・가: 10만 원만 빌려줄 수 있어? 可以借我10万元吗?
　　나: 10만 원**은커녕** 만 원도 없어. 别提10万了连一万多没有。

주의사항 注意事项

● 뒤에는 주로 부정적인 상황이 온다. 后句主要表示否定状况。

例 숙제를 다 하기는커녕 시작도 못 했어요. 别提完成了作业了，还没开始写呢。

❷ 기대한 것과 다른 것을 나타낸다. 表示与期待的相反。

例 ▶ ・어른들이 아이들한테 모범이 되기**는커녕** 오히려 안 좋은 모습만 보여 주면 되겠어요?
别提模范作用了，大人的不好的举止反而给孩子们造成不好的影响。

・외국에 있는 친구를 찾아갔는데 나를 반가워하기**는커녕** 오히려 부담스러워했다.
我去拜访住在国外的朋友，对方不但不表示欢迎反而表现的很有负担得样子。

주의사항 注意事项

● '오히려'가 함께 사용되는 경우가 많다. 通常多与 '오히려' 搭配使用。

▶ '은커녕'은 '은 말할 것도 없고'와 바꾸어 사용할 수 있다.
'은커녕' 可与 '은 말할 것도 없고' 互换使用。

例 ▶ • 지진이 난 곳에 의약품**은커녕** 마실 물도 부족해서 큰일이다.
发生地震的地区别提以药品了，连喝的水都没有。

= 지진이 난 곳에 의약품**은 말할 것도 없고** 마실 물도 부족해서 큰일이다.

3. 확인하기   确认练习

※ 밑줄 친 부분과 바꾸어 사용할 수 있는 것을 고르십시오

가: 설악산에 가 보셨어요?
나: 아니요, <u>설악산은커녕</u> 동네 뒷산도 못 가 봤어요.

① 설악산은 말고
② 설악산이라고 해도
③ 설악산은 제외하고
④ 설악산은 말할 것도 없고

答案解释

雪岳山肯定没去过，因为连附近的后山都没去过。表示前面所提到的肯定不可能，连后句中实现可能性较大的事情也很难变为现实的意思的④'은/는 말할 것도 없고'为正确答案。

正确答案 ④

		치고
명사 名词	학생	학생**치고**
	친구	친구**치고**

❶ 일반적으로 기대하는 것보다 더하거나 덜할 때 사용한다.　比期待的程度更甚或更轻的时候使用。

> 例　• 이번 겨울은 겨울**치고** 많이 춥지 않네요.　今年冬天，作为冬天算了暖冬了。
>
> 　　• 그 사람은 외국인**치고** 한국말을 아주 잘 하는군요.　作为外国人，你的韩国语说的很不错。

❷ 예외 없이 모두 마찬가지일 때 사용한다.　表示无一例外都一样。

> 例　• 요즘 젊은 사람**치고** 컴퓨터를 못하는 사람은 없어요.　最近的年轻人没有一个不擅长电脑的。
>
> 　　• 부모**치고** 자기 아이에게 관심이 없는 사람이 어디 있어요?　作为父母没有一个不关心自己的孩子的。

주의사항　注意事项

● '–는 편이다'와 자주 같이 사용한다.　通常与 '–는 편이다' 一起使用。

> 例　그 아이는 초등학생**치고** 용돈을 많이 받는 **편이다**.　那孩子作为一个小学生生活费算是拿的多的。

※ 다음 ( )에 알맞은 것을 고르십시오

　　내 동생은 중학생 ( ) 키가 너무 작아서 부모님께서 항상 걱정을 하신다.

　① 마저　　　　　　　　　② 조차

　③ 부터　　　　　　　　　④ 치고

답案解释

造一个表示弟弟的个子比一般中学生要小的意思的文章。使用‘치고’表示比一般期待的结果更甚或者更轻的意思的 ④为正确答案。

正确答案　④

126 마저 ★★

		마저
명사 名词	선생님	선생님**마저**
	너	너**마저**

❶ 마지막 남은 하나까지 더해짐을 나타낸다.   最后剩下的一个也不属于我的意思。

> 例 • 사업에 실패해서 마지막 남은 집**마저** 팔아야 해요.   事业失败了，连最后剩下来的房子也得变卖了
>
> • 다른 사람은 몰라도 너**마저** 그렇게 말할 줄은 몰랐어.   别的人就不提了，没想到连你也这么说。
>
> • 작년에 아버지가 돌아가셨는데 어머니**마저** 돌아가셨어요.   去年爸爸去世之后，连妈妈也相继去了。

주의사항   注意事項

● 부정적인 상황에서 주로 사용한다.   一般用于消极的状况。

2. 더 알아두기   更多用法

▶ '마저'는 주로 '까지'⑬⓪, '조차'⑬③와 바꾸어 사용할 수 있다.   '마저' 主要可与 '까지', '조차' 互换使用。

> 例 • 길이 막히는데 비**마저** 쏟아졌다.   原来只是堵车，现在雪上加霜又下起了雨。
>
> = 길이 막히는데 비**까지** 쏟아졌다.
>
> = 길이 막히는데 비**조차** 쏟아졌다.

※ 다음 밑줄 친 부분과 의미가 비슷한 것을 고르십시오.

가: 저 다음 달에 이사 가요.
나: 수진 씨도 이사 갔는데 <u>민정 씨도</u> 가신다니 너무 섭섭하네요.

① 민정 씨나마
② 민정 씨밖에
③ 민정 씨야말로
④ 민정 씨마저

答案解释

秀珍搬走了，连敏贞也搬走的话会叫人难过的内容。使用‘마저’表示最后的一个选项都被夺走的意思的 ④为正确答案。

正确答案 　④

127 밖에 ★★

1. 알아두기　常见用法

		밖에
명사 名词	선생님	선생님**밖에**
	부모	너**밖에**

❶ 오직 그것뿐임을 나타낸다. 表示只有唯一。

> 例 ・이 일을 할 사람은 너**밖에** 없다. 能干好这件事的人只有你。
>
> ・먹을 것이라고는 라면**밖에** 안 남았어요. 吃的仅剩下拉面了。
>
> ・수업이 곧 시작하는데 교실에는 선생님**밖에** 안 오셨어요. 马上就要上课了，可教室里来的只有老师一个人。

주의사항 注意事項

● 'N밖에' 뒤에는 항상 '없다, 안/못 A/V, A/V-지 않다/못하다'와 같은 부정형을 사용한다.
'N밖에' 后面常接 '없다, 안/못 A/V, A/V-지 않다/못하다' 等否定意义的句尾。

> 例 방학이 일주일밖에 안 남았다. 离放假仅剩下一周了。

2. 더 알아두기　更多用法

▶ 'V-(으)ㄹ 수밖에 없다'는 ' V-아/어야 하다'와 바꾸어 사용할 수 있다.
'V-(으)ㄹ 수밖에 없다'可与 'V-아/어야 하다'互换使用。

> 例 ・그럼 내가 갈 **수밖에 없**어요. 那就只能我去了。
>   = 그럼 내가 가**야 해**요.

▶ 'A-(으)ㄹ 수밖에 없다'는 'A-(으)ㄴ 것은 당연하다'와 바꾸어 사용할 수 있다.
'A-(으)ㄹ 수밖에 없다'可与'A-(으)ㄴ 것은 당연하다'互换使用。

> 例 ・옷을 그렇게 입으면 추울 **수밖에 없**어요. 衣服穿成那样肯定很冷。
>   = 옷을 그렇게 입으면 추운 **것은 당연해**요.

※ 다음 (　　)에 알맞은 것을 고르십시오.

가: 이것보다 더 효과적인 방법이 없을까?
나: 그런 방법 찾기 전에는 이대로 (　　　　　) 없어요.

① 하다시피

② 할 수밖에

③ 하려다가

④ 하는 대신에

答案解释

虽然想找出更好的办法可是目前没有别的好办法，只能照旧进行的意思。'밖에'表示目前可能的方法只有那一种，所以 ②为正确答案。

正确答案 ②

		(이)나마
명사 名词	조금	조금**이나마**
	잠시	잠시**나마**

❶ 마음에 들지는 않지만 아쉬운 대로 그것을 선택할 때 사용한다. 虽然不是最佳的办法，不过也可以采纳。

> 例 ▸ ·가: 갑자기 비가 오는데 우산을 안 가지고 와서 큰일이네요. 雨下的这么突然，这下糟了没带雨伞。
> 나: 교실에 헌 우산**이나마** 하나 남아 있어서 다행이네요. 好歹教室里还有一把旧的雨伞。
>
> ·가: 어제 늦게 잠을 잤더니 피곤하다. 昨天睡得晚，所以很困。
> 나: 그래? 그럼 쉬는 시간에 잠깐**이나마** 잠을 자는 게 어때? 是吗？那趁中间休息时间小睡一下如何？

주의사항 注意事项

● '잠시나마, 잠깐이나마, 조금이나마'의 형태로 자주 사용된다.

通常以 '잠시나마, 잠깐이나마, 조금이나마' 形态使用。

※ 빈칸에 알맞은 말을 고르십시오.

> 아내는 집이 너무 작다고 불평한다. 하지만 나는 작은 집(   ) 편안하게 쉴 수 있는 우리만의 공간
> 이 있다는 건 행복한 일이라고 생각한다.

① 이야
② 이나마
③ 까지도
④ 에서는

unit 28
조사

答案解释

小房子不是我想要的，但是某种程度上也能满足我的需要。'이나마'表示的意思是，虽然不是最理想的，但也能接受。所以 ②是正确答案。

正确答案　②

1. 알아두기　常见用法

		(이)야말로
명사 名词	서울	서울**이야말로**
	제주도	제주도**야말로**

❶ 여러 가지 중에서 어떤 것이 가장 대표적이라는 것을 강조할 때 사용한다.
强调多种选项中最有代表性的意思。

例 · 가: 한국을 대표하는 음식이 뭐예요?　能代表韩国的料理是什么？
　　나: 여러 가지가 있지만 김치**야말로** 가장 대표적인 음식이지요.　虽然有很多种，但最有代表性的还是泡菜。

· 제주도**야말로** 한국에서 가장 아름다운 관광지라고 할 수 있어요.　济州岛才是韩国最美丽的观光地。

· 세상에 중요한 것이 많이 있지만 사랑**이야말로** 가장 아름다운 것이라고 생각해요.
世界上有很多重要的事，但我想爱情才是最美丽的。

2. 확인하기　确认练习

※ 빈칸에 들어갈 말로 알맞은 것을 고르십시오.

가: 이 사진기가 마음에 드는데 가격이 좀 비싸군요.
나: 그렇기는 하지만 이 사진기(　　　　　) 손님이 원하시는 기능을 다 갖춘 것입니다.

① 조차　　　　　　　　　　② 마저
③ 만한　　　　　　　　　　④ 야말로

130 까지 ★

1. 알아두기   常见用法

		까지
동사 动词	친구	친구**까지**
	학생	학생**까지**

❶ 어떤 상황에서 다른 상황이 더해진 것을 나타낸다.   表示某一种状况下，另一种状况的递进。

> 例 ▶ • 쓰기 시험도 망쳤는데 읽기 시험**까지** 망쳐 버렸어.   不仅写作考试砸了，连听力考试也砸了。
>
> • 그 사람은 얼굴뿐만 아니라 마음**까지** 아름다워요.   那个人不仅长得漂亮，还很善良。
>
> • 동생은 영어에 일본어**까지** 잘해요.   弟弟不仅英语还会说日语呢。

2. 더 알아두기   更多用法

▶ 부정적인 상황일 때 '까지'는 '마저'❶❷❻, '조차'❶❸❾와 바꾸어 사용할 수 있다.
用于否定状况的 '까지' 可与 '마저'、'조차' 互换使用。

> 例 ▶ • 길이 막히는데 비**까지** 쏟아졌다.   原来只是堵车，现在雪上加霜又下起了雨。
>
> = 길이 막히는데 비**마저** 쏟아졌다.
>
> = 길이 막히는데 비**조차** 쏟아졌다.

unit **28**
조사

※ 다음 밑줄 친 부분과 바꿔 쓸 수 있는 것을 고르십시오.

늦게 출발했는데 버스<u>까지</u> 놓치다니 정말 지각하겠는데요.

① 라도
② 마저
③ 에다가
④ 부터

答案解释

出门太晚可能要迟到的状况下，又没赶上公交车。出门较晚，又没赶上公交车表示情况更糟的语法 '마저' ②为正确答案。

正确答案 ②

131 에다가 ★

		에다가
명사 名词	옷	옷**에다가**
	학교	학교**에다가**

❶ 어떤 행동의 대상이 되는 장소를 나타낸다. 表示某个行为对象的场所。

> 例 · 중요한 서류는 이 서랍**에다가** 넣어 뒀어요. 把重要的文件都放在了这个抽屉里。
>
> · 지갑**에다가** 뭘 그렇게 많이 넣고 다녀요? 钱包里怎么放了那么多东西呀?
>
> · 사무실**에다가** 전화해서 물어 봤어요. 给办公室打电话询问了一下。

주의사항 注意事项

● 주로 '꽂다, 넣다, 놓다, 두다, 걸다(벽에 걸다), 걸다(전화를 걸다), 물어 보다, 알아 보다' 등의 동사와 사용한다.

通常与 '꽂다, 넣다, 놓다, 두다, 걸다(벽에 걸다), 걸다(전화를 걸다), 물어 보다, 알아 보다' 等动词一起使用。

▶ '에다가'는 '에'와 바꾸어 사용할 수 있다. '에다가' 可与 '에' 互换使用。

> 例 · 중요한 서류는 이 서랍**에다가** 넣어 뒀어요. 把重要的文件都放在了这个抽屉里。
>
> = 중요한 서류는 이 서랍**에** 넣어 뒀어요.

unit 28
조사

※ 다음 밑줄 친 부분에 들어갈 적당한 것을 고르십시오.

> 가: 외국인등록증을 가져가야 하는데 못 찾겠어.
> 나: 외국인등록증? 그거 내가 책상 서랍 _____ 넣어 두었어.

① 조차

② 에다가

③ 까지

④ 이라도

说明把外国人登陆证放进抽屉里了。表示某个行为对象的场所的语法 '에다가' ② 为正确答案。

正确答案 ②

132 으로서 ★

1. 알아두기   常见用法

		(으)로서
명사 名词	인간	인간**으로서**
	친구	친구**로서**

❶ 지위, 신분, 자격이 있다는 것을 나타내거나 그 입장에 있다는 것을 나타낸다.

体现地位、身份、资格或表示相应立场的时候使用。

> 例 ▸ • 학생**으로서** 하지 말아야 할 일들이 있어요. 作为一个学生总有不该做的事情。
>
> • 이 기업의 회장**으로서** 여러분께 약속하겠습니다. 我以企业会长的名义发誓。
>
> • 선생님**으로서** 최선을 다하고 있습니다. 作为一名老师每天都竭尽全力。

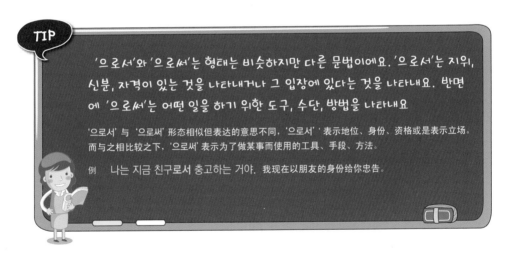

TIP

'으로서'와 '으로써'는 형태는 비슷하지만 다른 문법이에요. '으로서'는 지위, 신분, 자격이 있는 것을 나타내거나 그 입장에 있다는 것을 나타내요. 반면에 '으로써'는 어떤 일을 하기 위한 도구, 수단, 방법을 나타내요

'으로서' 와 '으로써' 形态相似但表达的意思不同, '으로서' 表示地位、身份、资格或是表示立场。而与之相比较之下, '으로써' 表示为了做某事而使用的工具、手段、方法。

例 나는 지금 친구로서 충고하는 거야. 我现在以朋友的身份给你忠告。

※ 빈칸에 들어갈 말로 알맞은 것을 고르십시오

　너를 사랑하는 친구 _____ 너에게 충고하고 싶어.

① 밖에

② 로서

③ 에다가

④ 나마

---

133 조차 ★

I. 알아두기　常见用法

		조차
명사 名词	선생님	선생님**조차**
	부모	부모**조차**

❶ 일반적으로 당연하거나 쉽다고 기대하는 것이 기대와 다른 상황일 때 사용한다.
一般认为理所当然或容易被期待的事情，其结果与期待相反的状况。

> 例 ▸ • 그 문제는 너무 어려워서 선생님**조차** 못 푼다고 해요. 那道题太难，以至于连老师都不能解答。
> • 계속 거짓말을 하니까 부모님**조차** 그의 말을 믿지 않는다. 他说谎说的，连父母都不相信他了。
> • 목이 너무 아파서 침**조차** 삼키기 힘들어요. 嗓子疼得连唾液都很难咽下去。

2. 더 알아두기　更多用法

▸ '조차'는 주로 '마저❶②⑥, '까지'❶③⓪와 바꾸어 사용할 수 있다. '조차'一般可与 '마저', '까지' 互换使用。

> 例 ▸ • 길이 막히는데 비**조차** 쏟아졌다. 原来只是堵车，现在雪上加霜又下起了雨。
> = 길이 막히는데 비**마저** 쏟아졌다.
> = 길이 막히는데 비**까지** 쏟아졌다.

3. 확인하기　确认练习

※ 빈칸에 들어갈 말로 알맞은 것을 고르십시오.

가: 이번 시험이 어려웠다면서요?
나: 네, 우리 반에서 공부를 제일 잘하는 친구(　　　) 못 푸는 문제가 많았대요.

① 로서　　　　　　　　② 조차
③ 만큼　　　　　　　　④ 야말로

答案解释

最优秀得班级中学习最好的同学也不能解出来的题很多。使用能表示话者最期待的结果的语法‘조차'的②为正确答案。

正确答案　②

unit **28**
조사

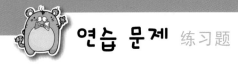
1 (   )에 맞는 것을 고르십시오.

　　가: 철수 씨가 농구를 잘 해요?
　　나: 네, 철수 씨도 민호 씨(　　　　　　　) 농구를 해요.

　　❶ 치고　　　　　　　　　　　　❷ 마저
　　❸ 만큼　　　　　　　　　　　　❹ 조차　　　　　　123

2 (   ) 안에 알맞은 것을 고르십시오.

　　가 : 요즘 대학생들이 졸업을 해도 취업하기가 힘들다고 하던데 직장은 구하셨어요?
　　나 : 말도 마세요. 직장(　　　　　　　) 아르바이트도 구하기 힘들어요.

　　❶ 은커녕　　　　　　　　　　　❷ 이나마
　　❸ 에다가　　　　　　　　　　　❹ 이야말로　　　　　124

3 (   ) 안에 알맞은 것을 고르십시오.

　　가: 이번 교육 공무원 선거할 거예요?
　　나: 그럼요. 부모(　　　　　　　) 교육에 관심이 없는 사람은 없을 걸요.

　　❶ 조차　　　　　　　　　　　　❷ 나마
　　❸ 마저　　　　　　　　　　　　❹ 치고　　　　　125

4 밑줄 친 표현 중 바르게 표현한 것을 고르십시오.
　　❶ 깜빡하고 핸드폰을 식당으로서 두고 왔다.
　　❷ 사람들과의 인연은커녕 소중하다.
　　❸ 조금이나마 도움이 될 수 있어서 다행이에요.
　　❹ 고향 친구가 한국에 와서 제주도야말로 갔다.　　128

5 다음 (　　) 에 알맞은 것을 고르십시오.

　가: 너도 어렵게 한 부탁일 텐데 못 들어줘서 정말 미안해.
　나: 너(　　　　) 안 된다고 하니 이제는 어쩔 수가 없네.

　❶ 마저　　　　　　　　　　　❷ 밖에
　❸ 만큼　　　　　　　　　　　❹ 치고　　　　　　　　　126

6 다음 (　　) 안에 알맞은 것을 고르십시오.

　　노년의 행복은 50대까지 만든 인간관계에 의해 결정된다고 한다. 인간의 수명은 점점 늘어
　나고 있다. 우리가 노후를 행복하게 보내려면 친구를 많이 만드는 길(　　　　) 없다.

　❶ 에서　　　　　　　　　　　❷ 밖에
　❸ 마저　　　　　　　　　　　❹ 이야말로　　　　　　　127

7 다음 (　　) 에 알맞은 것을 고르십시오.

　가: 한국을 대표하는 음식 좀 추천해 주세요.
　나: 비빔밥(　　　　) 한국을 대표하는 음식이라고 할 수 있지요.

　❶ 으로서　　　　　　　　　　❷ 이나마
　❸ 에다가　　　　　　　　　　❹ 이야말로　　　　　　129

8 (　　) 에 맞는 것을 고르십시오.

　가: 동생이 (　　　　) 예쁘네요.
　나: 네, 그 집 자매들은 언니도 동생도 모두 예뻐요.

　❶ 언니조차　　　　　　　　　❷ 언니만큼
　❸ 언니나마　　　　　　　　　❹ 언니야말로　　　　　123

unit 28
조사

9 (   ) 안에 알맞은 것을 고르십시오.

> 가: 최근에는 국제기구와 민간단체들의 적극적인 활동 덕분에 기아에 허덕이는 사람들이
>   많이 줄어든 것 같아요.
> 나: 글쎄요. 아직도 세계의 많은 아이들이 굶주림에 시달리고 있는데 사람들이 도움을
>   (   ) 관심도 없어요.

❶ 주기는커녕   ❷ 주기야말로
❸ 주는 것만큼   ❹ 주는 것조차   **124**

10 다음 밑줄 친 부분이 맞는 것을 고르십시오.

❶ <u>가끔만큼</u> 찾아뵙도록 하겠습니다.
❷ 물가가 올라서 과일을 <u>사는 것이나마</u> 겁이 난다.
❸ 지금까지 살면서 <u>오늘조차</u> 힘든 날은 없었던 것 같아요.
❹ 요즘 <u>청소년치고</u> 연예인을 안 좋아하는 학생들은 없을 거예요.   **125**

11 (   ) 안에 알맞은 것을 고르십시오.

> 요즘은 서울에서 집을 사기가 하늘의 별 따기보다 더 어렵다고 한다. 그래도 나는 작은 집
> (   ) 있어서 다행이다.

❶ 조차   ❷ 이나마
❸ 에다가   ❹ 이야말로   **128**

12 다음 밑줄 친 부분 중 맞는 것을 고르십시오.

❶ <u>초등학생이나마</u> 키가 큰 편이네요.
❷ <u>친구만큼</u> 인생에서 가장 소중한 존재예요.
❸ <u>아버지마저</u> 저를 믿지 않으시면 어떡해요?
❹ 여행가는 데 <u>이것은커녕</u> 안 가지고 왔어요?126   **76**

13 다음 밑줄 친 부분과 바꾸어 쓸 수 있는 것을 고르십시오.

가: 왜 유학을 포기했어요?
나: 유학을 가고 싶었지만 집안 사정이 어려워서 <u>취직을 할 수밖에 없었어요</u>.

① 취직을 해 봤자 소용이 없었어요
② 취직을 안 할 수가 없었어요
③ 취직을 할 수조차 없었어요
④ 취직을 할래야 할 수가 없었어요

127

14 다음 (   )에 알맞은 것을 고르십시오.

가: 제 남자친구는 항상 제 메일을 확인하려고 해요.
나: 말도 안돼요. 그런 행동(   ) 심각한 사생활 침해라고 생각해요.

① 만큼
② 이나마
③ 이야말로
④ 에다가

129

15 (   )에 맞는 것을 고르십시오.

가: 오랜만에 집에서 쉬니까 너무 좋다.
나: 그러게 말이야. (   ).

① 집마저 편한 곳은 어디에도 없을 거야
② 집밖에 편한 곳은 어디에도 없을 거야
③ 집만큼 편한 곳은 어디에도 없을 거야
④ 집까지 편한 곳은 어디에도 없을 거야

123

16   밑줄 친 부분이 맞는 것을 고르십시오.

❶ 노력을 안 하는 <u>사람마저</u> 성공하는 사람은 없다.

❷ 이번 학기는 <u>장학금은커녕</u> 진급도 하기 힘들어요.

❸ 나는 우리 <u>선생님이야말로</u> 친절한 사람은 처음 본다.

❹ <u>선배님밖에</u> 고향에 돌아 간 줄 알았는데 이렇게 만나서 기뻐요.   124

17   (   ) 안에 알맞은 것을 고르십시오.

가: 유리코 씨의 한국어 실력이 많이 는 것 같아요.

나: 네. 그 정도면 6개월 공부한 것(   ) 훌륭하지요.

❶ 조차   ❷ 치고

❸ 밖에   ❹ 마저   125

기타 其他

-는 대로 ★★★

		-(으)ㄴ 대로	-는 대로
동사 动词	받다	받은 **대로**	받는 **대로**
	도착하다	도착한 **대로**	도착하는 **대로**

❶ 어떤 일을 하는 것과 똑같이 한다는 의미를 나타낸다. 　按照别人做某件事一样，做同样的事情的意思。

> 例 ▶ ・가: 이제 아기가 말 할 줄 알아요? 　现在孩子会说话了吗?
> 　　　나: 네, 요즘 제가 말하**는 대로** 잘 따라해요. 　是啊，最近总模仿我说话。
>
> 　　・가: 가르쳐 주신 **대로** 했는데 잘 안 돼요. 　按照您教我的方法做了，但是效果不好。
> 　　　나: 그래요? 그럼 제가 다시 설명해 드릴게요. 　是吗? 那我再重新给你解释一下吧。

❷ 어떤 일을 하고 바로라는 의미를 나타낸다. 　做完某件事以后马上的意思。

> 例 ▶ ・가: 아직 여자 친구와 결혼 계획은 없어요? 　还没有和女朋友结婚的计划吗?
> 　　　나: 취직하**는 대로** 결혼하려고 해요. 　只要就业，就马上结婚。
>
> 　　・가: 언제쯤 도착할 수 있어요? 　什么时候到啊?
> 　　　나: 일 끝나**는 대로** 출발하면 8시쯤 도착할 것 같아요. 　事情已结束就出发，大概8点左右就能到。

주의사항 注意事项

● '-는 대로'가 ❷의 뜻일 때는 과거형을 사용할 수 없다.
　'-는 대로' 用以第 ❷种意思的时候不能用过去式。

> 例 집에 **온 대로** 저에게 전화 주세요. (X)
> 　　(과거형) (过去式)

▶ '–는 대로'가 ❷의 뜻일 때는 '–자마자'⁰²⁸와 바꾸어 사용할 수 있다.
'–는 대로'가 用以第❷种意思的时候，可与 '–자마자' 互换使用。

> 例 ▸ • 일이 끝나**는 대로** 출발하겠습니다. 事情已结束，马上就出发。
>   = 일이 끝나**자마자** 출발하겠습니다.

▶ 다른 문법과의 결합형   与其他语法的结合型

• V –으라는 대로: 간접화법의 명령형인 '–으라고 하다'⁰⁴¹와 '–는 대로'가 결합된 형태로 명령한 것과 같이 어떤 일을 해야 할 때 사용한다.
'V–으라는 대로' 是命令型间接语句 '–으라고 하다' 和 '–는 대로' 结合的形态，表示命令或某些事情应该做的时候使用。

> 例 ▸ • 언니가 하라**는 대로** 했더니 쉽게 해결됐어. 按照姐姐的吩咐做了，事情也就顺利解决了。
>   (언니가 시키는 것과 같이 했다.) （按照姐姐的吩咐去做了。）
>
>   • 언니 하**는 대로** 했더니 쉽게 해결 됐어. 随姐姐的方法，事情顺利解决了。
>   (언니가 하는 행동과 똑같이 했다.) （随姐姐做相同的动作。）

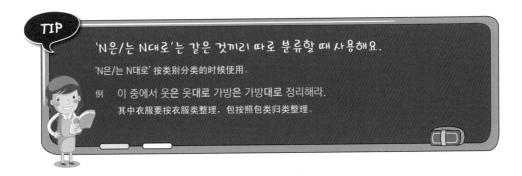

TIP

'N은/는 N대로'는 같은 것끼리 따로 분류할 때 사용해요.

'N은/는 N대로' 按类别分类的时候使用。

例   이 중에서 옷은 옷대로 가방은 가방대로 정리해라.

其中衣服要按衣服类整理，包按照包类归类整理。

※ 밑줄 친 부분이 <u>다른 의미</u>로 사용된 것을 고르십시오.

    ① 편지 받는 <u>대로</u> 곧 답장하세요.
    ② 수업이 끝나는 <u>대로</u> 도서관 앞에서 만납시다.
    ③ 거짓말하지 말고 들은 <u>대로</u> 이야기하세요.
    ④ 미영 씨 들어오는 <u>대로</u> 저한테 오라고 전해 주세요.

答案解释

'–는 대로' 两种意思中，①，②，④表示某种事情结束以后马上着手做的意思。③表示，做相同的事情。所以 ③为正确答案。

正确答案 ③

1. 알아두기 常见用法

		–(으)ㄴ 척하다	–는 척하다
동사 动词	먹다	먹은 척하다	먹는 척하다
	보다	본 척하다	보는 척하다

		–(으)ㄴ 척하다
형용사 形容词	작다	작은 척하다
	예쁘다	예쁜 척하다

		인 척하다
명사+이다 名词+이다	학생	학생인 척하다
	친구	친구인 척하다

❶ 행동이나 상태를 실제와 다르게 꾸미는 태도를 나타낸다. 把行动或状态假装成另外一种样子。

> 例 · 가: 오늘 아침에 준호를 만났는데 나를 못 본 **척**하고 지나갔어. 나한테 화가 났나?
>   早上见到了敏浩，可是他装着没见看我。
>   나: 글쎄, 준호가 너를 정말 못 본 것은 아닐까? 是嘛，可能敏浩真的没看见你吧？
>
> · 항상 예쁜 **척**하기 때문에 여자 아이들이 지영이를 싫어한다. 总是装摸做样，所以大家都不喜欢智英。
>
> · 수업 시간에 선생님 말씀을 듣는 **척**했지만 사실은 어제 일을 생각하고 있었어요.
>   课堂上假装听老师讲课，可事实上正在想昨天发生的事情。

주의사항 注意事项

● 동사 '알다'의 경우 현재형으로만 사용하고 과거형은 사용하지 않는다.
  动词 '알다' 只用以现在式，而不用以过去式。

> 例 그 문제를 이해할 수 없었지만 계속 <u>아는 척</u>했어요. (O) 那道题很难理解，所以一直装作知道的样子。
>   (현재형) (现在式)
>
> 그 문제를 이해할 수 없었지만 계속 <u>안 척</u>했어요. (X)
>   (과거형) (过去式)

▶ '-는 척하다'는 '-는 체하다'[145]와 바꾸어 사용할 수 있다.　'-는 척하다' 可与 '-는 체하다' 互换使用。

> 例 • 친구는 내 비밀을 알고 있지만 계속 모르**는 척했**어요.　朋友知道我的秘密，但是一直装作不知道的样子。
>
> 　　= 친구는 내 비밀을 알고 있지만 계속 모르**는 체했**어요.

3. 확인하기　　确认练习

※ (　　　) 안에 알맞은 것을 고르십시오.

가: 수미 씨가 많이 아픈가 봐요.
나: 아니에요. 오늘 모임에 가기 싫어서 (　　　　　　　).

① 아플 거예요
② 아팠으면 해요
③ 아픈 척하는 거예요
④ 아플까봐 걱정이에요

136

-던데(요) ★★★

常见用法

동사 动词		-았/었던데요	-던데요	-겠던데요
	먹다	먹었던데요	먹던데요	먹겠던데요
	가다	갔던데요	가던데요	가겠던데요

형용사 形容词		-던데요
	작다	작던데요
	예쁘다	예쁘던데요

명사+이다 名词+이다		(이)던데요
	돈	돈이던데요
	친구	친구던데요

❶ 과거의 어떤 상황을 회상하여 말할 때 사용한다. 回忆过去某种情景的时候使用的语法。

例 ・가: 혹시 민수 봤어요? 见到敏秀了吗？
　　나: 아까 집에 가**던데요**. 刚才看见他回家了。

　・가: 어제 민호 씨 여자친구를 만났다면서요? 听说你昨天见到了敏秀的女朋友？
　　나: 네. 정말 예쁘**던데요**. 是啊，真的是很漂亮。

주의사항 注意事项

● 감정이나 기분을 나타낼 때를 제외하고는 주어는 1인칭을 사용할 수 없다.
除了表示感情或心情以外不能使用第一人称。

例 남자친구한테 꽃을 받으니까 (제가) 기분이 정말 좋던데요. (O) 接到了南朋友送的鲜花，心情好极了。
　　　　　　　　　　(주어)(主语)　(기분을 나타냄)(表示心情)

　제가 어제 머리를 하러 미용실에 가던데요. (X) 接到了南朋友送的鲜花，心情好极了。
　(주어)(主语)　　　　(기분을 나타내지 않음)(不透露心情。)

TIP

동사의 경우, '-았/었던데요', '-던데요'는 모두 과거를 회상할 때 사용하는데 형태가 조금씩 다르지요? 각각 의미 차이가 있는데요. '-았/었던데요'는 과거에 이미 완료된 상황을 본 것을 의미하며, '-던데요'는 과거에 진행되고 있던 일을 의미해요.

动词的情况下 '-았/었던데요', '-던데요'可用于回想过去，但形态上有些区别。比如 '-았/었던데요' 表示过去已经完了的状况，'-던데요'表示过去曾进行过的事情。

例　비가 오던데요. → 비가 내리고 있는 상황을 보고 나서 이야기한다.
　　看到了下雨的情景以后再说明状况。

　　비가 왔던데요. → 비가 내린 후 젖은 땅을 보고 나서 이야기한다.
　　雨过以后看到潮湿的地面，再说明状况。

하지만, '-겠던데요'는 추측의 의미가 있어요.
但是'-겠던데요'有推测的意思。

例　비가 오겠던데요. → 흐린 하늘을 보고 나서 추측하면서 이야기한다.
　　看到阴天，推测到将要下雨的状况。

3. 확인하기　　确认练习

※ 밑줄 친 부분이 틀린 것을 고르십시오.

① 저는 무서운 영화를 <u>좋아하던데요</u>.
② 어제는 날씨가 흐렸지만 오늘은 <u>맑던데요</u>.
③ 그 물건을 써 보니까 품질이 아주 <u>좋던데요</u>.
④ 사람들이 매표소 앞에 길게 줄을 서 <u>있던데요</u>.

unit 29
기타

答案解释

除了表示感情和心情等形容词以外，'-던데요'语法中第一人称不能成为主语。所以 ①为正确答案。

正确答案　①

얼마나 –는지 모르다 ★★★

常见用法

		얼마나 –았/었는지 모르다	얼마나 –는지 모르다
동사 动词	먹다	얼마나 먹었는지 모르다	얼마나 먹는지 모르다
	자다	얼마나 잤는지 모르다	얼마나 자는지 모르다

		얼마나 –았/었는지 모르다	얼마나 –(으)ㄴ지 모르다
형용사 形容词	좋다	얼마나 좋았는지 모르다	얼마나 좋은지 모르다
	예쁘다	얼마나 예뻤는지 모르다	얼마나 예쁜지 모르다

		얼마나 이었/였는지 모르다	얼마나 인지 모르다
명사+이다 名词+이다	학생	얼마나 좋은 학생이었는지 모르다	얼마나 좋은 학생인지 모르다
	친구	얼마나 좋은 친구였는지 모르다	얼마나 좋은 친구인지 모르다

❶ 어떤 사실이나 상황의 정도가 대단함을 강조할 때 사용한다. 强调某事实或其状况程度相当。

> 例 • 가: 어제 간 식당이 어땠어요? 昨天那个饭店怎么样?
> 　　나: 정말 좋더라고요. 음식이 맛있어서 **얼마나 많이 먹었는지 몰라요.** 挺好的。食物好吃的不知吃了多少。
>
> 　• 가: 요즘 그곳 날씨가 어때요? 最近那边天气怎么样?
> 　　나: 지금 겨울이어서 **얼마나 추운지 몰라요.** 因为冬天的缘故,不知道有多冷。

주의사항 注意事项

● 명사 앞에는 꾸며 주는 형용사가 필요하다. 名词前面需要修饰的形容词。

> 例 얼마나 좋은 학생인지 몰라요. (O)
> 　　　(꾸며주는 형용사) (修饰的形容词)
>
> 얼마나 학생인지 몰라요. (X)

※ 밑줄 친 부분과 의미가 같은 것을 고르십시오.

가: 어머니 수술이 잘 끝나서 정말 다행이에요.
나: 하지만 어제는 <u>얼마나 마음을 졸였는지 몰라요.</u>

① 마음이 편해졌어요

② 많이 편찮으셨어요

③ 걱정을 정말 많이 했어요

④ 수술이 늦게 끝나서 잠깐 졸았어요

答案解释

"마음을 졸이다"表示担心的意思，与 '얼마나 –는지 모르다' 相结合表示非常担心。所以表示非常担心的句子 ③为
正确答案。

正确答案 ③

138

–(으면) –을수록 ★★★

常见用法

		–(으면) –(으)ㄹ록
동사 动词	마시다	(마시면) 마실수록
	먹다	(먹으면) 먹을수록
형용사 形容词	싸다	(싸면) 쌀수록
	많다	(많으면) 많을수록

❶ 선행절의 행동이나 상황이 계속됨으로 후행절의 정도가 더해지는 것을 나타낸다.
前句行动或其状况持续，使得后句程度加强。

例
- 그 사람은 만나**면** 만날**수록** 좋은 사람인 것 같아요. 越和那个人交往，越觉得他是好人。
- 싸**면** 쌀**수록** 품질이 떨어지는 것 같아요. 越便宜品质越差。
- 친구는 많**을수록** 좋잖아요. 朋友越多越好。

确认练习

※ 빈칸에 가장 알맞은 것을 고르십시오.

가: 한국어 공부는 잘 돼 가요?
나: 네, 힘들지만 _____ 재미있어요.

① 공부를 하는 대로   ② 공부를 하려고 해도

③ 공부를 하면 할수록   ④ 공부를 하기 힘들까봐

答案解释

虽然吃力，但是开始觉得学的越多越有趣。①中‘는 대로’表示完成某件事以后马上得意思，所以不是答案。②中‘–려고 해도’计划和让步意思相结合；④中‘–을까봐’表示推测，不能成为答案。表示持续学习之后开始觉得学习有趣的意思的 ③为正确答案。

正确答案 ③

139 −을 뻔하다 ★★★

		−(으)ㄹ 뻔하다
동사 动词	잇다	잊을 **뻔하다**
	넘어지다	넘어질 **뻔하다**

❶ 어떤 상황이 거의 일어나려고 했지만 실제로는 일어나지 않았을 때 사용한다.
某种状况差点发生，但实际上没有发生。

例 • 가: 눈이 와서 길이 정말 미끄럽죠? 걷기가 너무 힘드네요. 下雪了路很滑吧？走起路来很费劲。
　　나: 맞아요. 오다가 길에서 넘어질 **뻔 했어요**. 是啊。来的时候差点儿跌倒。

　　• 가: 여행은 어땠어요? 旅游好不好玩？
　　나: 사람들이 정말 많아서 아이를 잃어버릴 **뻔 했어요**. 人太多，差点儿把孩子给丢了。

주의사항 注意事项

● 항상 과거형으로 쓴다. 总以过去时态使用。

例 교통 사고가 날 **뻔했어요**. (O)
　　　　(과거형) (过去式)

교통 사고가 날 **뻔해요**. (X)
　　　　(현재형) (现在式)

※ 빈칸에 들어갈 알맞은 것을 고르십시오.

모처럼 대학 동창들과 함께 극장에 갔더니 주말이라고 표가 모두 매진되었다. 공휴일이라 그런지 극장 안은 사람들로 붐벼서 발 디딜 틈도 없었다. 영화를 못 (   ) 다행히 다음 시 간 영화표가 몇 장 남아 있어서 가까스로 표를 살 수 있었다.

① 볼까 봐서
② 볼 뻔했지만
③ 볼 만했지만
④ 볼 리 없었지만

140 -기(가) ★★

		-기(가)
동사 动词	먹다	먹기(가)
	가다	가기(가)

❶ 어떤 일을 하는 것에 대한 상태나 생각을 표현할 때 사용한다.
真对于做某件事情，说明状态或发表想法。

例
• 눈이 올 때 너무 빨리 운전하면 사고 나기가 쉽다. 下雪的时候开车太快的话，容易发生车祸。

• 그 사람 앞에만 가면 왠지 말하기가 부끄러워요. 一靠近那个人就很害羞不敢说话。

• 목이 너무 아파서 지금은 노래하기 힘들어요 嗓子太疼，很难唱歌。

주의사항 注意事项

● 'V-기가' 뒤에는 '부끄럽다, 불편하다, 섭섭하다, 쉽다, 슬프다, 싫다, 어렵다, 좋다, 즐겁다, 편하다, 피곤하다, 힘들다' 등 감정을 표현하는 형용사가 주로 온다.

'V-기가' 后面一般接 '부끄럽다, 불편하다, 섭섭하다, 쉽다, 슬프다, 싫다, 어렵다, 좋다, 즐겁다, 편하다, 피곤하다, 힘들다' 等表示感情的形容词。

※ 밑줄 친 부분과 의미가 같은 말을 고르십시오.

가: 오늘 회의 결과는 어떻게 됐어요?
나: <u>쉽게 결론을 낼 수 없었어요</u>. 의견이 하도 다양해서 말이에요.

① 결론을 내기가 조금 힘들었어요
② 전혀 힘들지 않게 결론이 났어요
③ 별로 힘들지 않게 결론이 났어요
④ 결론을 내기가 여간 어렵지 않았어요

–기는(요) ★★

1. 알아두기　常见用法

		–기는(요)
동사 动词	찾다	찾기는(요)
	하다	하기는(요)
형용사 形容词	많다	많기는(요)
	예쁘다	예쁘기는(요)

		(이)기는(요)
명사+이다 名词+이다	학생	학생이기는(요)
	천재	천재기는(요)

❶ 상대방이 말한 것을 가볍게 부정하거나 칭찬에 대해 겸손하게 대답할 때 사용한다.

　对于对方说的话表示轻微的否定，或对于称赞表示谦虚。

> 例
> - 가: 민호는 영어를 정말 잘하는 것 같아. 觉得敏浩的英语很好。
>   나: 잘하**기는**. 발음도 별로야. 好什么呀. 发音也不怎么样。
> - 가: 오늘 정말 예쁘네요. 今天真漂亮啊。
>   나: 예쁘**기는요**. 머리도 엉망인데요. 漂亮什么呀. 头发都不成型。

2. 확인하기　确认练习

※ (　　　) 안에 알맞은 것을 고르십시오.

가: 오늘 연설 아주 멋있었습니다.
나: (　　　　　　　). 제 경험을 좀 소개한 것뿐인데요.

① 멋있기는요 　　　　　　　② 멋있고말고요
③ 멋있는 셈이죠 　　　　　　④ 멋있는 편이죠

> **答案解释**
> 收到别人给予的赞美，需要作出适当的反应。②中 '–고말고(요)' 表示同意对方的意见。③中 '–는 셈이다' 表示基本上是那种状况。④中 '–는 편이다' 表示接近某一种状态。以上都不能成为答案。只有既对对方说的话表示轻微否定，又对对方的赞美表现谦虚态度的 ① '–기는(요)' 为正确答案。
>
> 正确答案　①

–는 둥 마는 둥 ★★

		–는 둥 마는 둥
동사 动词	먹다	먹는 둥 마는 둥
	보다	보는 둥 마는 둥

❶ 어떤 행동을 하기는 했지만 제대로 하지 않은 것을 나타낸다.　虽做了某种动作，但是没有认真做。

> 例 ▶ ・늦잠을 자는 바람에 아침을 먹**는 둥 마는 둥** 하고 나왔어요.　因为睡懒觉的缘故，吃了早饭也跟没吃似的。
> ・미술관에 사람이 많아서 보**는 둥 마는 둥** 했어요.　美术馆人太多，看了也跟没看似的。
> ・그 사람은 바쁘다면서 제 얘기를 듣**는 둥 마는 둥** 했어요.　那人说很忙，听我说话时也跟没听似的。

※ 빈칸에 들어갈 말로 알맞은 것을 고르십시오.

요즘 동생이 무슨 걱정이 있는 것 같아요. 오늘 아침에는 말도 별로 안 하고 식사도 (　　　　　　　) 하고 출근했어요.

① 하다가 말다가
② 하거나 말거나
③ 하는 둥 마는 둥
④ 하는 척 마는 척

答案解释

饭是吃了，但是因为有心事没吃好，跟没吃一样。①吃的动作和不吃的动作交替反复；②吃或者不吃结果都一样；④实际没有吃，却假装在吃，以上都不能成为答案。表示做了却没有认真做好的 ③为正确答案。

正确答案 ③

143 -고말고(요) ★

1. 알아두기   常见用法

		-았/었고말고(요)	-고말고(요)
동사 动词	먹다	먹었고말고(요)	먹고말고(요)
	가다	갔고말고(요)	가고말고(요)
형용사 形容词	선생님	추웠고말고(요)	춥고말고(요)
	부모	예뻤고말고(요)	예쁘고말고(요)

		이었/였고말고(요)	(이)고말고(요)
명사+이다 名词+이다	학생	학생이었고말고(요)	학생이고말고(요)
	친구	친구였고말고(요)	친구고말고(요)

❶ 어떤 일에 대해 동의를 나타내거나 그 일이 당연하다고 생각할 때 사용한다.
   对某件事情表示赞同或认为理所当然。

 • 가: 내일 같이 갈 거지요? 明天一起去对吗?
   나: **가고말고요**. 当然去了。

   • 가: 엄마, 저도 어렸을 때 귀여웠어요? 妈妈我小时候也可爱吗?
   나: 그럼, **귀여웠고말고**. 当然，那还用说。

unit 29
기타

※ 빈칸에 들어갈 말로 알맞은 것을 고르십시오.

가: 내일 제 생일인데, 파티에 올 거지요?
나: _____.

① 가도 돼요
② 가 봤어요
③ 가고말고요
④ 가서 좋았어요

144 -는 수가 있다 ★

		-는 수가 있다
동사 动词	남다	남는 수가 있다
	보다	보는 수가 있다

❶ 어떤 행동이나 상태 때문에 어떤 결과가 생길 가능성이 있다는 것을 나타낸다.

因某种行为或状态，可能出现某些结果。

> 例 ▸ • 그렇게 버릇없이 굴다가는 혼나**는 수가 있어**. 再像那样无理地行动，我会发火。
>
> • 자신의 이익만 생각하다가는 오히려 손해를 보**는 수가 있다**. 只想着自己的利益，反到会受损失。
>
> • 과거에 대한 반성 없이 미래만 생각하면 같은 잘못을 저지르**는 수가 있다**.
>
> 不反醒过去只想着未来的话还会犯同样的过失。

주의사항 注意事項

● 결과는 주로 부정적인 것이 많다. 结果大多为消极的。

2. 더 알아두기   更多用法

▶ '-는 수가 있다'는 '-을 지도 모르다'와 바꾸어 사용할 수 있다.

'-는 수가 있다' 可与 '-을 지도 모르다' 互换使用。

> 例 ▸ • 감기가 심해지면 목이 붓**는 수가 있어요**. 感冒严重了，可能导致咽喉肿胀。
>
> = 감기가 심해지면 목이 부**을 지도 몰라요**.

※ 다음 밑줄 친 부분과 바꾸어 쓸 수 있는 것을 고르십시오.

설날에는 고향에 가는 표를 미리 사 놓지 않으면 <u>못 가는 수가 있어요</u>.

① 못 갈 지도 몰라요
② 못 갈 정도예요
③ 못 갈까 해요
④ 못 갈 리 없어요

有可能回不了老家。②中 '-을 정도이다' 表示某些事和状态相似；③中 '-을까 하다' 表示计划，不能成为答案。还有 ④中 '-을 리 없다' 表示没有希望，也不能成为答案。只有表示有可能去不了的意思的语法 ①为正确答案。

正确答案 ①

145 -는 체하다 ★

1. 알아두기   常见用法

		-(으)ㄴ 체하다	-는 체하다
동사 动词	먹다	먹은 체하다	먹는 체하다
	보다	본 체하다	보는 체하다

		-(으)ㄴ 체하다
형용사 形容词	작다	작은 체하다
	예쁘다	예쁜 체하다

		인 체하다
명사+이다 名词+이다	학생	학생인 체하다
	친구	친구인 체하다

❶ 행동이나 상태를 실제와 다르게 꾸미는 태도를 나타낸다. 假装做或营造出与实际不相符的行动或状态。

> 例　・그 사람은 나를 봤는데도 모르는 체했어요. 那个人见了我，假装没看见。
> ・집에 가고 싶어서 학교에서 아픈 체했어요. 因为想回家，所以在学校假装什么不适。
> ・채팅을 하고 있었지만 중요한 일을 하고 있는 체했어요. 虽然在聊天，但假装在做重要的事。

2. 더 알아두기   更多用法

▶ '-는 체하다'는 '-는 척하다'[135]와 바꾸어 사용할 수 있다. '-는 체하다' 可与 '-는 척하다' 互换使用。

> 例　・친구는 내 비밀을 알고 있지만 계속 모르는 체했어요. 朋友知道我的秘密，但是一直装作不知道的样子。
> = 친구는 내 비밀을 알고 있지만 계속 모르는 척했어요.

unit 29
기타

※ 밑줄 친 부분을 같은 의미로 바꾸어 쓴 것을 고르십시오.

> 가: 어제 본 영화 어땠어요? 정말 무섭다고 들었는데.
> 나: 정말 무서웠는데 여자 친구 때문에 안 <u>무서운 체했어요</u>.

① 무서운 셈이에요
② 무서운 척했어요
③ 무서울 뻔했어요
④ 무서울 지경이에요

答案解释

虽然很害怕，但是表现得不害怕的样子。① 中的 '-는 셈-는 셈이다' 表示和某件事情相同；③中的 '-을 뻔 했다' 差点就做了，结果没错。④中 '-을 지경이다' 表示程度，不能成为答案。表示动作与事实相反的 ② '-는 척하다' 为正确答案。

正确答案　②

-다니 ★

知常见用法

		-았/었다니	-다니	-(으)ㄹ 거라니
동사 动词	먹다	먹었다니	먹다니	먹을 거라니
	가다	갔다니	가다니	갈 거라니

		-았/었다니	-다니
형용사 形容词	좋다	좋았다니	좋다니
	예쁘다	예뻤다니	예쁘다니

		이었/였다니	(이)라니
명사+이다 名词+이다	학생	학생이었다니	학생이라니
	친구	친구였다니	친구라니

❶ 어떤 사실이나 상황이 놀랍거나 믿을 수 없을 때 사용한다. 某种事实和状况很惊讶，让人不可思议。

> 例
> - 저렇게 빨리 달릴 수 있다니 정말 신기하군요. 怎能跑那么快，不可思议。
> - 봄인데도 이렇게 춥다니 너무 이상해요. 已经春天了还那么冷，真不可思议。
> - 그 사람이 50대라니 믿을 수 없어요. 저는 30대인 줄 알았어요.
>   那个人已经50好几了，不可思议。我还以为只有30几岁呢。

주의사항 注意事项

● 문장의 끝에 올 때 '-다니(요)'의 형태로 사용할 수 있다. 句子结尾使用 '-다니(요)' 的形态。

> 例 친구가 나에 대해 나쁜 말을 하다니…… 朋友竟然在背后说我的坏话...
>   = 친구가 나에 대해 나쁜 말을 하다니 믿을 수 없어요.
>
> 벌써 밤 12시라니요? 已经12点了吗?
>   = 벌써 밤 12시라니 말도 안 돼요.

※ 다음 두 문장을 바르게 연결한 것을 고르십시오.

공부를 하나도 안 한 친구가 1등을 하다 / 믿을 수 없다

① 공부를 하나도 안 한 친구가 1등을 하느라고 믿을 수 없어요.
② 공부를 하나도 안 한 친구가 1등을 하다시피 믿을 수 없어요.
③ 공부를 하나도 안 한 친구가 1등을 하다니 믿을 수 없어요.
④ 공부를 하나도 안 한 친구가 1등을 하다가 믿을 수 없어요.

어찌나 -는지 ★

常见用法

		어찌나 -았/었는지	어찌나 -는지
동사 动词	먹다	어찌나 먹었는지	어찌나 먹는지
	사다	어찌나 샀는지	어찌나 사는지

		어찌나 -았/었는지	어찌나 -(으)ㄴ지
형용사 形容词	작다	어찌나 작았는지	어찌나 작은지
	크다	어찌나 컸는지	어찌나 큰지

❶ 선행절의 내용을 강조하며 그것이 후행절의 원인이 될 때 사용한다. 强调前句内容，且成为后句原因。

> 例 ・가: 이번 여름은 날씨가 **어찌나** 더운지 밖에 나가고 싶지가 않네요. 今年夏天太热了，以至于不想出门。
> 나: 맞아요. 너무 더워서 짜증이 날 정도예요. 是啊。太热了，叫人很烦。
>
> ・아까 맛있다고 밥을 **어찌나** 많이 먹**었는지** 지금도 배가 불러요.
> 刚才吃饭吃得太多，以至于到现在仍有饱腹感。

주의사항 注意事项

● 동사를 사용할 때 '잘, 많이, 자주, 열심히'등의 부사와 함께 자주 사용된다.
使用动词一般和‘잘, 많이, 자주, 열심히’等副词一起使用。

> 例 한국 요리를 어찌나 잘 먹는지 한국 사람 같아요. 韩国料理吃得太好了，仿佛像个韩国人。

更多用法

▶ '어찌나 -는지'는 '얼마나 -는지'와 바꾸어 사용할 수 있다. '어찌나 -는지'可与'얼마나 -는지'互换使用。

> 例 ・옆집이 **어찌나** 시끄러운지 잠을 잘 수가 없다. 邻居吵得我没睡好觉。
> = 옆집이 **얼마나** 시끄러운지 잠을 잘 수가 없다.

unit 29
기타

※ 다음 문장의 의미를 가장 잘 설명하고 있는 것을 고르십시오.

내 친구는 목소리가 어찌나 작은지 옆에 있는 사람도 잘 들을 수가 없어요.

① 내 친구의 목소리가 아주 작아서 사람들이 잘 듣지 못한다.

② 내 친구의 목소리가 아주 작지만 사람들이 듣는 데에 문제가 없다.

③ 내 친구의 목소리가 더 작다면 사람들이 잘 듣지 못했을 것이다.

④ 내 친구의 목소리가 더 작다면 몰라도 사람들이 듣는 데에 문제가 없다.

-으리라고 ★

常见用法

		-았/었으리라고	-(으)리라고
동사 动词	먹다	먹었으리라고	먹으리라고
	합격하다	합격했으리라고	합격하리라고
형용사 形容词	작다	작았으리라고	작으리라고
	크다	컸으리라고	크리라고

		이었/였으리라고	(이)리라고
명사+이다 名词+이다	학생	학생이었으리라고	학생이리라고
	친구	친구였으리라고	친구리라고

❶ 어떤 일에 대한 추측을 나타낼 때 사용한다. 表示对某件事情的推测。

> **예** • 열심히 공부했으니까 꼭 합격하**리라고** 믿어요. 因认真学习了，相信肯定能合格。
>
> • 같은 학교 학생이니 우연히 한번쯤은 만나**리라고** 생각해.
>   因为上的是同一所学校，我想偶然之中至少见过一次吧。
>
> • 그 사람이 지영 씨 친구**였으리라고** 생각하지 못했어요. 想都没想过他会是智英的朋友。

주의사항 注意事项

> • '-으리라고' 뒤에 '믿다, 생각하다, 보다' 등의 동사가 자주 온다.
>   '-으리라고' 后边一般接 '믿다, 생각하다, 보다' 等动词。
>
> • '생각, 예상, 추측, 믿음' 등의 명사 앞에서 '-으리라는 N' 형태로 사용한다.
>   在 '생각, 예상, 추측, 믿음' 等名词前面以 '-으리라는 N' 使用。
>
> > **예** 나는 그 사람이 거짓말을 하지 않**으리라는 믿음**을 가지고 있어요. 我相信他不会说谎，这是我对他的一种信念。
> > (명사) (名词)

이 문법은 '-으리라고는 상상도 못하다'의 형태로 자주 사용돼요.

此语法经常以 '-으리라고는 상상도 못하다' 形态使用。

'-으리라고는 상상도 못하다'의 의미는 어떤 일에 대해서 생각조차 못하고 있었다는 것을 나타내요. 그래서 정말 생각지도 못한 깜짝 놀란 일이라는 것을 표현할 때 사용해요.

'-으리라고는 상상도 못하다' 表示对某些事情想都没想过，所以对于连想都没想过的事情表示惊讶时使用。

例   너가 이번 시험에서 1등을 하리라고는 상상도 못했어.

我想都没想过你能在这次考试中得第一。

2. 확인하기

确认练习

※ 밑줄 친 부분에 가장 알맞은 것을 고르십시오.

가: 만나기만 하면 싸우던 두 사람이 다음 주에 결혼을 한다니 정말 믿을 수 없었어요.
나: 저도 _____.

① 두 사람이 결혼하리라고는 상상도 못했어요
② 두 사람이 결혼 안 한다면 믿지 못했을 거예요
③ 두 사람이 사이가 나쁘다고 생각지도 못했어요
④ 사이가 좋은 두 사람이 결혼할 거라고 믿었어요

没有预料到一见面就吵架的两个人会步入结婚殿堂。②想当然得认为两个人会结婚。③认为两个人关系很好。④早就预料到俩人会结婚。表示没有预料到这俩人会结婚的句子 ①为正确答案。

正确答案 ①

–을락 말락 하다 ★

常见用法

		–(으)ㄹ락 말락 하다
동사 动词	닿다	닿을락 말락 하다
	보이다	보일락 말락 하다

❶ 어떤 일이 거의 일어날 것 같다가 안 일어남을 나타낸다. 某件事情差点, 但还是没有发生。

例 • 잠이 겨우 들락 말락 했는데 전화 소리에 깼어요. 差点就睡着了, 却被电话铃声惊醒了。

• 바람이 부니까 잎이 떨어질락 말락 해요. 刮风了, 树叶差点要掉下来了。

• 손을 뻗긴 뻗었는데 닿을락 말락 해요. 手伸出去, 差点就够着了。

确认练习

※ 다음 밑줄 친 부분에 알맞은 것을 고르십시오.

가: 하늘을 보니까 비가 _____.
나: 그러네요. 아침에 뉴스에서 그냥 흐리다고만 했었는데.

① 올 뿐이에요

② 올 뻔했어요

③ 올까 해요

④ 올락 말락 해요

答案解释

看着天气状况, 说马就要下雨了。①中 '–을 뿐이다' 表示除了一个事实以外没别的; ②中 '–을 뻔하다' 表示差点, 但没有发生的意思。③中 '–을까 하다' 表示主语的计划, 以上都不是答案。只有表示即将要下雨的意思的句子 ④为正确答案。

正确答案 ④

–지 그래(요)? ★

I. 알아두기 常见用法

		–지 그래(요)?
동사 动词	먹다	먹**지 그래(요)?**
	가다	가**지 그래(요)?**

❶ 다른 사람에게 어떤 일을 하기 권하거나 추천할 때 사용한다. 劝说或向别人推荐做某事。

例 • 가: 내일 회사 면접이 있는데 어떤 옷을 입어야 할지 고민이에요. 明天公司有面试，不知道穿什么衣服好。
　　나: 지난번에 산 검은색 양복을 입**지 그래요?** 穿上次买的黑色西服吧。

　 • 가: 감기에 걸렸는지 목이 너무 아프네. 感冒了嗓子疼。
　　나: 그럼 꿀물을 마셔 보**지 그래?** 那就喝点儿蜂蜜水吧。

2. 확인하기 确认练习

※ 밑줄 친 문장과 의미가 같은 것을 고르십시오.

가: 내일이 어머니 생신인데 뭘 선물하면 좋을지 모르겠어요.
나: 요즘 날씨가 추워졌으니까 따뜻한 장갑을 <u>선물하면 어때요?</u>

① 선물할까 봐요.
② 선물해 놓으세요.
③ 선물하게 할까요?
④ 선물하지 그래요?

答案解释

推荐送妈妈一双手套做生日礼物。①中‘-을까 보다’表示说话者的计划；②中‘-아/어 놓다’表示提前准备做某件事；③中‘-게 하다’表示说话者祈使别人做某事，所以都不是答案。只有表示劝说或向别人推荐做某事的 ④‘-지 그래요?’为正确答案。

正确答案 ④

1   다음 밑줄 친 부분과 의미가 비슷한 것을 고르십시오.

고향에 도착하는 대로 전화해 주세요.

❶ 도착했으니까   ❷ 도착하자마자
❸ 도착하더라도   ❹ 도착하기 전에

(134)

2   (   ) 안에 알맞은 것을 고르십시오.

가: 너는 민호 씨 이야기가 재미있나 봐. 민호 씨가 얘기만 하면 웃잖아.
나: 아니야. 나도 재미없는데 그냥 예의상 (   ).

❶ 재미있을 거야   ❷ 재미있었으면 해
❸ 재미있을까 봐 걱정이야   ❹ 재미있는 척하는 거야

(135)

3   다음 (   )에 알맞은 말을 고르십시오.

가: 죄송하지만 부탁하신 일이 아직 안 끝났습니다.
나: 그럼, 시간을 더 줄 테니까 (   ) 이메일로 보내 주세요.

❶ 완성할 만큼   ❷ 완성하느라고
❸ 완성하는 대로   ❹ 완성하는 정도로

(134)

4   다음 두 표현을 가장 알맞게 연결한 것을 고르십시오.

한국어를 공부하다 / 더 어렵다는 생각이 들다

❶ 한국어를 공부할 뿐이지 더 어렵다는 생각이 들어요.
❷ 한국어를 공부할수록 더 어렵다는 생각이 들어요.
❸ 한국어를 공부할까 봐서 더 어렵다는 생각이 들어요.
❹ 한국어를 공부할 정도로 더 어렵다는 생각이 들어요.

unit 29
기타

(138)

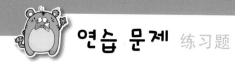

연습 문제 练习题

5 ( ) 안에 알맞은 것을 고르십시오.

　　가: 오늘 수업 내용은 정말 어렵더라. 그런데 수업 시간에 보니까 너는 다 이해한 것 같더라.
　　나: 아니야. 교수님이 자꾸 나를 보시길래 잘 모르면서 그냥 (　　　　　) 했어.

　　❶ 이해할 줄　　　　　　　　　　❷ 이해할 법
　　❸ 이해하는 척　　　　　　　　　❹ 이해하는 셈　　　　**135**

6 밑줄 친 문장의 의미와 같은 것을 고르십시오.

　　가: 어제 회식에서 술을 많이 마셨어요?
　　나: 아니요, 술을 마시기 싫어서 <u>술을 전혀 못 마시는 척했어요</u>.

　　❶ 술을 마시는 사람을 이해하지 못하겠어요
　　❷ 술을 같이 마시자고 계속 말했어요
　　❸ 술을 마실 수 있지만 못 마신다고 했어요
　　❹ 술을 마시고 싶어도 못 마셔요　　**135**

7 ( )에 들어 갈 적당한 말을 고르십시오.

　　가: 떡볶이가 맵다고 하면서 계속 잘 먹네.
　　나: 맵기는 한데 (　　　　　) 맛있어요.

　　❶ 먹을 테니까　　　　　　　　　❷ 먹어서 그런지
　　❸ 먹는다고 해도　　　　　　　　❹ 먹을수록　　**138**

8 두 문장을 바르게 연결한 것을 고르십시오.

　　민호가 곧 올 거예요. 그러면 바로 출발하도록 할게요.

　　❶ 민호가 오기 전에 출발하도록 할게요.
　　❷ 민호가 오는 데에 출발하도록 할게요.
　　❸ 민호가 오는 대로 출발하도록 할게요.
　　❹ 민호가 온다고 해도 출발하도록 할게요.　　**134**

9 제시된 상황에 맞는 대화가 되도록 밑줄 친 부분에 가장 알맞은 것을 고르십시오.

상황 – 친구와 같이 영화관에서 슬픈 영화를 보고 나왔다.

가: 영화가 정말 슬프고 감동적이었지?
나: 응, 아까 영화를 보다가 _____.

❶ 눈물이 났어도 괜찮았어　　　　❷ 눈물이 날 뻔했어
❸ 눈물을 흘릴 리가 없었어　　　　❹ 눈물을 흘리지 않았을 텐데　　**139**

10 다음 두 표현을 가장 알맞게 연결한 것을 고르십시오.

친구는 많다 / 더 좋다

❶ 친구는 많으면 많을수록 더 좋습니다.　　❷ 친구는 많든지 적든지 더 좋습니다.
❸ 친구는 많으려고 해도 더 좋습니다.　　❹ 친구는 많으나마나 더 좋습니다.　　**138**

11 다음 (　　)에 알맞은 것을 고르십시오.

가: 아이고, 네가 나를 안 잡아 줬으면 계단에서 (　　　　　).
나: 계단이 미끄러우니까 조심해.

❶ 넘어질 텐데　　　　　❷ 넘어질까 해
❸ 넘어진 척했어　　　　❹ 넘어질 뻔했어　　**139**

12 (　　) 안에 알맞은 것을 고르십시오.

가: 한국어를 정말 잘하시네요.
나: (　　　　　). 아직도 멀었는데요.

❶ 잘하기는요　　　　　❷ 잘하고 말고요
❸ 잘하는 셈이죠　　　　❹ 잘하는 편이죠　　**141**

unit 29
기타

13 다음 밑줄 친 부분에 가장 알맞은 것을 고르십시오.

가: 제가 아까 횡단보도를 건너다가 _____. 정말 깜짝 놀랐어요.

나: 또 음악을 듣다가 주변을 보지 않고 길을 건넜지? 엄마가 횡단보도에서는 조심하라고 했잖아.

❶ 사고가 날 뻔했어요　　　　　　　❷ 길에 자동차가 없던데요

❸ 친구가 길에 쓰러졌어요　　　　　❹ 사람들이 함께 건넜어요　　**139**

14 ( ) 안에 알맞은 것을 고르십시오.

가: 미영 씨, 이 음식을 직접 만든 거예요? 요리 실력이 진짜 대단한데요!

나: ( ). 평범한 실력에 불과해요.

❶ 대단하나 마나예요　　　　　　　❷ 대단한 것 같아요

❸ 대단하기는요　　　　　　　　　　❹ 대단한 체해요　　**141**

15 밑줄 친 부분과 의미가 같은 말을 고르십시오.

가: 휴가 때 어디로 여행을 갈 지 결정했어요?

나: 쉽게 결정할 수가 없네요. 가고 싶은 곳이 너무 많아서 말이에요.

❶ 여행갈 곳을 결정하기가 힘들어요.　　❷ 전혀 힘들지 않게 결정을 했어요.

❸ 별로 힘들지 않게 결정을 했어요.　　❹ 결정을 하는 게 이만저만 쉽지 않아요.

140

16 빈칸에 들어갈 말로 알맞은 것을 고르십시오.

요즘 내 친구 혜경이에게 무슨 일이 있는 것 같다. 성격이 밝고 명랑하던 혜경이는 요즘 만나도 말도 별로 안 하고 내가 말을 해도 ( ) 한다.

❶ 듣거나 말다가　　　　　　　　　❷ 듣든지 말든지

❸ 듣는 둥 마는 둥　　　　　　　　　❹ 들으면 들을수록　　**142**

17 다음 밑줄 친 부분에 알맞은 것을 고르십시오.

가: 이번 주말에 집들이하는데 혹시 와서 좀 도와줄 수 있어?
나: 그럼 _____. 몇 시까지 가면 돼?

❶ 도와줄 리 없어　　　　　　　❷ 도와줘 봤어
❸ 도와주고말고　　　　　　　　❹ 도와주곤 했어　　　　**143**

18 밑줄 친 부분과 바꿔 쓸 말을 고르십시오.

가: 여보, 민호는 어디 갔어요?
나: 몰라. 아까 밥을 먹는 둥 마는 둥 하더니 나가 버렸어.

❶ 밥을 먹고 또 먹고　　　　　　❷ 밥을 제대로 안 먹고
❸ 밥을 계속 먹다가　　　　　　　❹ 밥을 전혀 안 먹고　　　**142**

19 다음 밑줄 친 부분과 바꾸어 쓸 수 있는 것을 고르십시오.

엄마 말을 계속 안 듣다가는 혼나는 수가 있어요.

❶ 혼날 리가 없어요　　　　　　❷ 혼날 정도예요
❸ 혼날까 해요　　　　　　　　　❹ 혼날 지도 몰라요　　　**144**

20 밑줄 친 부분을 같은 의미로 바꾸어 쓴 것을 고르십시오.

학교에서 공부하기 싫어서 아픈 체했더니 선생님께서 집에 가라고 하셨어요.

❶ 아픈 셈쳤더니　　　　　　　　❷ 아픈 척했더니
❸ 아플 뻔했더니　　　　　　　　❹ 아플 뿐이었더니　　　**145**

unit 29
기타

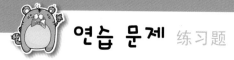

21   밑줄 친 부분에 알맞은 것을 고르십시오.

가: 왜 이렇게 늦었어요? _____.
나: 미안해요. 연락하려고 했는데 핸드폰 베터리가 없었어요.

❶ 늦는 척이라도 해야죠   ❷ 얼마나 걱정했는지 몰라요
❸ 무소식이 희소식이라고 했잖아요   ❹ 얼마나 늦었는지 걱정하고 있었어요

137

22   다음 밑줄 친 부분 중 바른 것을 고르십시오.

❶ 가족들이 모두 옛날 사진을 <u>보던데요</u>.
❷ 계속 통화 중인걸 보니까 <u>바쁜가 봤어요</u>.
❸ 오랜만에 친구를 <u>만나게 되더라도</u> 자주 연락할 거예요.
❹ 오늘 내가 심하게 <u>운동을 하더니</u> 친구가 몸살이 났어요.

136

23   다음 두 문장을 바르게 연결한 것을 고르십시오.

4월에 눈이 오다 / 믿을 수 없다

❶ 4월에 눈이 오느라고 믿을 수 없어요.   ❷ 4월에 눈이 오다시피 믿을 수 없어요.
❸ 4월에 눈이 오다니 믿을 수 없어요.   ❹ 4월에 눈이 오다가 믿을 수 없어요.

146

24   밑줄 친 부분에 알맞은 것을 고르십시오.

가: 요즘 물가가 올라서 만원으로 살 수 있는 물건이 몇 개 없어요.
나: 맞아요. 특히 _____.

❶ 채소값이 얼마나 올랐어요?   ❷ 채소를 얼마나 샀는지 알아요?
❸ 채소값이 얼마나 올랐는지 몰라요.   ❹ 채소가 얼마인지 모르겠어요.

137

25 밑줄 친 부분에 가장 알맞은 것을 고르십시오.

가: 내가 대학교에 일등으로 합격하다니 정말 믿을 수 없어.
나: 그러게. 나도 합격은 예상했지만 ＿＿＿＿＿＿＿.

❶ 일등을 하리라고는 상상도 못했어
❷ 일등을 못 했다면 믿지 못했을 거야
❸ 일등을 하는 게 이렇게 어려울 줄 몰랐어
❹ 일등을 한 것은 당연한 결과라고 생각해 **148**

26 밑줄 친 부분과 의미가 같은 것을 고르십시오.

가: 아들이 이번에 대학에 합격했다고 들었어요. 축하해요.
나: 고마워요. 합격 소식을 듣기 전까지 얼마나 마음을 졸였는지 몰라요.

❶ 마음이 맞았어요 ❷ 마음이 편했어요
❸ 걱정을 정말 많이 했어요. ❹ 걱정을 할 필요가 없었어요 **137**

27 빈칸에 알맞은 것을 고르십시오.

가: 수민 씨가 노래를 잘 한다고 (　　　　) 들어 봤어요?
나: 안 그래도 어제 노래방에 같이 갔었는데 정말 잘했어요.

❶ 하고서 ❷ 하도록
❸ 하더니 ❹ 하던데 **136**

28 다음 밑줄 친 부분에 알맞은 것을 고르십시오.

가: 벽에 붙어 있는 종이가 ＿＿＿＿＿＿＿.
나: 그러네요. 다시 붙여야겠어요.

❶ 떨어질 뿐이에요 ❷ 떨어질 리가 없어요
❸ 떨어질까 해요 ❹ 떨어질락 말락 해요 **149**

unit 29
기타

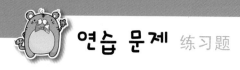

연습 문제 练习题

29 밑줄 친 부분과 의미가 같은 것을 고르십시오.

눈이 내린 학교가 <u>어찌나 아름다운지</u> 사진을 찍을 수밖에 없네요.

❶ 아주 아름다워서   ❷ 아주 아름답긴 해도

❸ 아주 아름다운 반면에   ❹ 아주 아름답도록   **147**

30 밑줄 친 문장과 의미가 같은 것을 고르십시오.

가: 요즘 밤에 잠이 안 와서 걱정이에요.
나: 자기 전에 따뜻한 <u>우유를 마시는 게 어때요?</u>

❶ 우유를 마실까 봐요.   ❷ 우유를 준비해 놓았어요.

❸ 우유를 마시게 할까요?   ❹ 우유를 마시지 그래요?   **150**

31 빈칸에 알맞은 것을 고르십시오.

가: 그 회사 면접에 사람들이 많이 왔다면서요?
나: 네. 역시 경쟁률이 _____.

❶ 세던데요   ❷ 세면서요

❸ 셀까 봐서요   ❹ 셀 리가 없어요   **136**

부록 附录

불규칙 不规则

반말 非敬语

서술문 写作体

불규칙
不规则

1. '**ㄷ' 불규칙** : 받침이 'ㄷ'인 어간은 모음 '아/어'나 '으'로 시작하는 문법 형태와 결합할 경우 어간 받침 'ㄷ'가 'ㄹ'로 바뀐다. 단, '닫다, 받다'의 경우는 받침의 형태가 변하지 않는다.

1. 「ㄷ」不规则 : 词缀为 'ㄷ' 的语干与由元音 '아/어' 或 '으' 开头的语法形态结合时, 语干 'ㄷ' 变成 'ㄹ'。但 '닫다, 받다' 其词缀形态不变。

걷다 ▶ 걷 + 어요 → 걸 + 어요 → 걸어요
　　 ▶ 걷 + 으니까 → 걸 + 으니까 → 걸으니까

	-아/어요	-아/어도	-(으)ㄹ 텐데	-(으)면	-(으)니까	-(스)ㅂ니다
걷다	걸어요	걸어도	걸을 텐데	걸으면	걸으니까	걷습니다
듣다	들어요	들어도	들을 텐데	들으면	들으니까	듣습니다
묻다	물어요	물어도	물을 텐데	물으면	물으니까	묻습니다
싣다	실어요	실어도	실을 텐데	실으면	실으니까	싣습니다
닫다	닫아요	닫아도	닫을 텐데	닫으면	닫으니까	닫습니다
받다	받아요	받아도	받을 텐데	받으면	받으니까	받습니다

例 ・많이 걸어야 할 텐데 편한 운동화를 준비하세요.
　　需要走很多路, 准备一下运动鞋吧。

・한국 음악을 들어 보니까 어땠어요?
　听了韩国音乐感觉怎么样?

・곧 출발합니다. 어서 차에 짐을 실으세요.
　就要出发了。快把货搬上车吧。

2. '**ㅂ' 불규칙** : 받침이 'ㅂ'인 어간은 모음 '아/어'나 '으'로 시작하는 문법 형태와 결합할 경우 어간 받침 'ㅂ'는 없어지고, 모음 '아/어'는 '워'로 '으'는 '우'로 바뀐다. 단, '돕다'의 경우는 모음 '아/어'로 시작하는 문법 형태가 올 경우 '아/어'는 '와'로 바뀐다. 그런데 '입다, 좁다'의 경우는 받침의 형태가 변하지 않는다.

2. 「ㅂ」不规则 : 词缀为 'ㅂ' 的语干与元音由 '아/어' 或 '으' 开头的语法形态结合时, 语干 'ㅂ' 被省略, 元音 '아/어' 改成 '워', '으' 改成 '우'。但, '돕다' 后接由元音 '아/어' 开头的语法时, '아/어' 改成 '와',而 '입다, 좁다' 其词缀形态不变。

덥다 ▶ 덥 + 어요 → 더 + 워요 → 더워요
　　 ▶ 덥 + 으니까 → 더 + 우니까 → 더우니까

	-아/어요	-아/어도	-(으)ㄹ 텐데	-(으)면	-(으)니까	-(스)ㅂ니다
덥다	더워요	더워도	더울 텐데	더우면	더우니까	덥습니다
아름답다	아름다워요	아름다워도	아름다울 텐데	아름다우면	아름다우니까	아름답습니다
고맙다	고마워요	고마워도	고마울 텐데	고마우면	고마우니까	고맙습니다
돕다	도와요	도와도	도울 텐데	도우면	도우니까	돕습니다
입다	입어요	입어도	입을 텐데	입으면	입으니까	입습니다
좁다	좁아요	좁아도	좁을 텐데	좁으면	좁으니까	좁습니다

• 날씨가 너무 더운 탓에 밤에 잠을 잘 수가 없어요.
　天气太热, 晚上睡不好觉。

• 지하철역이 가까워서 출근하기가 편해요.
　地铁站离得很近, 所以上班很方便。

• 상희 씨가 입은 옷은 요즘 한창 유행하는 스타일이에요.
　相熙穿的衣服是最近流行的款式。

3. '으' 불규칙: 끝음절이 모음 '으'로 끝나는 어간은 '아/어'로 시작하는 문법 형태와 결합할 경우 어간의 '으'는 없어진다.

3. 「으」不规则 : 尾音节由元音 '으' 结束的语干与由 '아/어' 开头的语法形态相结合的时候, 语干 '으' 将消失。

예쁘다 ▶ 예쁘 + 어요 → 예뻐요

	-아/어요	-아/어도	-(으)ㄹ 텐데	-(으)면	-(으)니까	-(스)ㅂ니다
예쁘다	예뻐요	예뻐도	예쁠 텐데	예쁘면	예쁘니까	예쁩니다
기쁘다	기뻐요	기뻐도	기쁠 텐데	기쁘면	기쁘니까	기쁩니다
고프다	고파요	고파도	고플 텐데	고프면	고프니까	고픕니다
쓰다	써요	써도	쓸 텐데	쓰면	쓰니까	씁니다

• 상희 씨는 하도 예뻐서 인기가 많아요.
相熙太漂亮了，所以人气很旺。

• 아침을 먹는 둥 마는 둥 했더니 배가 너무 고파요.
早饭算是没吃，所以很饿

• 벌써 이번 달 월급을 다 써 버렸어요.
这个月的工资已经花完了。

4. '르' 불규칙: 끝음절이 '르'인 어간은 '아/어'로 시작하는 문법 형태와 결합할 경우 어간
에 받침 'ㄹ'이 생기고 '으'가 없어진다.

4.「ㄹ」不规则：尾音节为 '르' 的语干与 '아/어' 开头的语法相结合的时候，语干多了 'ㄹ' 而少了 '으'。

모르다 ▶ 모르+ 아요 → 몰ㄹ + 아요 → 몰라요

	-아/어요	-아/어도	-(으)ㄹ 텐데	-(으)면	-(으)니까	-(스)ㅂ니다
모르다	몰라요	몰라도	모를 텐데	모르면	모르니까	모릅니다
고르다	골라요	골라도	고를 텐데	고르면	고르니까	고릅니다
오르다	올라요	올라도	오를 텐데	오르면	오르니까	오릅니다
부르다	불러요	불러도	부를 텐데	부르면	부르니까	부릅니다

 • 그 사람을 아무리 불러도 대답을 안 했어요.
不管怎么叫那个人都没有回答。

• 요즘 물가가 많이 올랐다고 해요.
最近听说物价上涨了很多。

• 친구 생일인데 선물 좀 같이 골라 주세요.
由于朋友过生日我们一起给他选礼物吧。

5. 'ㅅ' 불규칙: 받침이 'ㅅ'인 어간은 모음 '아/어'나 '으'로 시작하는 문법 형태와 결합할
경우 어간 받침 'ㅅ'이 없어진다.

5.「ㅅ」不规则：词缀为 'ㅅ' 的语干与由元音 '아/어' 或 '으' 开头的语法相结合时语干词缀 'ㅅ' 将消失。

짓다 ▶ 짓+ 어요 = 지어요
▶ 짓+ 으면 = 지으면

	-아/어요	-아/어도	-(으)ㄹ 텐데	-(으)면	-(으)니까	-(스)ㅂ니다
짓다	지어요	지어도	지을 텐데	지으면	지으니까	짓습니다
붓다	부어요	부어도	부을 텐데	부으면	부으니까	붓습니다
젓다	저어요	저어도	저을 텐데	저으면	저으니까	젓습니다
웃다	웃어요	웃어도	웃을 텐데	웃으면	웃으니까	웃습니다
씻다	씻어요	씻어도	씻을 텐데	씻으면	씻으니까	씻습니다

例

- 길에서 넘어져서 발목이 부었어요.
  在路上摔到了脚腕肿了。

- 동대문은 지은 지 얼마나 됐어요?
  东大门创立到现在多长时间?

- 제 동생은 자주 웃는 편이에요.
  我的弟弟应该算是经常笑的。

6. '**ㄹ**' **불규칙:** 받침이 'ㄹ'인 어간은 모음 'ㄴ, ㅂ, ㅅ'로 시작하는 문법 형태와 결합할 경우 어간 받침 'ㄹ'이 없어진다. 뿐만 아니라 받침이 'ㄹ'인 어간은 모음 '으'로 시작하는 문법 형태와 결합할 경우는 'ㄹ' 받침과 '으'가 없어진다.

6.「ㄹ」不规则 : 词缀为 'ㄹ' 的语干与由元音 'ㄴ,ㅂ,ㅅ' 开头的语法相结合的时候, 词缀 'ㄹ' 将消失。而且词缀为 'ㄹ' 的语干与元音 '으' 开头的语法形态相结合时, 'ㄹ' 词缀与 '으' 将同时消失。

살다 ▶ 살 + ㅂ니다 = 삽니다
　　 ▶ 살 + 는 = 사는
　　 ▶ 살 + 으면 = 살면

	-아/어요	-아/어도	-(으)ㄹ 텐데	-(으)면	-(으)니까	-(스)ㅂ니다
살다	살아요	살아도	살 텐데	살면	사니까	삽니다
놀다	놀아요	놀아도	놀 텐데	놀면	노니까	놉니다
만들다	만들어요	만들어도	만들 텐데	만들면	만드니까	만듭니다
멀다	멀어요	멀어도	멀 텐데	멀면	머니까	멉니다

例
- 한국에서 산 지 벌써 10년이 되었어요.
  在韩国生活了10年了。

- 어머니께서 만드신 고향 음식을 먹고 싶어요.
  我想吃母亲做的家乡饭。

- 먼 곳으로 이사를 가도 계속 연락합시다.
  就算是搬到远的地方也要经常联系。

7. 'ㅎ' 불규칙: 받침이 'ㅎ'인 어간은 '아/어'로 시작하는 문법 형태와 결합할 경우 받침 'ㅎ'가 없어지고 '아/어'는 '애'가 된다. 반면에 '으'로 시작하는 문법 형태와 결합할 경우 받침 'ㅎ'는 없어지지만 '아/어'는 변하지 않는다.

7. 「ㅎ」 不规则：词缀为 'ㅎ' 的语干与元音 '아/어' 开头的语法形态相结合时，词缀 'ㅎ' 将消失且 '아/어' 变成 '애'。相反，与元音 '으' 开头的语法相结合时，词缀 'ㅎ' 将消失，但 '아/어' 不变。

노랗다 ▶ 노랗다 + 아요 = 노래요
　　　 ▶ 노랗다 + 으니까 = 노라니까

	-아/어요	-아/어도	-(으)ㄹ 텐데	-(으)면	-(으)니까	-(스)ㅂ니다
노랗다	노래요	노래도	노랄 텐데	노라면	노라니까	노랗습니다
까맣다	까매요	까매도	까말 텐데	까마면	까마니까	까맣습니다
하얗다	하얘요	하얘도	하얄 텐데	하야면	하야니까	하얗습니다
그렇다	그래요	그래도	그럴 텐데	그러면	그러니까	그렇습니다

例
- 황사가 심해서 하늘이 노래요.
  沙尘暴很严重所以天变成了黄色的。

- 장례식에 갈 때는 까만색 옷을 입어야 해요.
  参加葬礼仪式要穿黑色的衣服。

- 아이에게 그런 칭찬을 하면 할수록 좋아요.
  对孩子们越称赞越好。

1. 알아두기 常见用法

친구나 나이가 비슷한 친한 사람 또는 자기보다 나이가 어린 사람과 이야기할 때 사용한다.
可与朋友或年龄相仿的熟人或比自己年龄小的人交谈时使用。

가. 평서문/의문문(陈述句/疑问句)

		-았/었어	-아/어	-(으)ㄹ 거야
동사 动词	먹다	먹었어	먹어	먹을 거야
	가다	갔어	가	갈 거야

		-았/었어	-아/어	-(으)ㄹ 거야
형용사 形容词	작다	작았어	작아	작을 거야
	크다	컸어	커	클 거야

		이었어/였어	(이)야
명사+이다 名词+이다	학생	학생이었어	학생이야
	친구	친구였어	친구야

 • 가: 요즘 도나가 통 안 보이던데 어디 갔어?
最近怎么也见不到道娜不知去哪儿了？

나: 유학 갔다고 들었어.
听说去留学了。

• 가: 왜 이렇게 늦었어?
怎么这么晚阿？

나: 미안해. 길이 막혀서 어쩔 수가 없었어.
对不起。路上塞车没办法。

• 가: 아까 이야기하던 사람 누구야? 아는 사람이야?
刚才和你说话的人是谁呀？认识的人吗？

나: 응. 고등학교 때 친구였어.
是的。是高中时的朋友

나. 명령문 (命令句)

		-아/어	-지 마
동사 动词	먹다	먹어	먹지 마
	动词	가	가지 마

例
· 가: 배고플 텐데 많이 먹어.
　　你一定很饿，多吃点儿。
· 나: 고마워. 맛있는 게 많네.
　　谢谢。好吃的东西真多啊。

· 가: 뜨거우니까 만지지 마.
　　烫手别摸。
· 나: 알았어. 큰일 날 뻔했네.
　　知道了。差一点闯祸。

다. 청유문 (请求句)

		-자	-지 말자
동사 动词	먹다	먹자	먹지 말자
	가다	가자	가지 말자

例
· 가: 시간이 없는데 빨리 가자.
　　没时间了快走吧。
· 나: 그래. 조금만 기다려.
　　知道了。稍等。

· 가: 하늘을 보니 비가 올 모양이야.
　　天看样子要下雨了。
· 나: 그러네. 그럼, 오늘 가지 말자.
　　是啊。那今天就不要去了。

2. 더 알아두기 更多用法

높임말 敬语	반말 非敬语	예문 例句
저는 / 전	나는 / 난	저는 학생입니다. → 나는 학생이야.
제가	내가	제가 청소 할게요. → 내가 청소 할게.
(당신은)	너는 / 넌	(당신은) 누구예요? → 너는 누구야?
(당신이)	네가	(당신이) 혜경 씨예요? → 네가 혜경이야?
저의 / 제	나의 / 내	제 여자 친구를 소개 할게요. → 내 여자 친구를 소개 할게.
(당신의)	너의 / 네	(당신의) 차를 탈 거예요. → 네 차를 탈 거야.
(당신을)	너를 / 널	(당신을) 사랑해요. → 너를 사랑해.
(당신에게 / 당신한테)	너에게 / 너한테	(당신에게) 드릴 선물이 있어요. → 너에게 줄 선물이 있어.
(당신과 / 당신하고)	너와 / 너하고	(당신과) 결혼하고 싶어요. → 너와 결혼하고 싶어.
네	응	네, 알겠어요. → 응, 알겠어.
아니요	아니	아니요, 몰라요. → 아니, 몰라.

서술문
写作体

1. 알아두기 常见用法

보통 책이나 신문기사, 일기 등을 쓸 때 사용한다.
通常出现于书、新闻、日记的写作中。

		-았/었다	-(느)ㄴ다	-(으)ㄹ 것이다
동사 动词	먹다	먹었다	먹는다	먹을 것이다
	가다	갔다	간다	갈 것이다

		-았/었다	-다	-(으)ㄹ 것이다
형용사 形容词	좋다	좋았다	좋다	좋을 것이다
	예쁘다	예뻤다	예쁘다	예쁠 것이다

		이었다/였다	(이)다	일 것이다
명사+이다 名词+이다	학생	학생이었다	학생이다	학생일 것이다
	친구	친구였다	친구다	친구일 것이다

- 나는 매일 학교에 간다.
  我天天都去学校。
- 어제는 날씨가 좋았다.
  昨天天气很好。
- 저 분이 김 선생님일 것이다.
  那位可能就是金老师。

연습 문제 정답 练习题答案

unit 1 양보 让步

1. ① 2. ④ 3. ① 4. ② 5. ① 6. ②
7. ③ 8. ④ 9. ① 10. ① 11. ③ 12. ④
13. ③ 14. ② 15. ③

unit 2 정도 程度

1. ① 2. ④ 3. ② 4. ④ 5. ③ 6. ④
7. 구경해 볼 8. ③ 9. ② 10. ② 11. ③
12. ③

unit 3 추측 推測

1. ① 2. ④ 3. ① 4. ③ 5. ④ 6. ①
7. ② 8. ④ 9. ② 10. ② 11. ③ 12. ④
13. ① 14. ③ 15. ②
16. ② 싫어한가 봐요 → 싫어하나 봐요 17. ③
18. ③ 19. ②

unit 4 순서 順序

1. ① 2. ③ 3. ② 4. ③ 5. ③ 6. ③
7. ③ 8. ① 9. ① 10. ④ 11. ③ 12. ④
13. ④ 14. ④ 15. ③ 16. ②

unit 5 목적 目的

1. ① 2. ② 3. ① 4. ② 5. ① 위한 → 위해
6. ③ 7. ② 8. ② 9. ① 10. ④ 11. ②
12. ①

unit 6 인용(간접화법) 引用(间接话法)

1. ㄹ 돌아가자고 → 돌아가라고 2. ② 3. ②
4. ④ 5. ④ 6. ④

unit 7 당연 当然

1. ④ 2. ③ 3. ② 4. ③

unit 8 한정 限定

1. ② 2. ② 3. ④ 4. ② 5. ③

unit 9 나열 罗列

1. ④ 2. ② 3. ③ 4. ② 5. ④

unit 10 상태지속 状态·持续

1. ③ 2. ④ 3. ④ 4. ① 5. ② 6. ①
7. ① 8. ② 9. ④ 10. ③ 11. ④ 12. ②

unit 11 조건/가정 条件/假设

1. ④ 2. ② 3. ④ 4. ① 5. ① 6. ③
7. ③ 8. ① 9. ④ 10. ③ 11. ④ 12. ②
13. ③ 14. ② 15. ② 16. ③ 17. ②

unit 12 이유 理由

1. ② 2. ③ 3. ③ 4. ③ 했길래 → 하길래
5. ④ 6. ② 7. ④ 8. ① 9. ③ 10. ③
11. ③ 12. ③ 13. ④ 14. ④ 15. ② 16. ④
17. ② 18. ④ 19. ① 20. ② 21. ④ 22. ①

unit 13 사동 使动

1. ③ 2. ① 3. 먹여 4. ① 5. ④ 6. ②

unit 14 기회 机会

1. ① 2. ② 3. ①
4. ② 오는 김에 → 오는 길에 5. ②

unit 15 관형 冠型

1. ④ 2. ② 산 → 살 3. ④
4. ① 준비하는 → 준비했던 5. ①

unit 16　반복　反复

1. ②　2. ③　3. ①　4. ①

unit 17　완료　完了

1. ④　2. ④　3. ①　4. ③　5. ④

unit 18　정보확인　信息确认

1. ③　2. ③　3. ④　4. ④　5. ④

unit 19　대조　对照

1. ②　2. ④　3. ④　4. ②　5. ④　6. ③
7. ①　8. ④

unit 20　계획　计划

1. ②　2. ③　3. ①　4. ④　5. ③　6. ③
7. ④　8. ①　9. ①

unit 21　피동　被动

1. ④　2. ③　3. ①　4. ②

unit 22　기준　基准

1. ③　2. ②

unit 23　바람·희망　所求·希望

1. ③　2. ④　3. ①

unit 24　변화　变化

1. ④　2. ①　3. ②

unit 25　후회　后悔

1. ①　2. ③

unit 26　시간　时间

1. ①　2. ①　3. ②　4. ④

unit 27　선택·비교　选择·比较

1. ②　2. ①　3. ①　4. ①　5. ③　6. ③　7. ③
8. ④　9. ④　10. ④　11. ③

unit 28　조사　助词

1. ③　2. ①　3. ④　4. ③　5. ①　6. ②　7. ④
8. ②　9. ①　10. ④　11. ②　12. ③　13. ②
14. ③　15. ③　16. ②　17. ②

unit 29　기타　其他

1. ②　2. ④　3. ③　4. ②　5. ③　6. ③　7. ④
8. ③　9. ②　10. ①　11. ④　12. ①　13. ①
14. ③　15. ①　16. ③　17. ③　18. ②　19. ④
20. ②　21. ②　22. ①　23. ③　24. ③　25. ①
26. ③　27. ④　28. ④　29. ①　30. ④　31. ①

428

编著者简历

金周衍　现建国大学语言学院韩国语过程主任，延世大学教育大学韩国语教育硕士学位
建国大学国语国文学博士学位
著书：《韩国语1》《韩国语3》《一起学习建国韩国语 1-1》《一起学习建国韩国语
1-2》建国大学出版社，《TOPIK单词30天内完成-中级》 Pagijong Press

文仙美　现日本福冈YMCA韩国语讲师，延世大学教育大学韩国语教育硕士学位
著书：《韩国语5》 建国大学出版社 ，《TOPIK单词30天内完成-中级》Pagijong Press

刘载善　现首尔大学语言学院韩国语讲师，延世大学教育大学韩国语教育硕士学位
著书：《TOPIK单词30天内完成-中级》Pagijong Press

李知昱　现汉城大学语言学院韩国语过程年级主任
梨花女子大学国语国文学硕士学位
梨花女子大学国语国文学博士学位
著书：《韩国语语法活动-初级》《TOPIK 写/写作：中级》Language plus ，
《TOPIK单词30天内完成-中级》Pagijong Press

崔裕河　现建国大学语言学院韩国语过程年级主任， 延世大学教育大学韩国语教育硕士学位
著书：《韩国语5》 建国大学出版社 ，《TOPIK单词30天内完成-中级》Pagijong Press

New TOPIK Ⅱ 必修语法 150

초판발행	2010년 8월 15일
개정판발행	2015년 8월 10일
개정판 4쇄	2021년 2월 28일

저자	金周衍, 文仙美, 刘载善, 李知昱, 崔裕河
책임 편집	권이준, 양승주
펴낸이	엄태상
디자인	이건화
콘텐츠 제작	김선웅, 김현이
마케팅	이승욱, 전한나, 왕성석, 노원준, 조인선, 조성민
경영기획	마정인, 조성근, 최성훈, 정다운, 김다미, 오희연
물류	정종진, 윤덕현, 양희은, 신승진

펴낸곳	한글파크
주소	서울시 종로구 자하문로 300 시사빌딩
주문 및 교재 문의	1588-1582
팩스	0502-989-9592
홈페이지	http://www.sisabooks.com
이메일	book_korean@sisadream.com
등록일자	2000년 8월 17일
등록번호	1-2718호

ISBN	978-89-5518-423-5 14710
	978-89-5518-938-4 (set)